VALENCIA
GOZO DE LOS SENTIDOS

Oficina de *Publicaciones*

www.valencia.es

Edita: Ajuntament de Valencia
(3.ª edición - 1.ª impresión)
© Del texto: M.ª Ángeles Arazo
© De las fotos: Pepe Sapena
Diseño gráfico: Francesc Jarque
D. L.: V-943-2004
I.S.B.N.: 84-8484-110-3
Fotomecánica: Preimpresión IRIS
y Rotodomenech, S. L.
Imprime: Rotodomenech, S. L.
Gremis, 1 - 46014 Valencia

A Miguel,
por todo

No es un libro de historia de Valencia, aunque muchas de sus páginas contengan referencias históricas; no es un libro turístico, aunque su objetivo es guiar y mostrar la ciudad. "Valencia, gozo de los sentidos" es narración documentada y vivida, porque su título responde plenamente al descubrimiento de una urbe donde la opulencia visual se enriquece con la luz cambiante, con la brisa y con mil olores.

M.ª Ángeles Arazo, su autora, ama y siente la ciudad; ha ahondado en ella desde hace años, no sólo en busca de documentación, sino viviendo su pluralidad para captar una realidad que comunica después de hacerla suya. La fluidez de su prosa se sustenta en la base referencial del pasado, para evocar un tiempo próximo, un paisaje o una vivencia ciudadana, que nos obligan a recuperar la memoria con la ayuda de una labor literaria siempre comedida en el adjetivo y sincera en el juicio.

La ciudad se describe a través de pequeñas rutas, de trazados urbanos, que comienzan a partir de la bulliciosa plaza del Mercado. Calles que nos irán adentrando en un pasado tan plural, que del mismo modo sorprenderá la brillantez de una corte dada al verso y al lucimiento, que la existencia de "la Pobla de les fembres pecadrius".

Un texto hermoso acompañado por más de doscientas espléndidas imágenes captadas por José Sapena. Ambos autores conjugan de forma impecable su deseo de presentar una ciudad de gran vitalidad, donde los sentidos se despiertan por el impulso de su condición mediterránea.

Valencia, una ciudad para vivirla, como queda suficientemente patente en este libro que el Ayuntamiento tiene el honor de publicar.

Rita Barberá Nolla
Alcaldesa de Valencia

VALENCIA, GOZO DE LOS SENTIDOS

9

Tras la lectura, tras el paseo al que invitan las páginas de "Valencia, gozo de los sentidos", no sólo se conocen razones históricas y esplendor de un tiempo que engalanó la ciudad con notables monumentos; se percibe la forma de vivir de un pueblo.

En el libro de María Ángeles Arazo se adivina a la escritora de raíz periodística que ha seleccionado los datos referenciales a estilos, fechas y razones mil por las que se levantaron murallas, mezquitas y palacios que se destruirían o se modificarían en el transcurso de los siglos por motivos políticos, religiosos o económico-sociales, pero destaca la creatividad de una narración viva, desenfadada a veces, lírica en algunos pasajes, punzante en otros; una cadena de relatos –según las rutas por calles y plazas– que ponen de manifiesto la libertad que se respira en una ciudad palpitante e imaginativa.

El ambicioso empeño editorial del Ayuntamiento, para brindar un volumen que necesita de la investigación a la vez que rezuma actualidad, con referencias bien conocidas por el ciudadano de hoy queda compensado.

Si María Ángeles Arazo –que tantas veces se ha confesado profundamente urbana– nos facilita la perspectiva para disfrutar de una estética arquitectónica a determinada hora del día (hasta ahí llega su precisión), Pepe Sapena corrobora, con magníficas imágenes, su ahínco por redescubrir la ciudad a través de una mirada nueva y emotiva, sensible ante la plástica y la circunstancia ambiental.

"Valencia, gozo de los sentidos" resume el espíritu de una ciudad de gran actividad industrial, mercantil y agrícola, sin olvidar –como señala la autora– "el secreto de vivir apurando cada momento."

M.ª José Alcón Miguel
Teniente de Alcalde
Delegada del Área de Cultura

ÍNDICE

Valencia despierta envuelta en fina neblina que se alza desde el mar,
la Albufera y la zona de los arrozales; una neblina que penetra
–cada vez más tenue– por debajo de los puentes añorando el viejo río,
y llega hasta las naves de los polígonos industriales donde se levantan como reliquias
chimeneas de ladrillo y a las modernas Facultades,
que lindan con campos de hortalizas.
Y tras los minutos de mágica bruma, el sol se eleva potente
y comienzan los mil guiños en antenas, veletas de campanarios, azulejería de
cúpulas; en los ventanales de fincas audaces por su altura
que son hito en nuevas avenidas.

Vital, bulliciosa y un tanto anárquica, Valencia resume el espíritu mediterráneo, donde
el goce de la existencia nos acerca más a saborear un presente, que a meditar sobre
su sentido trágico, o planificar concienzudamente un futuro a largo plazo.

La lápida, incrustada en la plaza de la Virgen, con las palabras de Tito Livio alusivas
a la fundación de la ciudad en el año 138 y los importantes hallazgos
arqueológicos en la cercana Almoina, confirman nuestro origen romano y nuestra
afición al ágora (hoy terraza de cafetería, lugar de encuentro y de comunicación).

Fueron los romanos quienes iniciaron el sistema de riego en la llanura
de sedimentación fluvial; y los árabes que les sucedieron, quienes perfeccionaron
la canalización, establecieron zocos y construyeron mezquitas, legándonos
su honda afición a los perfumes, a las especias, a los dulces y a la pólvora.

Nuestra historia como Reino comienza con Jaime I de Aragón, al obtener
las capitulaciones de la Valencia musulmana el 28 de septiembre de 1238, aunque
sería el 9 de octubre cuando aconteció su solemne entrada en la ciudad.

Los beneficios de sus donaciones figuran en el «Llibre del Repartiment»;
y poco después, en 1240, el rey otorgó a Valencia una ordenación
político-administrativa, «Les Costumes», que derivaría en «Els Furs»,
normas jurídicas que regirían plenamente.

Valencia se convirtió en potencia mercantil comparable a las de Venecia,
Génova y Marsella, respaldada por instituciones como la Taula de Canvi y el Consolat
del Mar; y en nuestra ciudad se establecieron comerciantes de centroeuropa,
a la vez que exportábamos cerámica de reflejo metálico
a los Países Bajos, Roma y Avignon.

Fue la ciudad del lujo, de la sensualidad, la de los brillantes torneos; la Valencia
fastuosa sobre la que escribieron Ausias March, Jaume Roig, Jordi de Sant Jordi,
Joanot Martorell y Rois de Corella. Tiempo, a su vez, en que San Vicente
predicara el amor de Dios, recriminase la gula y el juego de nuestras gentes,
convirtiera a judíos y realizase múltiples milagros. Prodigioso siglo XV
en que Isabel de Villena, hija natural de un noble, ingresa en un convento
de clausura y escribe «Vita Christi», reconocido por su valor literario y su transfondo
de humanidad en Europa. Se edita el primer libro impreso en España
«Les trobes en lahors de la Verge Maria» (1474), se construyen palacios góticos,
las torres de Quart y de Serranos y la bellísima Lonja de los Mercaderes,
hoy Patrimonio de la Humanidad.

Y en la apasionante historia, seguiría la Valencia de Germana de Foix y el Duque
de Calabria, la de la corte exquisita de conciertos, bufones
y juegos amorosos que Luis Milà reflejó en «El Cortesano»;
y de la que Gaspar Mercader sentenció: «Es la escuela

donde vienen a aprender y saber los cavalleros forasteros el término de serlo
y las costumbres de exercitarlo...»

Página tras página: Germanías o la lucha estéril de los gremios militarizados
ante la nobleza. La Inquisición. Expulsión de los judíos y moriscos.

Después del hundimiento político-social por la derrota de la Batalla de Almansa
(25 de abril de 1707), al defender la causa de Carlos de Austria; después de perder
los Fueros y sufrir represalias de todo orden, Valencia resurgió. En el período
de la Ilustración, una élite intelectual influiría en la fundación
de la Academia Valenciana de la Divina Sabiduría y de la Real Sociedad Económica
de Amigos del País. La industria de la seda florece extraordinariamente
y la Universidad se fortaleció bajo el rectorado de Vicente Blasco, asesorado por
Gregorio Mayáns y Pérez Bayer.

Crecía la ciudad. A finales del XIX se demolieron conventos para el trazado de la calle
de la Paz; y se derribaron las murallas en 1865; las murallas
cristianas que habían sido edificadas en 1356.
La expansión de la urbe coincidía con el potencial agrícola de los cítricos
que conquistaba mercados europeos.

En las décadas de progreso y de seguridad en las que nacía la clase burguesa,
se celebró la Exposición Regional de 1909, por iniciativa del Ateneo Mercantil,
pero que tenía su origen en las Exposiciones celebradas
por la Real Sociedad Económica Amigos del País
en 1867 y 1883. Sería la Unión Gremial quien impulsaría la primera
Feria de Muestras de España en 1917. Desde entonces Valencia
ha marcado pautas para múltiples certámenes y merecidamente
es considerada como la «Ciudad de las Ferias».

Con ochocientos mil habitantes que alcanzan realmente el millón doscientos cincuenta mil,
dado el anillo de pueblos que nos rodean; con un núcleo antiguo lleno de iglesias y
casonas, de monumentos góticos y renacentistas,
con un eclecticismo que nos singulariza por tanto afán de renovación;
y que abarca desde la arquitectura al comercio, desde la tradición mantenida siglos
a la rápida implantación de una costumbre novedosa, Valencia es múltiple;
abierta a las ideas y a la plástica, a la creatividad aunque sea arte efímero. Valencia, en fin,
es para conocer a través de sus calles, de sus gentes; es ciudad para detenerse en el
atardecer y mirar las nubes de los ocasos, aceptar la invitación
de la fiesta que se celebra, buscar la placidez de un claustro, entrar en antañonas tiendas
de libros de viejo o de anticuarios o asombrarse ante la
del osado diseño. Contradictoria, cambiante, como es el cosmos que nos envuelve
y de un mar dormido y un tiempo sereno nos lleva a la tormenta y al vendaval,
para después regalarnos un arco-iris, Valencia es contrapunto de laboriosidad
y de hedonismo. Y quizás donde más pronto se capte su carácter –choque
de actividad y regodeo, de creencias y de paganismo– es en la plaza del Mercado,
la que fue isla en el Turia, a causa de un brazo del río que, escindiéndose
del Paseo de la Pechina, bajaba por la calle de Quart y seguía por la calle
de Las Barcas abrazando así el centro primitivo de la ciudad. En esta plaza,
donde rezó el almuecín, se ajustició y se alzaron arcos triunfales,
iniciamos el recorrido, propuesta del libro, para desviarnos –claro está– cuando nos llame
la atención un patio con palmeras y fuente, una zocalada
de azulejos del XVIII, unos músicos que ensayan o un taller de orfebrería
en el que se engarzan corales y perlas... Comencemos.

VALENCIA
GOZO DE LOS SENTIDOS

MARÍA ÁNGELES ARAZO
PEPE SAPENA

AJUNTAMENT DE VALENCIA

ITINERARIO

ITINERARIO

- Plaza del Mercado
- Calle de la Bolsería
- Plaza de San Jaime

DESVÍO

- Plaza D. J. de Vilarrasa
  (Jardines Parcent)
- Portal de Valldigna

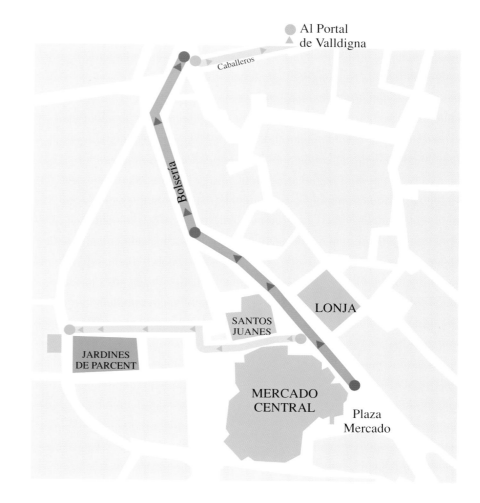

LA LONJA, PATRIMONIO
DE LA HUMANIDAD

LA LONJA, PATRIMONIO DE LA HUMANIDAD

Cuando el sol alumbra los ángeles de piedra, que sostienen el escudo de la Ciudad en la fachada de la Lonja, la vida hace horas que vibra en la populosa plaza. De madrugada abrieron los cafés para que desayunaran los vendedores, se alzaron las puertas de los almacenes de especias exhalando un vaho de canela y vainilla; se congregaron los vehículos que transportan cestos y sacos con hortalizas y frutos y fue cobrando intensidad el chirriar de carretas y el golpe seco de los abatibles metálicos del mercado.

Majestuosa, la Lonja se alza en el enclave mercantil cuyo espíritu perdura a través de los siglos, fiel a las frases que con letra gótica y expresión latina quedaron en la inscripción de sus muros: *«Casa famosa soy, en quince años edificada. Compatricios, probad y ved cuán buen es el comercio que no lleva fraude en la palabra, que jura al prójimo y no le falta, que no da su dinero con usura. El mercader que vive de este modo rebosará de riquezas y gozará por último de la paz eterna.»*

Proclamada Patrimonio de la Humanidad por la UNESCO el 5 de diciembre de 1996 *«por tratarse de un lugar de valor universal excepcional, ejemplo de edificio secular de finales del período gótico e ilustrativo del poderío y riqueza de las grandes ciudades mercantiles mediterráneas»*, la Lonja es el más bello testimonio del brillante siglo XV; la expresión de la floreciente vida económica de la urbe en la Baja Edad Media.

Consciente el Consell General de la Ciudad de la potencia comercial de Valencia dio poder a los Jurados, en junio de 1469, para que se iniciara la construcción de una Lonja nueva (la Lonja vieja o del Oli se hallaba en la actual plaza del Collado), creándose un impuesto especial para recaudar fondos para tal empresa. Y en enero de 1481 se encargó la construcción a los «pedrapiquers» Pere Compte y Johan Yvarra, aunque en la última fase intervendrían Johan Corbera y Domingo de Urtiaga.

No se escatimaron medios, ni materiales, ni la amplia colaboración de artesanos especializados. Y la Lonja, forjada con tan noble empeño, adquirió la prestancia de un palacio que evocaba a los templos. Se construyó totalmente en sillería de la piedra calcárea de Massarrochs; siendo las claves de arenisca de Barcheta y los pavimentos, de mármoles de Alcublas, Buxcarró y Macael.

La superficie supera los dos mil metros cuadrados y en cuanto al inmueble se pueden considerar independientemente el Salón de las Columnas o Sala de Contratación con la Torre que alberga la Capilla y salas superiores y el Pabellón del Consulado; además del pequeño jardín de los naranjos y la fuente central; un patio íntimo y romántico que enlaza todos los espacios.

Resulta impresionante el salón columnario inspirado en la Lonja de Palma de Mallorca, realizada por Guillem Sagrera quien, a su vez, había tenido como referencia la sala capitular del convento Santo Domingo de Valencia. La planta rectangular de la Sala de Contratación es de 35.60 m. por 21.40 m. y 17.40 m. de altura, hasta la bóveda de cruceras. Ocho esbeltísimas columnas exentas que parecen sostener el techo y dieciséis semicolumnas que brotan

de los muros, todas monocilíndricas y estriadas en espiral, dotan a la estancia de una gran suntuosidad. Igualmente, sorprende la bóveda helicoidal de la escalera de caracol de la Torre. Pere Compte demostró su dominio en el arte de la cantería con el atrevimiento de los 110 peldaños pertenecientes a una escalera sin eje central, que permite la visión completa de arriba abajo.

La Capilla estuvo dedicada a la Concepción de la Virgen y en ella se celebró la primera misa el 26 de mayo de 1499. Ocupa un ámbito de planta cuadrada y bóveda de crucería, de terceletes, con múltiples claves recayentes al Salón Columnario.

El Pabellón del Consulado se englobó en la Lonja; su construcción comenzó en 1506 y concluyó en 1548. Domina el acento del goticismo final y sus ricas molduras contienen cuarenta medallones renacentistas, que caracterizan todas sus fachadas; cabezas de personajes notables entre coronas de laurel. En la planta noble del Consulado, a la que se accede por la escalera del patio de los naranjos, se encuentra la Cambra Daurada llamada así por el artesonado dorado y policromado con relieves, colocado en 1920, procedente de la desaparecida Casa de la Ciudad; techo-joya labrado por Juan del Poyo, compuesto por 670 piezas, con alusiones musicales y motivos bélicos, vegetales y del Zodiaco.

El Consulado del Mar se había creado en 1283, estando constituido su Tribunal por expertos en el comercio marítimo. En el mismo edifico se alojó la Taula de Canvis i Depòsits, entidad bancaria que comenzó a regir en Valencia en 1408; y así llamada por la mesa sobre la que se realizaban las operaciones; mesa que con el arcón y la primera letra de cambio del mundo, emitida por esta entidad, se conservan en el Museo Histórico de la Ciudad. Por su gran riqueza iconográfica, por sus Vírgenes entre ángeles cantores, evangelistas, santos patronos, personajes del Antiguo y Nuevo Testamento y centenares de figuras simbólicas, que aparecen en arquivoltas, ménsulas y capiteles, la Lonja ha sugestionado a historiadores múltiples, que no sólo han ofrecido misteriosas interpretaciones sobre la lujuria (por los monos, los hombres desnudos con bulbos en las manos y las liebres) y cómo ha de ser vencido el pecado, sino que han llegado a descifrar en la construcción de la Lonja, teorías medievales sobre numerología sagrada, traídas al mundo clásico por Pitágoras y transmitidas en el «Diálogo sobre la ciencia» de Platón.

Más aún, para regocijo, para que la imaginación vuele, quedan las gárgolas en lo más alto; allí están desde Sansón, a la mujer que se acaricia el sexo; desde el fraile que sostiene a un hombre desnudo, al músico que tañe una guitarra morisca; desde el gran pez, al monstruo que devora a los humanos. Gárgolas obscenas en su mayoría que parecen divertirse de toda la solemnidad que contemplan.

La Lonja palaciega, galante, fue marco de fiestas tan deslumbrantes que han quedado narradas con minuciosidad. El sarao con que se agasajó a Felipe II en 1585 está descrito detalladamente en el «Llibre de memories de diversos sucesos e fets memorable e de

Capitel.

Gárgola.

cosas senyalades de la Ciutat e Regne de Valencia»; pero aún merecería un volumen con extensísimo título: «Libro copioso e muy verdadero del casamiento y bodas de las magestades del rey de España don Phelipe III con Doña Margarita de Austria en su ciudad de Valencia y de las solemnes entradas que se hicieron en ella con las grandes fiestas nupciales que se celebraron en estas bodas, con las de sus altezas de la Infanta de España doña Isabel de Austria con el archiduque Alberto».

Los monarcas vivían con tan envidiable ocio que Felipe III y su hermana estuvieron tres meses en Valencia aguardando a los prometidos, a los que fue a buscar una armada de cuarenta galeras.

Las bodas fueron el 18 de abril de 1599, oficiadas por el Patriarca Juan de Ribera; pero lo que deslumbró fue el boato aristocrático. En la colación, los Jurados gastaron más de tres mil ducados; hasta con mazapán elaboraron los reposteros batallas navales y escenas de cacería. Postre al que antecedió una minuta de 150 platos distintos, servidos en fuentes de plata labrada –las de los reyes eran de oro–. Felipe III permitió que los invitados asaltaran la mesa y se dice que todo desapareció en cuestión de segundos, hasta los platos más valiosos.

Con intervalos cada vez más espaciados, la Lonja estuvo engalanada con damascos, guirnaldas de arrayán y pomos de flores. Sin embargo, las fiestas eran paréntesis en la actividad mercantil que nunca se perdió. Todavía hoy, cuando la Lonja cumple el V Centenario, los viernes por la mañana se reúnen los integrantes del Consulado de la Lonja, industriales, comerciantes y agentes mediadores, de productos agrícolas: arroces, cereales, harinas, algarrobas, frutos secos, patatas y café, entre otros; y además de las transacciones, con frecuencia se estipulan precios en géneros que regirán en mercados internacionales.

Las mesas, antiguas, numeradas y con el nombre de los mercaderes, perviven en el Salón Columnario; y los domingos, también por la mañana, son utilizadas por los filatélicos y numismáticos de la ciudad en un zoco especialísimo y muy concurrido.

En las escaleras de la Lonja, cerca de la puerta que está coronada por la Virgen entre querubes, se reúnen niños que cambian cromos de futbolistas; los cromos que guardan en álbumes y en cajas de zapatos. Una escena muy de hoy, bajo la sonrisa pétrea de los ángeles del escudo y la mirada burlona de las gárgolas. Todo muy nuestro.

Gárgolas.

MERCADO CENTRAL

El mercado surgió en la Valencia árabe alrededor de la mezquita principal, en un laberinto de calles y plazuelas cuya nomenclatura ha sido elocuente testimonio: la plaza de la Virgen se llamó de la Paja; la que ocupó el solar donde se construyó el Aula Capitular, de las Gallinas; la del Arzobispo, de la Fruta; y otra inmediata, la de la Hierba. No obstante, dada la riqueza agrícola y la densidad demográfica, se mantenía también un mercadillo en el arrabal extramuros de la Boatella, prolongación del barrio de la Alcaicería, que se caracterizó por la ordenación del género especializado, en una red de estrechas vías que comunicaban con la carnicería y el matadero situados en la actual plaza Redonda, junto a la plaza de Les Herbes, luego Peixcateria y, finalmente, Lope de Vega.

Por privilegio dado en Barcelona en el año 1261 y confirmado en Gerona en 1264, Jaime I concedió mercado semanal con carácter de feria en la citada zona de la Boatella, sobre cuya mezquita se edificó la ermita de los Santos Juanes. En esa misma demarcación –germen de la vida mercantil–, Jaime I cedería otra mezquita a fray Pedro Nolasco, miembro de su séquito, quien fundó el convento de la Merced. De esa época, la del cambio de minaretes por campanarios, fue también el convento de las Magdalenas conocido popularmente por «Les Malaenes». Monasterio que perduró hasta 1838, cuando a causa de la desamortización el Ayuntamiento rechaza el proyecto de destinar su claustro gótico a pescadería y opta por su derribo y rectificar la estructura de la plaza. En ésta surgió el Mercado Nuevo; mercado descubierto bajo pórticos exentos, desarrollados tras una fachada principal y adaptados al espacio irregular del derribo de «Les Malaenes».

El carácter permanente del mercado data de tiempos de Pere el Ceremoniós, quien había ordenado a los Jurados de la Ciudad la edificación de unas nuevas murallas, permitiendo que en las antiguas se abriera un boquete que comunicara el casco antiguo de la ciudad con el mercado (calle del Trench).

Se consolidó rápidamente el desenvolvimiento mercantil; y a partir de 1344 comenzó a funcionar la Lonja Vieja (a espaldas de la actual, en la plaza del Collado), que luego se destinaría a Lonja del Aceite a la vez que se distribuían almacenes por toda la ciudad: de trigo, en el Almudín; de aves, cacharrería y vidrio, en la plaza Redonda; de arroz y frutos secos, en la Lonja; de sal, en el Temple; de paja y algarrobas, en la plaza de la Encarnación; de caballerías, en el llano del Remedio; de esparto, en la plaza de Mossén Sorell; de tejidos y mantas, en las calles de las Mantas y Bolsería; y de pescado, en la calle del Trench; mientras que los habituales de alimentación se instalaban en las plazas del Mercado, Congregación y Mossén Sorell.

La fama del Mercado de Valencia transciende a Europa y acuden a establecerse vendedores franceses de encajes, blondas y quincalla fina en la calle Dels Drets; en la de los Hierros de la Lonja abren sus tiendas los mercaderes suizos y alemanes, expendedores de quincalla barata; y en la Bolsería, genoveses y malteses que monopolizaban el comercio de lienzos.

La plaza del Mercado se convirtió en el centro vital de la ciudad que despertaba con el alba, con la llegada de los carros huertanos bien repletos de hortalizas y frutas; y se levantaban aquellos puestos de madera y lona separados unos de otros por capazos de esparto. Allí acudían los marinos genoveses y catalanes; las damas y sirvientas, caballeros y celestinas; ladronzuelos y ciegos con guitarras que cantaban gozos de santos milagreros y horrorosos crímenes; frailes limosneros, soldados, estudiantes y todo aquel que, sin ocupación, deseaba participar del espectáculo que protagonizaba el pueblo.

Era la plaza de las fiestas, de los pregones y de los ajusticiados. Como contrapunto del bullicio aparecía, a veces, el cortejo presidido por el verdugo –Morro de Vaques– y acompañando al reo iban los clérigos exhortadores y los cofrades de Nuestra Señora de los Inocentes y Desamparados. La Cofradía solicitó de la Justicia recoger el cadáver del condenado, que enterraban en el cementario de la iglesia de los Santos Juanes y posteriormente junto al barranco de Carraixet, en un pequeño cementerio que todavía subsiste. Sin embargo, en ocasiones, el cuerpo del reo quedaba colgado en la horca durante horas y la gente rehuía la zona, aunque el humor negro propiciara versos y coplas, como los recogidos por Jaume Roig:

> *«Ni mentjaria*
> *carn del mercat,*
> *si hom penjat*
> *algú hi havia.»*

Según las crónicas, la instalación de la horca fue anterior a 1409. Orellana la describe de piedra picada y situada en medio del Mercado, frente a la Lonja. En 1599 se derribó con motivo de los festejos celebrados en honor de las bodas de Felipe III y la Archiduquesa de Austria, levantando un arco triunfal en su lugar. Posteriormente se construyó nueva horca, que se demolería en 1622 para el fastuoso recibimiento de Felipe IV. A partir de esa fecha la horca se alzó únicamente cuando se ajusticiaba.

Lugar preferido también para la concentración festiva, la plaza del Mercado fue marco de brillantes ejercicios ecuestres y torneos. Se instalaban barreras y tablados, ondeaban gallardetes y de los balcones y ventanas colgaban terciopelos y damascos.

Enrique Cock, en su libro «Relación del viaje hecho por Felipe II en 1585 a Zaragoza, Barcelona y Valencia», describe con minuciosidad las corridas de toros y las justas en las que cuarenta y ocho caballeros, divididos en seis grupos de ocho, distinguiéndose por el color del atuendo y preseas, se arrojaban cañas y cambiaban de caballos siguiendo la antiquísima costumbre árabe para obtener el favor de damas y doncellas. Torneos que aún serían superados por los que acontecieron con motivo de las bodas de Felipe III.

En el Mercado las corridas de toros continuaron hasta 1743, año en que se trasladaron como consecuencia del accidente que provocó la caída de una de las almenas de la Lonja, arrancada por las cuerdas que sostenían el toldo de la plaza; suceso en el que murieron varios espectadores.

Mas volvamos a ese Mercado Nuevo conocido también como el de Los Pórticos que, inaugurado en 1839, comienza a ser insuficiente y acusa malas condiciones en las últimas décadas del siglo.

La campaña desencadenada en la prensa criticando su situación y el auge de una sociedad claramente burguesa que aspira a la demostración de su bienestar, contribuyen a que el Ayuntamiento decida la construcción de un gran mercado totalmente cubierto. Se examinaron propuestas y se convocaron concursos de proyectos en 1882 y 1883, pero no se llevaron a cabo. Sería en 1910, siendo alcalde Justo Ibáñez Rizo, cuando tras pertinente certamen, se elige el proyecto de los arquitectos Alejandro Soler March y Francisco Guardia Vial. Ambos se habían formado en la Escuela de Arquitectura de Barcelona y habían trabajado en el equipo de colaboradores de Luis Doménech Montaner, quien se caracterizó por un estilo propio dentro de las líneas del modernismo.

Alfonso XIII protagonizó el acto protocolario con que se iniciaron los derribos. Acompañado por la reina Victoria Eugenia, el presidente del Consejo de Ministros, ministro de Gracia y Justicia y todas las autoridades locales, así como representantes de sociedades, el 24 de octubre de 1910, con una piqueta de plata dio varios golpes en el muro de la casa número 24 de la plaza del Mercado.

Los derribos fueron muy lentos, se acumularon dificultades de toda índole y las obras parecían eternizarse. El solar en el que se asentó el Mercado Central –más de ocho mil metros cuadrados de superficie– abarcaba el del Mercado Nuevo, tres manzanas con 42 casas, calle de las Magdalenas, parte del Molino de Na Rovella y del Conde Casal. Por fin, dieciocho años después del golpe de la piqueta, el 23 de enero de 1928, el rey Alfonso XIII inauguraba el grandioso Mercado Central y, como lo exigía el paternalismo de la época, en sus naves se dio una comida extraordinaria a más de dos mil pobres, servida por jóvenes de la élite social.

El Mercado Central se convirtió en el edificio más representativo y hermoso de la Valencia de principios del siglo XX; el de la ciudad que avanza en el progreso y se siente orgullosa del potencial agrícola de su huerta; sentimiento que se trasluce en la ornamentación cargada de fantasía alegórica. El lenguaje expresivo predominante fue el del modernismo, aunque también se advierten elementos historicistas y novecentistas. El hierro, el ladrillo, la piedra de Buñol, el mármol, azulejos y mosaicos fueron los materiales empleados.

Las cúpulas de hierro, cristal y cerámica (la central alcanza los 30 metros) y las veletas que la coronan –la emblemática cotorra y un pez– se integran a una panorámica paisajística de torreones y campanarios eminentemente valenciana.

Resulta difícil calibrar su grandiosidad a través de las cifras, exactamente ocupa una superficie de 8.160 metros cuadrados, dividida en dos zonas o polígonos, mientras el soberbio sótano es de

Mercado Central.

7.690 metros cuadrados. La distribución del interior es racional y perfecta; calles rectilíneas cruzadas por dos anchas vías, en donde se pueden encontrar todas las hortalizas, frutas, pescados, charcutería, carnes, quesos y pastas que el más exigente de los restauradores busque.

Agrupa a 400 pequeños comerciantes en 1.247 puestos, movilizando en la actividad diaria a 1.500 personas. Es el mayor centro de Europa dedicado a la especialidad de productos frescos; y el único mercado del mundo que ha afrontado el reto de la informatización de las ventas y distribución a domicilio en tres turnos diarios, desde el día 2 de octubre de 1996.

La Asociación de Vendedores del Mercado Central, que asumió la autogestión en 1987, logró para tan magna empresa la ayuda del Fondo Europeo (vía Generalitat Valenciana) en un 75% del presupuesto, 185 millones de pesetas. Todo un ejemplo en la prestación de los novísimos servicios, sin perder el encanto de la oferta en los puestos que, en buen número de casos, pertenecen a labradores de El Saler, Castellar, Xirivella, Meliana, Horno de Alcedo, Monteolivete y Carrera d'Encorts, pedanías y pueblos en el puro límite del cemento y el campo fértil.

No hay autocar de turistas que, aunque no pernocten en Valencia, si han de cruzar el término de la ciudad, dejen de visitar el Mercado Central. Conviene perderse por sus calles, admirar la policromía de las frutas, sentir el murmullo de las voces –de la gente que habla y ríe–; percibir los olores de la calabaza asada, de las naranjas, del apio y las alcachofas; de los salazones y aceitunas, de las empanadillas recién sacadas de los hornos, de las hierbas y especias, a las que es tan dada nuestra cocina; especias que ya recibíamos de Oriente a través de la ruta que pasaba por Venecia y Nápoles en el siglo XV; y que Joanot Martorell ensalzó en «Tirant lo Blanch» al referirse al jengibre junto con la malvasía.

Querido por los valencianos, al Mercado Central se acude cumpliendo un rito ciudadano, tradicional, cuando llegan los días navideños y los puestos compiten en ornamentación. Como réplica de los frutos en vidrieras y cerámicas, se diría que la huerta, prodigiosamente, muestra toda la riqueza y variedad de sus cosechas especialmente colocada en cestos de mimbre, esparto o cáñamo; mientras que los mariscos y pescados tienen un lecho de hielo y perejil; sin olvidar toda la variedad de frutos secos –especialmente higos y ciruelos– que con el «porrat» (garbanzos en salmuera unas horas, que después se asan y reciben un baño de yeso y sal), se solicitan en estas fechas, cuando hay que comprar «el arreglo» (conjunto de ingredientes) para el «puchero de Navidad», el plato humeante que congrega a la familia de un pueblo donde los villancicos son delicadas canciones de cuna: *«No plores, fillet, que et vela la mare; adorm-te, que el pare et fa un bressolet.»*

Vista aérea.

La veleta «Cotorra del Mercat».

Puesto exterior

Interior del Mercado Central.

CÚPULA DE LAS ESCUELAS PÍAS Y JARDÍN DE PARCENT

Saliendo del Mercado Central por la puerta de la Avenida del Barón de Cárcer, sorprende tanto la cúpula de ladrillo azul de las Escuelas Pías que se impone la aproximación a los jardincillos de Parcent. Es la cúpula mayor de la ciudad, de veinticuatro metros y medio de diámetro; tiene remate en linterna y está dividida en diez segmentos marcados por líneas de teja blanca.

La enorme «media naranja» parece cobijar a las antiguas fincas de balcones que se asoman al jardín; fincas habitadas por inquilinos de los que nacían, se casaban y morían en la misma casa, perfectamente diferenciadas de las que se alquilaron últimamente, encristalaron las galerías y colocaron toldos en la azotea.

Junto a la cúpula –tan brillante en la mañana– se alza el campanario de ladrillo visto y coronado por el doble edículo rematado por cupulino, también de teja vidriada azul. Cúpula-madre del barrio de Velluters –el de los tejedores de terciopelo y sedas–, gran zona que comprende desde casonas palaciegas del XVIII y XIX a las unifamiliares del taller artesanal en los bajos; sin olvidar la red de estrechas calles con algún prostíbulo, y pensiones baratas.

El jardín tomó el nombre del palacio de Parcent, que se construyó en ese lugar durante el reinado de Carlos III. Perteneció a los Cernecio, herederos de la casa condal de Parcent considerada como la primera casa noble de Valencia. El palacio albergó a José Bonaparte en 1813 y a los reyes de las Dos Sicilias, cuya hija vino a desposarse con Fernando VII. Sin embargo, en la última etapa semejaba un caserón en ruinas; sus salones acogieron desde un teatro de aficionados a la sede de la Coral El Micalet; también se instalaron diversos talleres de artesanos y la Organización Nacional de Ciegos dispuso de un local para actividades diversas. Abandonado, el palacio sucumbió a la piqueta y en su solar se construyó un jardín en 1966. El proyecto fue del arquitecto Emilio Rieta; lo concibió con palmeras, naranjos y cipreses, pero ante la construcción del aparcamiento subterráneo, se tuvo que eliminar el arbolado. Acertadamente, se aprovecharon las fuentes circulares de bella barandilla de forja, que ornamentaban tiempo atrás el Parterre y que se quitaron con motivo de la riada de 1957. Son fontanas circulares, con pedestales de piedra y esculturas de mármol (procedentes del patio de la desaparecida academia Castellano); representan a Europa, Asia, África y América; rodeadas de surtidores son la nota más alegre del jardín, con pérgola y arcos para que trepen rosales y galán de noche. Como recuerdo del histórico edificio se instaló su puerta neoclásica a la entrada. En invierno el parque se cubre de musgo y queda solitario.

Jardín de Parcent.

SANTOS JUANES

La torre-campanario, colocada a un extremo de la fachada, las figuras de los santos Juanes (Bautista y Evangelista), las estatuas gigantes de los santos valencianos San Francisco de Borja y San Luis Bertrán y el bajorrelieve de la Virgen del Rosario (obra del escultor Bertessi), protegido por un tejadillo, configuran esa gran fachada que enfrenta a la Lonja; barroca, anárquica, sabedora de múltiples intervenciones; retablo gigantesco donde el jaramillo y las palomas se multiplican; escenografía pétrea para acoger debajo de la terraza a las populares «covetes», que se construyeron aprovechando el desnivel del templo, en terrenos dados por la ciudad en 1 de agosto de 1700. Del proyecto se encargó Leonardo Julio Capuz, cediéndose como pago de su trabajo, el alquiler de las «casillas» por 67 años, a partir del día de San Juan de 1701; compromiso que se canceló en 25 de febrero de 1720, abonándole por el tiempo restante 2.300 libras. La documentación en actas se pierde. Sucedería la venta, la herencia, el traspaso. En «les covetes», hasta hace pocos años, trabajaban cerrajeros, fotógrafos al minuto, quincalleros y vendedores de llaves y de gafas graduadas que, por muy extraño que parezca, tenían comprador. La iglesia es de las más antiguas de Valencia; levantada sobre mezquita la bautizó el pueblo con una advocación novedosa, San Juan de Boatella, en recuerdo de la puerta árabe. Sufrió un incendió en 1311 y las obras del nuevo templo duraron gran parte del siglo XIV. Se construyó siguiendo la tipología del modelo levantino: nave única, sin crucero, con capillas en sus siete tramos y ábside poligonal; la bóvea de crucería fue cubierta por la bóveda de medio cañón tabicada, mucho tiempo después, para los murales de Palomino.

Un segundo incendio en 1598 obligó a la reconstrucción durante el siglo XVII y parte del XVIII, quedando como vestigios góticos los contrafuertes y arcos apuntados que se aprecian en la plaza de la Comunión de San Juan y la fachada de los pies; la del gran rosetón conocido como la «O de San Juan». Y aún queda la portada lateral, con acentuado barroquismo al disponer las columnas sobre basamentos colocados oblicuamente y presentando estipes en la hornacina de la parte superior.

El altar mayor se consagró en 1628 y la remodelación de la fachada que recae a la plaza del Mercado aún proseguía en 1701, año en que se encargó el campanil y las estatuas al cantero Bernardo Pons.

En el interior, abruma la exaltación de esculturas como los doce hijos de Jacob sobre pilares, siguiendo modelos genoveses; las pinturas en medallones narrando la vida de San Juan Bautista y San Juan Evangelista; las cartelas elípticas, cornucopias, guirnaldas y frutas ensartadas en un delirio barroco.

Lástima que las pinturas de Palomino que cubrían la bóveda fueran destruidas en el incendio de 1936; solamente quedan restos que evocan su esplendor. Sin embargo pudieron ser magníficamente restauradas, por Juan Roig Alós, las que realizó José Vergara en la capilla de la Comunión referentes a la institución eucarística en un momento de gloria.

De bello diseño, realizado con diversos mármoles, sobresale el púlpito ejecutado en Italia por el genovés Juan Antonio Ponzanelli. Púlpito, ambientación y espíritu, que obligan a pensar en las normas de la Contrarreforma, que con tanta insistencia quiso imponer el Patriarca Juan de Ribera a un pueblo que piensa que nada, o casi nada, es pecado.

CALLE DE LA BOLSERÍA

Aún cuelgan dos o tres medallones con advocaciones marianas a la entrada de las tiendas; y si en el chaflán que une la plaza de Mercado con tan pintoresca vía hay un comercio de compra-venta de carteles y postales relacionados con el cine (no importa si de terror, erotismo o poético), en la acera de enfrente como contrapunto a las imágenes filmadas, se halla «La Valenciana», pálida de tantos soles y lluvias; enorme figura de madera, colocada a la altura del segundo piso, que nunca ha sido restaurada; anuncio de la colchonería que sustituyó a la de «El Barco», de la que permanece una vidriera modernista con la nave. En estas viejas botigas, donde aún se pueden encargar colchones de lana, como aquella que requería ser ahuecada mediante el manejo de dos varas, para ser golpeada en el aire, se impone el recuerdo de los versos de Maximiliano Thous, que musicó Miguel Asensi recogidos en «Cançons per al poble»:

«Cluix, tac, tac, tac,
Cluix, tac, tac, tac,
Cluix, tac, tac, tac,
tac, tac, tac,
Singla i tira llana a l'aire
de presseta i a bon braç;
quan més forta la palissa
molt millor l'estovaràs...»

El término «prêt à porter» no se aceptó en francés y en la popular arteria ciudadana siempre se llamó confección a la prenda realizada según tallaje, que admite posterior arreglo. Con maniquíes que recuerdan al Carlos Gardel de los tangos desgarrados o al Clark Gable enamorado de Escarlata O'Hara, abundan las tiendas especializadas en ropa de trabajo, uniformes para clínicas, residencia, hostelerías, fábricas, mecánicos y las más impensadas ocupaciones, como los operarios de cámaras frigoríficas, que necesitan anoraks y pantalones que protejan de la baja temperatura. Abandonadas durante años, están rehabilitándose algunas fincas, mientras alternan en sus bajos los pequeños comercios «de toda la vida» con locales de disfraces, sidrerías que anuncian fabada, pulpo y queso de Cabrales, clubs nocturnos donde la ambigüedad constituye la atracción, talleres artesanos y mercerías repletas de botones y bobinas de seda. Para los valencianos, la calle de la Bolsería retorna a la actualidad gráfica en las hojas de la prensa cada año, el segundo domingo de mayo, cuando la imagen de la Virgen recibe la más densa lluvia de pétalos de rosa. Las familias que dejaron de habitar los pisos, aunque permanece el comercio en la planta baja, olvidan las losetas rotas, las goteras pertinaces o la deficiente instalación eléctrica, y no sólo vuelven al antiguo hogar sino que invitan a familiares y amigos para deshojar las flores en bandejas o cestos de mimbre; y competir con los vecinos –viejos en su mayoría– que también sienten la necesidad moral de perpetuar la tradición.

La calle, tan antañona, termina en el Tossal, una replaza hermanada a la de San Jaime, confluencia actual de modernos cafés, donde sorprenden lámparas venecianas, vitrinas con juguetes de hojalata y muñecas de porcelana o un grupo de maniquíes de los años 20. En alguno de estos cafés se celebran con frecuencia subastas de piezas extrañas y artísticas a la media noche. Las ramas de las melias son dosel en las terrazas y un ambiente de vivo contraste se aprecia en la zona, desde los angelotes dorados tras los visillos en el taller de Francis Montesinos, al rótulo de «Clínica de Bebés» fundada en 1850; desde la farmacia con anaqueles y artesonado, donde se suplieron los fármacos por bebidas, a la frutería que no cierra hasta la madrugada y expone el género en la calle, o la librería especializada en volúmenes astrales en la que se imparten cursos de yoga. Plazuelas cruciales para iniciar la andadura por la calle palaciega.

Tiendas de la calle Bolsería.

PORTAL DE VALLDIGNA

Desde la plaza de San Jaime, entrada al barrio del Carmen, por la calle Baja se llega al Portal de Valldigna, uno de los escasos restos arquitectónicos que datan de 1400, aunque en 1678 se concedió licencia a un vecino para que pudiera ampliar su casa sobre el mismo.

El conjunto de los edificios, con alero de madera que recorre la parte alta, está cuidado y se respetó el grueso arco de medio punto, con flecha un poco mayor que el radio y de sillería bien labrada. Es el arco ultrasemicircular que se halla también en otros monumentos valencianos y que constituye un tipo interesante y nuevo introducido en la arquitectura levantina de finales de la Edad Media y comienzos de la Moderna.

En la parte superior del arco destaca un retablo de inspiración gótica pero factura moderna firmado por Vicente Rodríguez. En la tabla central se representa a Jaime I ofreciendo el terreno al abad de Santes Creus, Boronat de Vilaseca, para construir el Monasterio de Valldigna; queda enmarcado por dos entrecalles con la iconografía de San Adolfo, San Arturo, San Vicente Mártir y San Vicente Ferrer.

En el número 15 de la calle Portal de Valldigna, una placa conmemorativa recuerda que en Valencia se imprimió el primer libro de España: «Les obres o trobes de lloors de la Verge Maria», editado en 1474. En la lápida se lee: «*A los introductores en Valencia del arte civilizado de la imprenta, Alfonso Fernández de Córdoba y Lamberto Palmart, que en este sitio establecieron la primera prensa que funcionó en España. El municipio de Valencia al celebrarse el cuarto siglo de su instalación en nuestro país.*»

Capítulo de nuestra historia. Tiempo esplendoroso del siglo XV, al que en tantas repetidas ocasiones alude Menéndez Pelayo: «*...el movimiento poético se había concentrado en Valencia, que era la Atenas de la Corona de Aragón. Valencianos son todos los poetas dignos de mayor renombre en esta centuria.*» Sus justas literarias fueron famosas; y si dejó huella la que celebró el Cabildo en 1440 en honor de la Concepción de la Virgen María, la de 1474 se perpetuó por la imprenta, al recopilar todos los versos de quienes participaron en el certamen, organizado por Mossén Bernat Fenollar.

El incunable de «Les Trobes de la Verge Maria», que nació en los tórculos primitivos y tiene encuadernación del siglo XVIII, se encuentra en la Biblioteca Universitaria de Valencia desde hace más de un siglo, custodiado en una caja fuerte pero a disposición de los investigadores.

El paseo por esta calle, muy poco frecuentada, tiene el aliciente de poder contemplar fincas de los siglos XVIII y XIX con profundos zaguanes.

ITINERARIO

Portal de Valldigna

EDIFICIO BAYLÍA

DIPUTACIÓN   PALACIO
PROVINCIAL DE LA SCALA

Plaza de   PURIDAD
Manises

PALACIO
GENERALITAT

Plaza
de la Virgen

Plaza
San
Jaime

Caballeros

Plaza
Negrito

ITINERARIO

- Plaza de San Jaime
- Caballeros
- Plaza de Manises

DESVÍO

- Plaza del Negrito

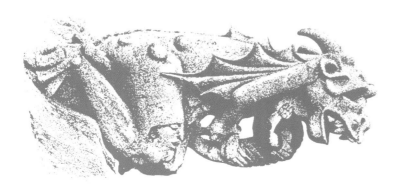

CIUDAD PALACIEGA

CALLE CABALLEROS

En esta vía, cuyo trazado se remonta a la época romana y en donde se pueden descubrir edificios desde el siglo XV a la primera década del XX, permanece la obediencia a los jurados de la ciudad de 1355, quienes pidieron lujo y ornato para la procesión que se iba a celebrar *«a honra i reverencia de Nostre Senyor Dèu Jesucrist»*. En el día de Corpus, los miradores y balcones de la calle de Caballeros se engalan con colgaduras de terciopelo granate, reposteros dorados para velones, guirnaldas de mirto, pomos de flores y frutas y cornucopias con espejos. Es la calle hidalga por excelencia, aunque a lo largo de los siglos su ambiente ha derivado en actividad popular diurna y en esnobismo elitista nocturno. Los nobles y familias acaudaladas que habitan en algunos de los palacios, son un mundo aparte, aislado, cuya señal de permanencia es el ornato para el desfile de la custodia bajo palio y para la imagen de la Virgen de los Desamparados. Son un misterio respetado.

Entrando por la plaza de San Jaime, el edifico perteneciente a la Fundación de la Morería permite contemplar un gran lienzo de muralla árabe, así como la puerta de La Bab Al Hanax (o puerta de la Serpiente), que constituía el acceso a la ciudad por la vía de poniente, y la calle empedrada que debió pertenecer a la Valencia del siglo X; fue todo un hallazgo al rehabilitar una casona palaciega del XIX.

Es una calle privilegiada para gozar con la observación de las fachadas que han enamorado a más de un artista, como le sucedió al pintor Manolo Valdés que, antes de marcharse a Nueva York, rehabilitó un palacio barroco (hoy ocupado por el despacho del ingeniero Diez Cisneros). Se trata del imponente edifico que corresponde al número 28; balcones que se articulan con pilastras corintias, frontones que enmarcan máscaras y gran puerta recercada de piedra son dignas de admiración; aunque aún le supera el palacio contiguo, el de los Alpuente, que tiene también fachada a la plaza del conde de Buñol. De origen gótico sufrió una importante remodelación en el siglo XVIII; se remata con un gran alero que parece proteger la serie de ventanas en forma de arquillos que tanto le singularizan.

El encanto de los zaguanes, con arco carpanel, patio descubierto con plantas y pozo, al que se asoman galerías encristaladas y balcones queda manifiesto en el palacio de los Centelles o de los Condes de Oliva (finca señalada con el número 33). También es muy bello el palacio de Malferit (edificio números 20 y 22); igualmente se supone de origen gótico; del patio arranca una escalera de piedra y en una de las columnas sobresale la figura de un unicornio. Pero entre señoriales construcciones que ostentan escudos, se hallan eclécticas fincas mandadas construir por la alta burguesía de principios de siglo, destacando el del arquitecto José María Manuel Cortina, tan dado al neogótico y neomudéjar; fachadas con alguna cenefa de cerámica, hermosos cubrepersianas de forja y miradores cuya intimidad se sigue velando con etamín.

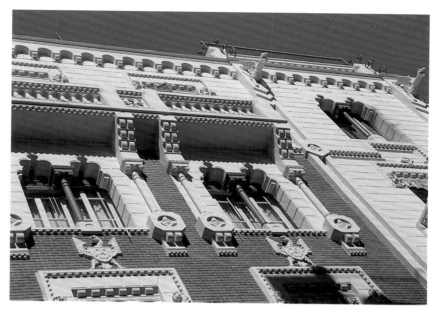

Algunos bajos están ocupados por orfebrería dedicada a las custodias, sagrarios y «llantias» (las lámparas de iglesia); también un imaginero posee en su taller toda una corte celestial de santos y vírgenes, pero dominan los cafés con decoración exquisita, las bodegas de antaño actualizadas con diseño, las tiendas de moda donde se encuentra un abalorio especial; los anticuarios que muestran en los zaguanes arcones y tallas; y varios hornos que, con su vaho cálido, pregonan desde las tortas cristinas a los pasteles de boniato. Tampoco faltan pequeñas floristerías, el encuadernador tradicional, una antiquísima pasamanería, tienda especializada en objetos artesanales de madera; joyería dedicada a los aderezos valencianos de perlas, topacios y coral; y cafeterías con cubierto de precio competitivo, llenas a cualquier hora del día.

Aristócrata y menestral frecuentada por intelectuales, políticos y bohemios, según a qué hora y dónde, es una calle tan densa de historia como de vida.

FUENTE Y PLAZA DEL NEGRITO

Desde la calle de Caballeros, por la de Calatrava, decimonónica, estrecha y llena de tiendas populares, se llega a la plaza del Negrito, un auténtico remanso urbano con surtidores para escuchar de madrugada, cuando domina el silencio, cuando se van los últimos contertulios del café que tomó el nombre de la fuente.

De cabello muy rizado, gordezuelo como angelote de rocalla, pero con rasgos negroides, la actual figura en bronce es de Luis Roig d'Alos, realizada en los años 40 para sustituir a la primitiva, un amorcillo en hierro fundido al que la gente apodó enseguida «el Negrito».

La reseña de su inauguración aparece en el «Manual de Forasteros» (José Garulo, 1850). Refiere: «...*está situada en la plaza de Calatrava. Se inauguró el día 19 de noviembre de 1850 con motivo de ser día de S.M. la Reina y de su Augusta Hija la Princesa de Asturias; y fue la primera que arrojó agua. Asistieron a tan solemne acto el Excmo. e Ilmo. Sr. D. Pablo García Abella, arzobispo de esta diócesis, acompañado del ilustre cabildo, del Excmo. Ayuntamiento del cual era alcalde-corregidor el señor barón de Santa Bárbara, de otras autoridades y de las personas más notables de la ciudad. La plaza y sus avenidas y los balcones de las casas estaban ocupadas por un concurso tan lucido como numeroso de espectadores de todas edades y sexos.*»

Fuente nacida con bendición de hisopo, himno, marchas y se supone que pólvora y palomas en libertad. Desde entonces, prodigiosamente, está manando en uno de los recodos con mayor encanto de la Ciutat Vella, próximo al Miguelete y a la parroquia de San Nicolás.

Destacan dos edificios eclécticos, unificados, de finales del XIX, con balcones, cancelas de hierro en sus bajos y afiligranados cubrepersianas.

En la calle Calatrava, que limita a la plazuela, se halla un palacio del XVIII, aunque el zaguán presenta la disposición de las casonas señoriales de los siglos XV y XVI; arcos rebajados de piedra y pilastras dóricas conforma el espacio de los patios, donde es fácil imaginar carruajes y caballerías.

La fuente está rodeada de árboles y hasta ellos se extiende la terraza del café, que tiene veladores de mármol, posters ultramodernos y continuas exposiciones de fotografías y lienzos, cuando no camisetas serigrafiadas, de jóvenes licenciados en la Facultad de Bellas Artes.

En el entorno se establecieron anticuarios especializados en indumentaria valenciana del XVIII y del XIX; y los escaparates invitan a contemplar espolines de oro y plata, mantones de Manila y mantillas de blonda; prendas colocadas sobre cómodas y sillerías que están reclamando un salón y un concierto de Mozart.

PALACIO DE LA GENERALITAT

La continuidad de estamentos oficiales y linajes ha perdurado en la calle de Caballeros, testimoniándolo el Palacio de la Generalitat, vinculado al nacimiento del Reino de Valencia y la creación de sus Cortes, según privilegio otorgado por Jaime I en 11 de abril de 1261, tras haber jurado respetar sus Fueros. Posteriormente, reinando Alfonso II el Benigno (IV de Aragón y III de Cataluña) impidó que se aplicase a Valencia el «fuero aragonés» que favorecía a la nobleza; y las Cortes, en agradecimiento, le ofrecieron un gravamen sobre productos de uso corriente –trigo y vino sobre todo– de carácter general, sin excluir a ningún habitante; tributo que recibió el nombre de «generalitat»; designando así al organismo administrativo al que dio origen.

Monumento Histórico-Artístico Nacional desde 1931, posee una complicada historia respecto a su edificación, que comenzó en 1421 y se prolongó hasta 1952, aunque bien es cierto que la construcción antigua había finalizado en 1579. Las principales etapas pueden resumirse en las obras de los siglos XV y XVI, bajo los reinados de Pedro II, Alfonso III, Fernando el Católico y Felipe II. La ampliación del edificio y la construcción de nueva torre copiando el estilo aconteció en la década de 1940-1950, empresa llevada a cabo por el arquitecto Luis Albert Ballesteros.

La fachada recayente a la plaza de Manises, el patio y la estructura general –1481– son de Pere Compte; el torreón –1518– lo comenzó Juan Corbera, trabajando también Montano y Gaspar Gregori. En 1561 culminaron los trabajos del Salón Dorado y en 1579, como se indicó antes, se dio por terminado, aunque sufriría una intervención en 1923 al ser cedido a la Diputación.

De estilo gótico tardío, con aportes estilísticos del protorrenacimiento (Sala Nova) y del manierismo (el torreón), lo más antiguo es el portalón de entrada en la calle de Caballeros que comunica con un gran patio de arcos escarzanos, del que arranca la escalera de honor, construida en 1482 por Pere Compte.

En la capilla sobresale el retablo labrado en 1606 por el ebanista Fontestad, de tres cuerpos con pilastras de orden corintio, frontón circular y reminiscencias platerescas; y las pinturas de Sariñena representando a los patrones antiguos: la Virgen con el Niño y ángeles, San Jorge y el Ángel Custodio.

El conjunto más importante del palacio es la Sala Nova. Con portada de jaspes y mármoles, resulta de una gran fastuosidad por sus azulejos, tapices, pinturas, tribuna y artesonado. Ocupa el piso principal del antiguo torreón, estando inspirado su espléndido artesonado en el Salón del Trono de la Aljafería de Zaragoza.

Ginés Linares, su hijo Pedro y Gaspar Gregori son los artífices del artesonado (de gran evocación mudéjar) de la bella escalera volada y de la galería, en sistema de logia abierta.

Preside la Sala Nova (llamada también Salón de Cortes) la obra pictórica de Juan de Sariñena que representa a la Generalitat valenciana, integrada por seis diputados, un dominico, el prior de San Miguel de los Reyes, eclesiásticos, dos militares y dos repre-

sentantes del brazo real. A Vicente Requena se debe el estamento religioso: el arzobispo Juan de Ribera y los obispos de Segorbe, Orihuela y Tortosa junto a otros abades; y al italiano Francisco Posso, el estamento miliar. Un centenar de figuras que se consideran como precedentes de los retratos corporativos, que un siglo después se prodigarían en la Holanda barroca.

No sólo las pinturas interesan por su gran valor documental, la Sala Nova o Salón de Cortes cautiva por su galería apoyada en ménsulas; pilares y balaustres, que sirven de base a la arquería dispuesta con dobles arcos en cada tramo. Y merecedores de estudio detenido por su leyenda iconográfica resultan los 46 tableros de madera con bajorrelieves colocados entre las ménsulas: mitología griega, religión (Antiguo y Nuevo Testamento) y amor cantado por los clásicos se encadenan en sucesión de alegorías.

Como todo es lujoso, señalemos que las seis galerías o molduras para cortinajes fueron talladas en estilo churrigueresco (1708), con motivo de la visita del Archiduque Carlos de Austria; una vez más se rindió homenaje con el culto a la riqueza, a la estética.

Desde el patio gótico, una escalera de piedra auxiliar conduce al Salón Dorado, de impresionante artesonado en oro y policromía, en donde el gótico florido y la influencia oriental se unen a las formas renacientes. Ginés Linares fue el tallista y Joan Cardona se encargó del brillo y el color. A través de un arco apuntado se pasa al Salón Dorado «pequeño» o «retret», que muestra un artesonado inverosímilmente primoroso, con florones que recuerdan los mocárabes. Lo comenzó también Ginés Linares –en 1535–, lo continuó su hijo Pedro y sería el dorador Luis Mata.

No es frecuente que se muestre en las visitas turísticas, pero en el Archivo (situado en lo alto del torreón), el ebanista Gaspar Gregori legó una gran obra influida por el renacimiento italiano.

Desde las ventanas se contemplan campanarios y cúpulas; surtidores y palomas que vuelan a la vez como una gran ráfaga blanca.

PLAZA DE MANISES

La parte posterior del edificio de la Generalitat recae a una de las más bellas plazas de Valencia, la de Manises, configurada por los palacios donde hoy radican la presidencia de la Diputación y servicios centrales.

El eclecticismo domina en el conjunto; desde la finca número 1, con talla modernista de madera enmarcando los escaparates de los bajos y la lápida fechada en 1909, dedicada a Jusep Bernat i Baldoví "festiú i popular poeta", por la asociación L'Antigor, recordando que murió en una de sus viviendas, el 31 de diciembre de 1864, a la torre barroca de San Bartolomé, campanario mudo pero respetado de la iglesia que se derribó hace unas décadas, ya significan la facilidad con que esta urbe se edifica, destruye y reforma.

En el centro de la plaza, declarada Conjunto Histórico Artístico Provincial en 1976, se alza un monumento "a la Raza"; una figura de bronce, evocando a los conquistadores de América, que remata una de las columnas pétreas del antiguo Hospital Provincial. Y junto a la columna un ciprés gigantesco, que terminará por eclipsarla.

Palacio de la Baylía.

PALACIO DEL MARQUÉS DE SCALA

El nombre de la plaza se debe a los marqueses de la Scala, señores de Manises, de la estirpe de los Boil, cuyo palacio fue declarado Monumento Histórico-Artístico Nacional en 2 de julio de 1948.

El palacio del marqués de la Scala se construyó en el siglo XVI, aunque sufrió fuertes intervenciones en los siglos XVII y XVIII, lo que permite admirar elementos góticos, renacentistas y barrocos, después de la importante rehabilitación –finalizada en 1985–, según proyecto del arquitecto Emilio Giménez.

El edificio, en su conjunto, está formado por dos mansiones señoriales cuyos patios están unidos, presentando un doble portal, pero mantiene la estructura gótica: semisótano, entresuelo, planta principal y galería superior renacentista con arquillos o logia. Conserva también la torre cuadrangular rematada por cuatro bolas de piedra, tan características de los palacios valencianos.

Es adintelada, de piedra, la puerta principal; en el interior, un amplio zaguán con techumbre plana de grandes vigas da paso, mediante un arco rebajado, a un patio cuadrado que en la galería interior de la parte alta se ochava sobre pechinas, dos de madera labrada en mocárabe.

Huellas del gótico y factura renacentista se aprecian en el patio, en el trazado de la escalera de pétrea baranda con balaustres moldurados y motivos vegetales en los capiteles de un arco. La techumbre es de madera con casetones octogonales de reminiscencia morisca. La escalera noble pertenece al XVIII, alegre, armoniosa, tiene la contrahuella de los escalones recubiertos con azulejos maniseros.

En un ángulo del patio quedó la escultura de Mariano Benlliure «Ronda de Amor», realizada en Roma en 1889 y rescatada en una subasta de Buenos Aires. Una bella mujer desnuda a cuyo alrededor juegan niños, Cupidos sin alas.

Palacio del Marqués de Scala.

PALACIO DE LA BAYLÍA

También se construyó en el siglo XVI, en estilo gótico renacentista, para residencia del bayle general, magistrado de la institución foral, responsable de la administración de Hacienda y el Real Patrimonio. A pesar de la supresión de los Fueros, continuaron las funciones del intendente de la Real Hacienda, pero el cargo se suprimió en la época de Isabel II y el palacio, puesto en venta, fue adquirido por el noble catalán José Jaumandreu i Sitges, quien lo restauró añadiéndole una segunda planta y ventanitas de coronamiento; también los vanos quedaron rematados con frontones triangulares y curvos de sabor clasicista.

La puerta principal comunica a un gran patio de arcos rebajados, en el que destaca la escalera volada semidescubierta, renovada en la época actual por el arquitecto José Manuel Cortina Pérez. Igualmente, se sustituyó la claraboya central del patio por una galería cerrada de arcos conopiales y se remozaron todos los vanos y arquerías de finísimas columnas, cubriendo las aberturas con finos cristales.

A finales de la década de los cuarenta, la Diputación de Valencia compró el palacio e instaló el Museo de Prehistoria en 1955, tras algunas obras de acondicionamiento pero respetando la estructura del siglo XIX; y pocos años después, en 1962, fue declarado Monumento Histórico-Artístico Nacional.

Actualmente, el Museo de Prehistoria se halla en el Centre Cultural La Beneficència, también dependiente de la Diputación.

Plaza de Manises.

MONASTERIO DE LA PURIDAD

A la plaza, que tanto recuerda algunas italianas de la Toscana, por sus construcciones, por su luz, por la panorámica que enmarca la calle de la Baylía –cúpulas de iglesias–, confluye una vía estrecha, silenciosa, evocadora de ambiente medieval, la del Convento de la Puridad o antigua Cofradía de San Jaime.

En la severa fachada, sólo destaca la piedra sillar de la puerta del monasterio y la lápida de mármol negro que conmemora el III Centenario del gesto de Vinatea, ante Alfonso II, saliendo de esta «Confreria» para evitar el contrafuero.

La comunidad de las religiosas clarisas es la más antigua de las establecidas en Valencia; se remonta a 1249 el documento de cesión de terrenos para que construyan el convento, en el Camino de Quart, a las puertas de la Morería. En un principio la titular fue Santa Isabel, pero a partir de 1534, a petición de las religiosas, el papa Clemente VII les concedió el patronazgo de la Purísima Concepción o de la Puridad. Tras la desamortización, tuvieron que trasladarse en 1853 al local de la cofradía de San Jaime –fundada por el rey Jaime I–, donde siguen en su mundo de aislamiento y oración.

Las dos pequeñas campanas de la espadaña sólo voltean en fiestas muy especiales; y a la misa diaria de las siete y media de la mañana, únicamente acuden cuatro o cinco fieles, que disfrutan oyéndolas cantar y rezar tras la celosía que las oculta.

La capilla es de una sola nave con bóveda de cañón rebajado con lunetos, arcos escarzanos y pilastras de orden corintio. El altar, siempre con el Santísimo expuesto, lo preside la Inmaculada –obra de Ponsoda–, entre las imágenes de San Francisco y Santa Clara.

En el vestíbulo del monasterio sobresale un retablo cerámico con alegorías marianas; y otro de la Purísima, copia de la de Juan de Juanes, en el locutorio, de mediados del XIX. En cuanto a objetos artísticos, se citan la Virgen del Oratorio, una talla gótico renacentista en piedra policromada; y la Virgen del Coro y del Consuelo, en nogal, de Malinas, fechable entre los años 1520-1525.

En 1997 la comunidad la integran la madre abadesa y dieciséis hermanas, de edad más bien avanzada. Para ayudarse económicamente realizan labores: bordan y pintan manteles para altares; reproducen espigas, cálices, racimos de uva, panes y algún sol y lunas crecientes, como las que aparecen a los pies de la Inmaculada.

La comunidad, en su retiro elegido, definitivo, sólo goza del esparcimiento de un jardín –también recóndito tras el palacio de los Scala–; narajos, limoneros y macizos con rosales rodean un estanque en el que se alza la figura del Corazón de Jesús.

ITINERARIO

ITINERARIO

- Plaza de la Virgen
- Plaza de la Almoina
- Plaza del Arzobispo
- Plaza San Luis Bertrán
- Regreso a la plaza de la Virgen
- Calle del Miguelete

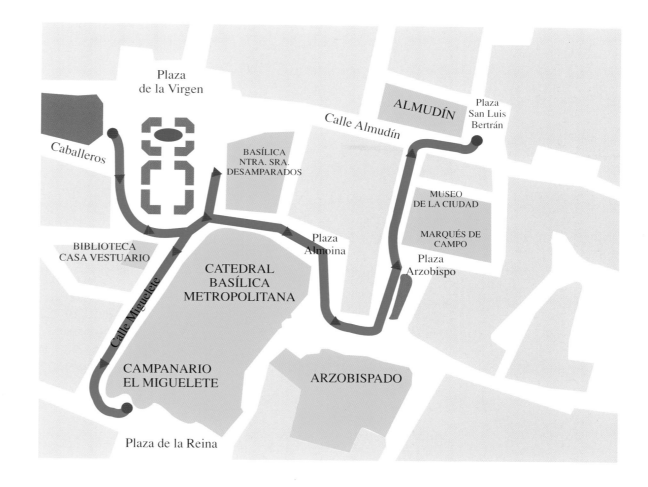

URBE ROMANA

PLAZA DE LA VIRGEN

El pequeño jardín de la Generalitat enlaza la calle de Caballeros con la plaza de la Virgen; naranjos, limoneros, cipreses y pinos, enmarcados por setos de boj, conforman la zona de arbolado que data de 1860; solución ornamental para ocupar parte de los solares de la antigua Casa de la Ciudad construida en el siglo XV, en los terrenos cuya adquisición autorizó Jaime II en 1311. El edificio sufrió varios incendios, hasta que se derribó totalmente entre 1854 y 1860.

En el punto preferente de la verja que rodea el jardín, desde donde mejor se contempla el conjunto de cúpulas de la Basílica y el cimborrio de la Catedral, se levanta un pilar-peana para la figura de un San Miguel hermoso, como el cantado por García Lorca; ligeramente risueño, pacífico, con las alas muy desplegadas; en nada recuerda al guerrero vencedor del Mal, de la Bestia, del Demonio. Tal vez por la delicada iconografía se ha confundido en numerosas crónicas con el Ángel Custodio de la Ciudad, al que aclamaron los regidores municipales para que cesara la peste en 1395.

La imagen del Ángel Custodio se veneraba en la capilla de la Casa de la Ciudad y pasó al convento de San Gregorio; aunque su devoción había terminado por orden del jefe político Francisco Carbonell en 1836, quien además de suprimir la celebración, mandó que se quitaran cuantos paneles cerámicos lo ensalzaban en las calles.

Manan los surtidores de la fuente de Silvestre de Edeta (representación del Turia y sus acequias), vuelan incontables palomas, se saborea el café o el helado en las solicitadas terrazas de cafeterías que enfrentan a los templos y es continuo el desfile de gente que entra y sale de la Basílica. La vida palpita a cualquier hora, hasta de madrugada con el buen tiempo, y la luna reluciendo en la placa incrustada en el pavimento; la de las frases de Tito Livio que pregonan el origen de la ciudad (Periochae, LV, 355), que traducidas literalmente del latín dicen:

«...D. Junio Bruto, cónsul de España, es quien a los que lucharon bajo el mando de Viriato, donó los campos y la ciudad llamada Valencia.»

El forum romano se sitúa donde hoy se alza la Basílica; y el Capitolio en el lugar de la Catedral. Plaza que es todo un resumen de emblemática fundación; y, desde hace siglos, convocatoria para la ofrenda y el rezo.

A la Virgen de los Desamparados se le adora en Valencia y su capilla siempre está llena de flores, de luces y de fieles. La imagen resplandece; se acusó la necesidad de demostrar materialmente el sentimiento; y a la talla se la cubrió con manto recamado de oro y pedrería; la coronaron y aún añadieron la aureola con doce estrellas; le colgaron collares de perlas, ensortijaron sus manos y le ofrecieron distinciones de poder civil y militar. Sin embargo, se tuvo la discreción de no fabular sobre hechos prodigiosos; la imagen no fue realizada por ángeles, sino tallada por un escultor a petición de los cofrades. Deseaban una «Verge dels Inocents» para llevarla sobre los féretros de los ajusticiados, náufragos y desconocidos, muertos en la vía pública o en los caminos de varias leguas a

la redonda de las murallas, a quienes se les denominaba «desamparados»; término que se unirá al de Nuestra Señora de los Inocentes, tras el decreto de Fernando el Católico firmado en Barcelona, el 3 de junio de 1493.

Las primeras ilustraciones que se tienen sobre la imagen muestran la talla gótica –pliegues del ropaje en sentido vertical–, los pies simétricos, el dorso plano y la cabeza ligeramente inclinada, para apoyarla en un almohadón cuando quedaba yacente. El estudio de su iconografía es inacabable, especialmente por el gran coro de ángeles, santos y paisaje con que se le representa simbolizando su humana advocación.

Salves y cánticos, perfume de incienso y guirnaldas de mirto con motivo de bodas, engalanan el templo que se construyó de 1652 a 1667, según los planos arquitectónicos de Diego Martínez Ponce de Urrana, por los arquitectos José Montero y José Artigues. De un barroco sereno, el edificio es de planta rectangular con partes nobles en piedra gris de Godella y muros de ladrillo rojo. De grandes proporciones, la cúpula, cubierta por teja vidriada azul, resalta sobre tambor abierto por ocho ventanales (decorados por frontones y pilastras), prolongando la verticalidad de tan hermosa cúpula, la linterna y cupulín.

En la fachada principal recayente a la plaza hay dos portadas gemelas que se adornan con columnas de orden toscano; y en la fachada que enfrenta al ábside catedralicio sorprende el arco volado proyectado en 1660 que enlaza la Basílica con la Catedral.

Artísticamente, lo más interesante es la decoración de la cúpula pintada al fresco por Palomino en 1701. Representa la Gloria con la Santísima Trinidad y la Virgen intercesora de los hombres, con coros de ángeles y vírgenes; los apóstoles, santos patronos y personajes del Antiguo Testamento.

La decoración de las paredes obedece al gusto académico severo pero rico, según proyecto de Miguel Navarro realizado en 1819. El estuco de los muros, los zócalos de mármol de Villamarchante sobre los que corren piedras rojas de Aspe, las pilastras de mármol del mismo color procedentes de Buxcarró y los pedestales de mármol de Náquera, armonizan con los elementos rococó que centran los medallones pintados por José Vergara.

Vicente Gascó proyectó el altar mayor en 1819, siendo realizado por el arquitecto Vicente Marzo, ambos pertenecientes a la Academia de San Carlos. La mesa del altar –de mármol de Carrara– descansa sobre la figuración esculpida del Tetramorfos, de José Esteve Bonet, quien también realizó las figuras de San Vicente Ferrer y San Vicente Mártir.

La Virgen ocupa la hornacina de columnas de mármol rojo y pilastras negras coronadas por capiteles corintios dorados. Es la imagen de la expresión realista y dulce que ha conmovido a generaciones y generaciones de valencianos.

A destacar la capilla de la Comunión (restaurada en 1940) con lienzos de Ramón Stolz Viciano; y la capilla del Cristo de «la Co-

veta»; manteniéndose la tradición de visitarle durante 33 días para rezar credos con los brazos en cruz; empezando por uno y terminando con 33.

Como contraste de la gran riqueza ofrendada en el interior de la Basílica, el pueblo canta y reza a la Virgen ante un retablo de flor, que se instala en la fachada del templo con motivo de su fiesta. Existen fotografías de los primeros tapices, en 1904. Cebrián Mezquita, Josep Renau y Albert realizaron algunos, pero fue Enrique Ginesta –antes del 36– quien lo agrandó y perfeccionó; en la posguerra fue el autor indiscutible que aportaba a la obra su dominio en la perspectiva, disciplina de la que era catedrático; y le sucedió con idéntico éxito su discípulo Miguel Galbis Silvestre, a quien enseñó la manipulación de pegamentos y el empleo de las flores.

El retablo mide aproximadamente 9 metros de largo por 11 de alto; y el boceto lo resuelve en 36 centímetros por 44 centímetros.

Con un equipo de operarios, el tapiz exige tres meses de trabajo, aunque la flor tierna se aplica en las tres últimas semanas. El alhelí y la siempreviva constituyen la base y el clavel es el más difícil de trabajar, pero se recuerda que con motivo de la visita del Papa en 1982, se utilizaron un millar de docenas de claveles: pétalo a pétalo, como un plumón.

Una vez dibujada la representación en los paneles (el retablo es un gigantesco puzzle), se perfila con cordoncillo grapado; se marca el color de cada fragmento y comienza la colocación de las flores. En cuanto a la pasta, se utiliza el alabastro para que fragüe; la cola para pegar y el agua, que necesita ser absorbida por la flor.

El segundo sábado de mayo, al atardecer se alza el retablo y en la plaza comienza a congregarse el público. Hay concierto, antiguas danzas y se contemplan con devoción a la Virgen y al Niño de madreselva y alhelí.

Plaza de la Virgen.

CÁRCEL DE SAN VICENTE MÁRTIR Y ALMOINA

Desde la plaza de la Virgen, enmarcada por el pequeño puente que comunica la Basílica con la Catedral, se aprecia la original fachada de la finca conocida por «la casa de punt de ganxo», en la plaza de la Almoyna. Se trata de un alegre edifico modernista del arquitecto Manuel Peris Ferrando con decoración esgrafiada y pilastras que imitan troncos. Hojas y flores constituyen el elemento decorativo que resalta en cubrepersianas, barandillas y miradores.

Junto a esta finca se halla la que, en sus bajos, estuvo la cárcel de San Vicente, el diácono de Caesaraugusta (Zaragoza), que en el siglo IV sufrió en nuestra ciudad el martirio. En la hagiografía se narra que durante la persecución del emperador Diocleciano fue apresado junto a Valero, obispo de su diócesis, y enviados a Valencia para su ejecución.

La cárcel se abría el día de su festividad, 22 de enero; y los devotos visitaban el recinto (bajo el nivel de la calle, una base de sillería romana cubierta con bóveda), encendían velones y compraban frutos secos, pan de higo y «porrat» en los puestos que se instalaban a la entrada. Sin embargo, el derribo del inmueble, con la consiguiente polémica y las excavaciones arqueológicas realizadas en la citada plaza, pusieron de manifiesto la importancia del lugar. Se comprobó que la pequeña cárcel formaba parte de un edificio más grande con forma de cruz griega y desconocido hasta ese momento, de origen visigodo. El templo debió ser erigido en memoria del mártir y fue el origen del gran complejo episcopal que tuvo Valencia en la época visigoda.

Según todas las investigaciones, el templo permaneció hasta el siglo XI; y en la Valencia musulmana fue reconvertido en baños del cercano alcázar, destrozando el ábside con el objeto de acomodar el horno.

Nos hallamos en un ámbito importantísimo, a escasos metros de las excavaciones municipales que se iniciaron en 1985 y que han desvelado múltiples incógnitas sobre nuestro pasado. El solar de la Almoyna tiene cincuenta metros de lado y en él se han ido descubriendo los restos más antiguos de la ciudad romana: cabañas, el horreum (almacén público) de sillería; las termas públicas, soldados calcinados junto a lanzas, cascos y escudos (en el 75 a. C. la ciudad fue destruida por Pompeyo). A la época imperial pertenecen el Foro con templo y basílica; el Hemiciclo municipal que conserva los escaños de piedra; el mercado y el «thermopolium» (mostrador y tinajas para expender o beber vino); la Vía Augusta –el solar está atravesado por una vía enlosada, un cardo–, mientras en sentido perpendicular aparece también el decumanus; y restos del Templo de las Ninfas, que debió ser bello, de carácter monumental y sagrado, por los restos de las fuentes y cerámicas alusivas.

Después de la crisis a finales del siglo III, en que se destruye la urbe, se inicia la modesta reconstrucción en el siglo IV d. C. y los restos arqueológicos hallados nos sitúan en el período visigodo: ábside de la iglesia (que se relaciona con la cárcel de San Vicente); restos de la catedral y tumbas monumentales. Y aún siguen los vestigios del Alcázar de los reyes árabes, dos casas palaciegas con pórticos y albercas; quedando como vestigio de la época medieval la construcción en 1288 de la Almoina, edificio destinado a la acogida de pobres, a quienes se entregaba limosna. Un cúmulo de reliquias, sometidas a investigación, a estudio. Siglos dormidos que nos determinaron.

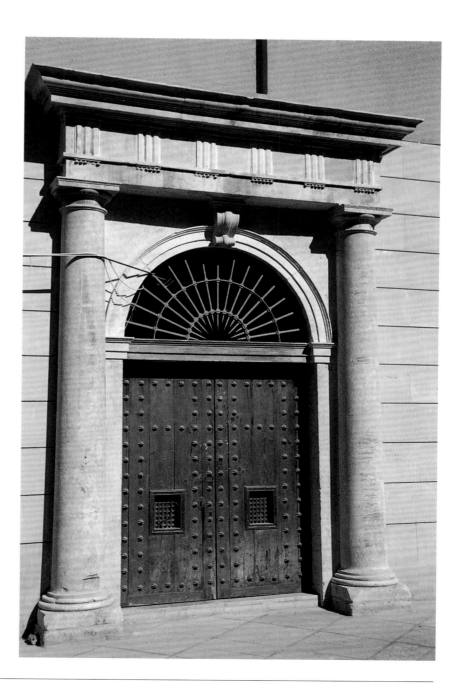

PALACIO DE BERBEDEL MUSEO DE LA CIUDAD

La plaza de la Almoyna enlaza con la del Arzobispo, en donde se restauró, para Museo de la Ciudad, el antiguo palacio de los duques de Villahermosa, cuyo origen se supone anterior al siglo XVIII. A principios del XIX, de 1814 a 1842 fue habilitado para Capitanía General (como consecuencia del derribo del Palacio Real en 1810). Posteriormente lo compró el Marqués de Campo, notable figura de la burguesía con múltiples actividades mercantiles dedicadas especialmente al transporte marítimo y por ferrocarril. Fue y es recordado alcalde de Valencia, ciudad que modernizó con el adoquinado de las calles, instalaciones de agua potable y gas y mejora del puerto.

José Campo Pérez, a quien Alfonso XII concedería la dignidad de Marqués en 1875, había encargado la remodelación del palacio al maestro de obras Manuel Ferrando en 1857. Siguiendo el gusto de la época, la mayor intervención consistió en el cerramiento de la U que formaba la planta, mediante un cuerpo de una crujía que resuelve la fachada principal, abierta con una doble puerta de piedra sobre la que se apoyan los balcones protegidos por barandas de bronce. Absorbió viviendas colindantes para convertirlas en dependencias y construyó un hermoso patio interior.

Los últimos propietarios fueron los condes de Berbedel y el Ayuntamiento de Valencia adquirió el palacio en noviembre de 1974. La restauración le fue encomendada a Manuel Portaceli, quien desde un principio acometió el trabajo como de «restitución»; es decir, devolver al edificio, con mejor claridad y transparencia, algunos de sus más genuinos valores.

La recuperación del gran patio y la disposición original de tres alturas, con la supresión de nayas; la clarificación de las fachadas laterales y la articulación de los espacios, confieren al nuevo museo un particular estilo, ya que en algunas salas se ha respetado el ambiente del pasado, mientras que en otras, las pinturas murales –alegorías ya deterioradas– se sustituyeron con lienzos de Teixidor. Importantes fondos de la pinacoteca municipal y exposiciones monográficas se suceden en el palacio tan vinculado a la burguesía que alcanza su meta de nobleza.

En la plaza del Arzobispo –la de la alberca y su eterno rumor–, se puede iniciar una ruta de anticuarios y almonedistas, que se extienden a lo largo de las calles del Palau hasta la plaza de Nápoles y Sicilia y calle de Aparisi i Guijarro; o por la calle de Avellanas, Cavillers, Mar y María de Molina. Se trata de tiendas profundas, abigarradas, con lámparas, arcones, cómodas isabelinas, tresillos, muñecas de porcelana con tirabuzones apolillados, imágenes en hornacinas, platos de cerámica, abanicos de nácar o marfil, costureros de caoba y figuritas de porcelana. También en este caminar contemplando todo un pasado que aviva la imaginación, se hallan tiendas de indumentaria valenciana, en las que se reproducen con toda fidelidad modelos del XVIII: enaguas con puntillas, faldas de seda, mantellinas de media luna confeccionadas con muselina bordada en punto de cadeneta; y con los trajes, mantones de Manila y aderezos. Rutas de la Ciutat Vella.

Museo de la Ciudad.

Al finalizar el año 2000, el Museo de la Ciudad se amplió con 1.700 metros cuadrados de superficie, tras la compra y rehabilitación de dos fincas colindantes, situadas en la parte posterior y recayentes a las calles de Llimera y Venerables; fachadas que se han preservado.

El nuevo e importante espacio está destinado a sala de conferencias, almacén de fondos y exposición permanente de la colección de Gómez Trénor de Pesas y Medidas; también muestra de grabados (el Ayuntamiento posee más de 3.000) y de esculturas, destacando las de Ricardo Boix y Capuz, así como la donación de Martí Esteve.

En la ampliación merece citarse la recuperación del antiguo oratorio del Marqués de Campo, capilla construida en el estilo ecléctico de mediados del XIX, de interés reconocido en el informe del 24 de marzo de 1997 de la Dirección General de Patrimonio Artístico.

El oratorio, de planta rectangular (9.30 x 3.35 metros), está contruido en ladrillo tabicado, con una elegante decoración de estucados y tallas, muy representativo del interiorismo eclesiástico de la época, de evidente filiación estilística tardo-barroca. Bóveda con imaginado cielo para santos y querubes.

PLAZA DE
SAN LUIS BERTRÁN

Pertenece a las más bellas; es apropiada para la visita nocturna, cuando en el silencio sólo se escucha la fuente que, proyectada por los arquitectos Román Jiménez y Emilio Rieta, está inspirada en la fontana setabense y gótica que pintó Peppino Benlliure en uno de sus lienzos; construida en piedra de Jávea consta de un brocal con rondos en relieve encuadrados por molduras, que cierra la pila de dos metros de diámetro.

De los cuatro pequeños mascarones sale el agua en finos chorros y una escultura en bronce de San Luis Bertrán (obra de Vicente Rodilla) corona la columna. Subsiste la casa natalicia del santo y la capilla a él dedicada, en cuya fachada resalta un panel de azulejos barrocos: Cristo crucificado, entre ángeles con candelabros y la simbología de la pasión: desde el gallo que cantó tres veces antes de que Pedro negara conocer a Jesús, a la esponja con hiel y vinagre para calmar su sed. El rumor del agua parece subrayar el lamento escrito en la cerámica: *«Oh, culpas lo que pesáis / sobre este duro madero / desfallezco, sangro y muero / y, almas, no me ayudáis.»*

El palacio de los Escrivá, que se remonta al siglo XV aunque en el XVIII sufrió una importante intervención y ha sido restaurado recientemente, contribuye al encanto del lugar, con sus balcones, alero de vigas al aire rematando el final edificio y, sobre todo, por la puerta gótica con arco de ojiva y tímpano en el que se inscribe un escudo de piedra labrada.

ALMUDÍN

Impresionante resulta el Almudín que tras la restauración (1993-1996) llevada a cabo por los arquitectos Juan Añón, José María Herrera y Rafael Martínez, el Ayuntamiento lo inauguró en la primavera de 1996 como gran sala para exposiciones y actividades culturales.

A la plaza de San Luis Bertrán recae la recuperada portada de tres arcos de medio punto y adintelados de codificación serliana, configurando un atrio, que debió construirse en la primera mitad del siglo XVI y que en un principio funcionaría a modo de porche. Audaz ha sido la actuación arquitectónica impulsada para la apertura de las almenas a la luz, tras su tosco tabicado; eliminar los enmascaramientos de las fábricas de cantería ocultas; la adopción de madera y cerámica como entramado y soporte de los nuevos faldones de la cubierta de teja, con un despiece más elemental y la recuperación del nivel original del pavimento (antes de la intervención del siglo XVI), que supuso el acortamiento de los pedestales de las pilastras de piedra de la nave y, por tanto, de la proporción original de los pórticos.

Monumento Histórico-Artístico Nacional desde 1969, el Almudín dedicado al almacenaje, control y venta de trigo, ha ofrecido discrepancias entre los historiadores sobre la fecha en que se traslada a su actual emplazamiento –estimado entre 1261 y 1270– y su construcción, considerada como de principios del siglo XIV; dada la referencia documental de que en 1355 el Consell compra una casa para ampliarlo.

En el interior del actual edificio, con el patio central cubierto, ha quedado reforzado el esquema basilical (con el que varios autores lo han definido) y se aprecia tanto la nueva cerrajería de cerramiento como la esquematizada escalera que conduce a la pasarela superior; la que rememora el «paso de ronda» existente detrás de las almenas.

La atmósfera histórica se mantiene, igualmente, con las pinturas murales –también restauradas– de carácter popular, alusivas al almacenamiento del trigo, fechas de llegada de partidas importantes, nombres de los guardas y santos patronos de medidores, garvilleros y tirasacos; oficios de gremios que nos remontan a la Valencia de los siglos XVI y XVII.

El más antiguo de los frisos es el de San Abdón y San Isidro; Santa María de la Cabeza y San Senén; también aparece la yunta de San Isidro guiada por un ángel y una cartela con ángeles tenantes en las que se lee: «*Entro Guardián Juan Escrich. A. 1609.*» Ingenuistas y exponentes de arraigada devoción, sobresalen la Virgen de los Desamparados, San José, San Juan Bautista, San Antonio de Padua y San Pascual Bailón. En otro recuadro, un Cristo, almas del Purgatorio y canastillos de flores con la inscripción: «*Any 1665. A 12 de juni entra forment novell de Xirivella sent guardia Jaume*

Fabregues.» Por la iconografía resulta altamente anecdótica la composición de la Virgen del Rosario, la Virgen del Puig, San Pedro Nolasco y Jaime I el Conquistador; y junto a ellos la Virgen del Carmen entregando el escapulario a San Simón Stock.

Para numerosas generaciones de valencianos, el Almudín quedó vinculado al Museo de Paleontología que se instaló tan vetusta construcción en 1906, permaneciendo hasta 1991. Los importantes fondos fueron donados por José Rodrigo Botet, valenciano nacido en Manises, inteligente aventurero y altruista excepcional, cofundador con Darío Rocha de la ciudad de La Plata y realizador de obras hidráulicas en Brasil y Argentina, en donde adquirió las piezas para el citado museo; entre las que destacaban el gigantesco megatherium y la momia de Chulpas de Tiaguanaco (Bolivia). Un ayer; un recuerdo imborrable de visita escolar.

Almudín.

CASA VESTUARIO

De piedra de sillería en la planta baja y ladrillo rojo y piedra caliza blanca en los dos pisos, la fachada de la Casa Vestuario resalta en el chaflán de la plaza de la Virgen y calle del Miguelete. Las cornisas, esquinales, recercos de puertas y ventanas son también de piedra, destacando el gran balcón que abarca la planta principal, con cuatro vanos coronados por frontones triangulares o curvos alternativamente. Sobre el frontón central de la calle del Miguelete sobresale un hermoso escudo de Valencia sostenido por ángeles tenantes. Y debajo del mismo balcón una lápida de mármol negro, con inscripción en latín –traducida– dice: *«El Senado y el Pueblo Valenciano, anuente el Rey Carlos IV, costearon el edificio, ensanchando la calle diez y ocho palmos, en el año 1800, para punto de reunión de los ediles cuando han de asistir a la inmediata Iglesia Metropolitana a ofrecer sus votos por el bien de la Ciudad.»*

La construcción se había llevado a cabo en 1795 y 1796, después de que los Jurados adquiriesen dos casas junto a la que habían alquilado en 1703, para proceder al derribo y disponer de un amplio solar. El proyecto fue del arquitecto José García, con intervención de Cristóbal Sales en las portadas y encargándose de los escudos el escultor José Gil. Pero con ser interesante el edificio, la belleza plástica sería la gran obra de Vicente López, el mural del salón principal pintado al temple, en el que refleja alegóricamente el triunfo o apoteosis de la Ciudad. Sobre un firmamento de nubes, atravesadas por rayos de luz, aparecen las figuras simbólicas como la fidelidad (doncel portador de un mastín) y un gran coro de ángeles que ofrendan a la Matrona (sostenedora de la lucerna encendida y la patena con la sagrada forma) elementos del escudo: el murciélago, la corona, la L coronada y el fasces alusivo a la romanidad de Valencia. Una composición barroca, envolvente, en la que los ángeles extienden finas sedas con el escudo bordado. Obra en la que Vicente López resolvió con maestría el escorzo de los bellos seres, así como el del grupo de los amorcillos e imprimió un colorido especial para la atmósfera gloriosa.

En febrero de 1994 el mural de Vicente López fue magníficamente restaurado bajo la dirección de las profesoras de la Universidad Politécnica, Pilar Roig Picazo y Carmen Pérez García, después de realizar un profundo estudio dado que la obra se hallaba en un estado de conservación preocupante, con diversas microfisuras, agresiones químicas por la contaminación medioambiental y manchas de humedad que habían provocado la presencia de microorganismos.

Se consolidaron las partes exfoliadas, se protegió la película pictórica, se fijó todo el pavimento superior sobre el cual está emplazada la pintura; se procedió a la limpieza química y mecánica; en fin, se realizó una reintegración cromática en témperas, acuarelas y en algunas zonas en lápices acuarelables; y el triunfo alegórico de la Ciudad de Valencia siguió siendo la joya pictórica en la Casa Vestuario, que, a pesar de los siglos, cumple el destino por el que se construyó; no sólo se visten en una de sus dependencias los síndicos del Tribunal de las Aguas cada jueves, también en ella se

citan las autoridades para presenciar las procesiones que salen de la Basílica o la Catedral, e incorporarse en el momento que exige el protocolo.

En la actualidad, en tan singular edificio se han ubicado sedes de actividades culturales dependientes del Municipio, pero para numerosas generaciones de valencianos –los de la posguerra principalmente– la Casa Vestuario siempre quedará vinculada al recuerdo de la Biblioteca Popular, la de largas mesas-pupitre a dos vertientes, donde se consultaban libros y se leían novelas y poemarios. Era el tiempo de penuria que acuciaba el ansia de saber a través de volúmenes amarillentos y con las puntas de las hojas dobladas. Libros que nunca se olvidan.

Mural de Vicente López.

Casa Vestuario.

TRIBUNAL DE LAS AGUAS

Si es jueves, a las doce de la mañana se puede presenciar la actuación del Tribunal de las Aguas, en la puerta de los Apóstoles de la Catedral; un rito fervorosamente conservado a través de un milenio. En él se aplican las ordenanzas transmitidas oralmente desde el tiempo de los árabes hasta principios del siglo XVIII, en que se manuscribieron para que Felipe IV las ratificase. De cómo se desarrolla el juicio, totalmente verbal, sin que se escriba ni siquiera la demanda, es algo que asombra actualmente donde la burocracia ya está supeditada al ordenador.

Una vez los síndicos ocupan los sillones y el alguacil tiene el permiso del Presidente (todos vistiendo la blusa de labrador, negra, amplia) comienzan las citaciones en alta voz: *«¡Denunciats de la séquia de Quart!»* *«Denunciats de la séquia de Benacher i Faytanar!»* Y siguen las de Mislata, Fabara, Robella, Tormos, Mestalla y Rascaña. A la llamada acuden –si los hubiera– denunciantes, el guarda de la acequia y el denunciado, quien se defiende personalmente pudiendo aportar la prueba de testigos o de inspección ocular. El presidente y los jueces interrogan para informarse y eludiendo todo trámite, sin dilación de tiempo, en presencia de los interesados, deliberan hasta que el Presidente sentencia: *«Este Tribunal li condena a pena i costes en arreglo a Ordenances...»* Generalmente, las acusaciones están motivadas por el hurto de agua, rotura de canales o alteración en los turnos de riego.

El Tribunal de las Aguas es la única estructura legislativa que permanece de las establecidas por Jaime I. Los árabes practicaban este sistema de riego, que el monarca estableció formalmente basado en la distribución del agua del Turia, a través de las cinco acequias de la margen derecha y tres de la izquierda. Son las acequias mayores o madres, de las que nacen otras y otras bifurcándose hasta lo indecible: brazos, hijuelas, «sequiols» y «sequioletes»; arterias que vivifican la huerta trabajada amorosa y avariciosamente.

Cada Comunidad de Regantes abarca la tierra regada por el agua de una acequia madre y su red de acequias pequeñas; organización comunitaria que se encarga de la distribución del caudal, para la que se nombra una junta renovada cada dos o tres años, designándose al jefe de la misma –o síndico– por elección. Hay que ser labrador para ser síndico; no basta con poseer la tierra, hay que cultivarla; y se exige la extensión suficente para poder vivir de ella. El agua queda adscrita a la tierra; y cada síndico o presidente de una acequia es vocal del Tribunal de las Aguas.

La estructura del riego, la participación de los labradores y la rapidez con que se resuelven los problemas, proyectó al Tribunal de las Aguas al ámbito internacional como institución modelo. De países latinoamericanos, Japón, Alemania, Inglaterra, Estados Unidos, Cabo de Buena Esperanza y Australia vinieron a estudiarlo.

Noventa ingenieros de la India, durante 1981 y 1982 se documentaron sobre el sistema y funcionamiento para implantarlo en comarcas de su país, que podrían disfrutar de cultivos entonces inexistentes. En 1983 fueron ingenieros thailandeses quienes llegaron con el mismo fin, enviados –paradójicamente– por Estados Unidos, a donde se habían dirigido en busca de información. Igualmente lo han estudiado los profesores Radosavich y Daines, catedráticos de la Universidad de Colombo, becados por las Naciones Unidas. Y en Pakistán se crearon una serie de acequias y un tribunal semejante al valenciano.

De los numerosos documentales que se han filmado sobre el Tribunal de las Aguas, destaca la realización de Gudi Lawaez –autora también de la más completa película sobre el «Misteri d'Elx»–. Su grabación de media hora se estructuró con un fin pedagógico-cultural para proyectarse en centros alemanes.

LA CATEDRAL

Restos de la primitiva Catedral: lápida con inscripción y fragmento de un cancel de la época visigótica, que se hallaron en 1905 al derribar una casa de la plaza de la Almoyna –zona inmediata al templo–, atestiguan que la Catedral antigua debió construirse en la parte más elevada del «oppidum romano». La inscripción, datada como del siglo VI, alude a la restauración iniciada por el obispo Justiniano en el año tercero del reinado de Teudis; y en cuanto al cancel, decorado con motivos geométricos y fitomórficos, ha sido fechado como del siglo VII.

Aquella remota basílica fue transformada en mezquita, que se destruiría en tiempos del Cid a finales del siglo XI, para reconstuirse de nuevo por Abd Alah ibn Sa'id a principios del siglo siguiente. El culto religioso en este lugar se mantuvo siempre, intentando llegar a Dios según el rito del dominador. Y así, la plegaria del Islam fue otra vez anulada por los cristianos y la piedra del siguiente templo se colocó el 22 de junio de 1262 de manos del obispo Fray Andrés Albalat.

Al finalizar el siglo XIII ya estaba realizada la actual disposición de las naves, la girola y capilla mayor (obra arquitectónica atribuida al Maestro Arnaldo Vidal). La puerta románica (recayente a la plaza de la Almoyna), debió alzarse en el mirhab, la parte más sagrada de la mezquita. Tan interesante puerta acusa en su estilo románico notas decorativas del mudéjar y recuerda la portada «dels Fillols» de la catedral antigua de Lérida. Escenas del Génesis aparecen esculpidas en los capiteles de las columnas que sostienen las archivoltas; y catorce pequeñas cabezas adornan el coronamiento, recordando a los siete matrimonios leridanos que, según narra la vieja tradición, acompañaron a setecientas jóvenes de aquellas tierras para contraer matrimonio en Valencia. Muy próxima a esta puerta –también llamada del Palau– se halla la tumba del gran poeta valenciano Ausias March, figura cumbre de nuestra literatura en el siglo XV; inolvidable autor de «Amor, amor», «Oh, foll amor» y «Mon darrer amor»; también de «Cants de mort» y «Cant espiritual», quien expresó con real patetismo la lucha entre la pasión carnal y el amor que intenta ser puro. Sobre su losa siempre hay alguna corona de laurel que marchitó o unas flores todavía lozanas.

La puerta de los Apóstoles, la que se abre a la plaza de la Virgen, es la más familiar entre los valencianos y reproducida en tarjetas postales; junto a ella se instala el Tribunal de las Aguas cada jueves; se venden palmas trenzadas con mil filigranas para el Domingo de Ramos y se colocan los populares gigantes en la víspera del Corpus. La puerta –atribuida a Nicolás de Autún– es del s. XV; y sobre tan especial retablo pétreo que constituye el conjunto de discípulos de Cristo, figuras bíblicas, santos y ángeles músicos, que rodean a la Virgen con el Niño, destaca el gran rosetón, de 6.45 metros de diámetro, que contiene la estrella de David, apodada como «el Salomó». Posteriormente se construyó la parte arquitectónica conocida por los balconcitos del Cabildo, según proyecto de Gaspar Gregori y realización de Porcar (semirrotonda con arcadas sobrepuestas). Seguiría el recubrimiento barroco del pres-

biterio, debido a Pérez Castiel; y la interesante puerta de los Hierros, del alemán Conrado Rudolfo, comenzada en 1703 y que continuó Francisco Vergara en 1713, recayente a la plaza de la Reina.

Manteniendo la moda imperante, se emprendió el revestimiento neoclásico dirigido por los arquitectos Antonio Gilabert y Lorenzo Martínez para cubrir el gótico. Sería a partir de 1966 cuando se iniciaron nuevas obras para la repristinación actual.

Pertenecen al siglo XV el crucero y el cimborrio, considerado como una de las obras maestras del gótico valenciano, tanto por sus proporciones como por el fino trabajo calado de la piedra de los dieciséis ventanales. Se trata de una torre de dos cuerpos elevada sobre el crucero mediante trompas, con función de claraboya, que matiza la luz consiguiendo un ambiente sugestivo, de atmósfera irreal. Una diáfana luz que realza la barroca ornamentación de la capilla mayor realizada en el último tercio del siglo XVII bajo la dirección del arquitecto Juan Bautista Pérez. El ábside gótico queda recubierto con la adición de bóvedas y lunetos, guirnaldas vegetales y amorcillos en las nervaduras. En el suntuoso cornisamento de modillones, cartelas y óvalos sobresalen imágenes de San Vicente Ferrer, San Pedro Pascual, San Luis Bertrán, San Francisco de Borja, San Lorenzo y San Vicente Mártir (obra de Tomás Sánchez Artigues). Arcos, portadas, columnas salomónicas en las jambas y, en fin, una gran riqueza de mármoles, jaspes, estucos y dorados contribuyen a la deslumbrante cabecera del ábside. No faltan en el retablo del altar mayor pinturas valiosísimas de Fernando de los Llanos y Yáñez de la Almedina. Las más notables son atribuidas a Yáñez; entre ellas, la Adoración de los Pastores, Resurrección, Dormición de la Virgen, Abrazo de Joaquín y Ana, Visitación y Presentación de la Virgen.

El coro del presbiterio, de estilo herreriano, data de 1604; realizado en madera de nogal y boj por Fernández Ayarza y los milaneses Francisco María Longo, Juan Tormo y Jacome Antonio Como, estuvo instalado en el centro de la nave principal hasta 1939. Parte de sus ciento cincuenta y cinco sitiales se aprovecharon también para coros menores en la capilla del Santo Cáliz y para los impresionantes confesionarios.

Es imprescindible conocer y admirar las capillas que rodean la girola y descubrir la bella imagen de alabastro de la «Verge de la Cadira» o de la Buena Esperanza, talla de 1458 obra de Jaime Castellnou, ante la que rezan las mujeres que van a dar a luz, manteniendo la tradición de dar nueve vueltas a la Catedral cuando la fecha del parto se acerca. Igualmente, hay que dedicar unos minutos a la capilla que queda detrás del altar mayor; cerrada por soberbio pórtico de alabastro de tres arcos contiene un hermosísimo altorrelieve de la Resurrección (de principios del XVI) atribuido sucesivamente a Damián Forment, Alonso de Berruguete y Bartolomé Ordóñez. Fue encargado por Alejandro VI como homenaje a Calixto III (ambos, Papas valencianos). Junto a la Resurrección se encuentra expuesto el brazo de San Vicente Mártir, en relicario de Fecchio, donado a la Catedral en 1970.

Interior del Templo.

Puerta románica.

Hablando de reliquias, justo es reconocer para los interesados por el tema que las conservadas en la Catedral son numerosísimas e impensables; algunas se hallan en los altares del santo titular, como el cráneo de Santo Tomás de Villanueva y el cráneo y la cara de San Luis Obispo de Tolosa; pero la gran mayoría se encuentran en relicarios que guardan las armariadas al fondo de la sacristía: un hueso de San José Oriol, un brazo y tres dedos de San Jorge, un hueso de Santa Águeda, un fragmento del fémur de San Matías, un hueso de San Pedro Pascual, el cuerpo momificado de uno de los niños que mandó degollar Herodes; parte del «Lignum Crucis» y una espina de la corona. La lista resultaría interminable, pero a modo de anécdota, añadamos que se certifica un fragemnto de la capa de San José; una camisita del Niño Jesús a la que se le dedicaba procesión claustral en las fiestas navideñas; y dos gramos de mirra de la que ofrecieron a Jesús los Santos Reyes, conservados en un relicario que, bajo palio, se despositaba en el altar mayor en la mañana de Epifanía.

Procesiones e importantísima Capilla musical, que llegó a contar con 32 componentes entre cantores e instrumentistas, contribuían a las celebraciones religiosas y civiles. En Valencia, donde siempre atrajo la representación en templos, en la Catedral alcanzó su máximo esplendor en los siglos XV y XVI con tramoya inspirada en artilugios del teatro italiano. En el «Llibre de Obres» de 1440 se explica la escenificación del Nacimiento de Jesús; entre el coro y el altar mayor se instalaba un belén con grandes figuras ataviadas con terciopelos y sedas (Reyes Magos y cortejo), mientras que los cantores y actores encarnaban a los pastores. El montaje culminaba con el telón de la bóveda, pintado con nubes en medio de las cuales aparecía el Padre Eterno; y veinticuatro niños vestidos de ángeles se asomaban a la barandilla circundante. La apoteosis culminaba cuando se abría el lienzo y salía «la palometa» despidiendo fuegos de bengala hasta la cueva de Belén. «La palometa», alegoría del espíritu divino, intervenía en frecuentes actos religiosos especialmente en el día de Pentecostés, significando las lenguas de fuego sobre los apóstoles. Tan aplaudido artefacto se prohibió en 1469, después de provocar el incendio del retablo.

«El Cant de la Sibil·la», canto de la profecía anunciando el nacimiento de Cristo, que alcanzó una gran difusión en Italia, Francia y España, se escenificaba y cantaba en la Catedral. Jaume Roig en el famoso libro «El espill de les dones» alude a él: *«Sibil·les tants / Déu Redemptor / ser venidor / pronosticants.»* El texto valenciano del mítico «Cant» se encontraba documentado en un Breviario de 1533 que conservaba la Catedral.

Además de visitar el Museo (tablas de Nicolás Falcó, de los Yáñez, Masip, Joan de Joanes, Orrente, etc.) biblia de San Vicente Ferrer y piezas de orfebrería sobresaliendo la de Benvenutto Cellini), en el recorrido por el templo catedralicio se ha de hacer un alto en la capilla de San Francisco de Borja, que muestra dos valiosos lienzos de Goya; en uno de ellos se plasma la despedida de un moribundo, cuyo torso quiso el pintor que rivalizara con el de su Cristo en la iglesia de San Francisco el Grande. Se cuenta que el cabildo pidió que cubriera con algún lienzo el desnudo cuerpo. De muy distinta concepción es el otro cuadro, que representa el adiós del Duque de Gandía a su familia para entregarse a la vocación religiosa.

Mención aparte merece la capilla del Santo Cáliz; frescos de Nicolás Florentino, Francisco Pagano y Paolo de San Leocadio enriquecen la entrada del suntuoso lugar. De planta cuadrada formado por altos muros de sillares grises, se cubre con hermosa bóveda cuyos nervios y terceletes forman una estrella de ocho puntas. A modo de retablo se halla en el testero de la capilla el trascoro alabastrino o cancel del antiguo coro, primoroso y afiligranado frontispicio en cuyos doce recuadros figuran los relieves –también alabastrinos– de Juliá Florentí, al que el historiador Tormo debió identificar por el florentino Giuliano Poggibonsi. Representan escenas del Antiguo y Nuevo Testamento y constituyen, cronológicamente, el primer conjunto escultórico renacentista existente en España.

Las gruesas cadenas, que contrastan en los muros de este ámbito tan delicado, son las que Alfonso el Magnánimo ofreció como trofeo de guerra; procedían del puerto de Marsella, que saqueó el almirante valenciano Romeu de Corbera.

Historia y tradición se funden una vez más en torno a la reliquia del Santo Cáliz, expuesto en relicario alabastrino (tallado por Rodilla) a tono con el estilo flamígero del retablo.

Abundante bibliografía arqueológica y de leyendas existe sobre el Santo Grial, venerado en Valencia como el que Jesucristo utilizó para instituir la comunión.

Cuando no hay culto, la catedral parece inmensa y propicia a los solitarios, personas mayores que rezan devotamente o encienden lamparillas –ahora eléctricas– preferentemente a las imágenes de la Purísima y San Antonio. En la sacristía, estancia interesante cubierta por bóveda gallonada sobre cuatro robustas trompas, algunas monjitas repasan manteles de altar, cosen algún perdido botón en las sotanas de los más viejos sacerdotes o fijan el bordado que comenzó a desprenderse de la casulla.

En tan peculiar recinto, que recibe la luz de un rasgado ventanal gótico cerrado por vidriera, se recuerda a los oficiantes que digan en voz alta el nombre del difunto por el que se reza la misa. Una fe que perdura.

El Miguelete, monumento emblemático.

EL MIGUELETE

Es la torre tótem por excelencia, la que nos despierta el sentido de estar cobijados; el campanario convertido en queridísimo símbolo valenciano, cuya sola imagen –cuando uno se encuentra fuera de la ciudad– le produce íntima emoción. Sus campanadas marcando las horas todavía se escuchan en la madrugada y un respeto que encierra reverencia se adueña de la urbe.

Siglos atrás su altura resultaba impresionante y la voz de sus bronces despertaba al pueblo con el Ángelus. El Miguelete fue auténtico centinela en 1534, cuando las Cortes Valencianas impusieron señales visibles en las torres principales de la costa; y en su terraza, todas las noches, después de la oración se encendía una «falla o fumada»; hoguera que se distinguía desde cualquier punto urbano y era correspondida con otras, que atestiguaban su vigilancia desde Morvedre a Cullera. El historiador Orellana relató que eran 34 las fortalezas cuyos torreros podían ser multados con 36 reales de vellón si no encendían con prontitud su hoguera. Las «fallas» del Miguelete aún son citadas por los cronistas hasta el primer cuarto de siglo pasado. Posteriormente, se aprovecharía su dominio panorámico para difundir noticias sobre la salida y llegada de buques. La idea fue propuesta por la Junta de Comercio y se detalla en el «Manual de Forasteros en Valencia» publicado en 1841. Tan original servicio comenzó a funcionar en 1840, mediante la instalación de unas grandes bolas de cuero, huecas, que según su posición indicaban la venida de barcos, su procedencia y su partida, difundiéndose una hoja explicativa con dibujos de Fernando Larrosa entre consignatarios, comerciantes y público.

El campanar de la Seo se construyó entre los años 1376 y 1425; y la denominación de Miguelete o «Miquelet» la debe a su campana mayor, que se bendijo el 29 de septiembre de 1418, festividad de San Miguel (aunque la actual data de 1532). Se levanta a los pies de la Catedral, junto a la puerta de los Hierros; y su base octogonal tiene el mismo perímetro que su altura: 50.85 metros. Su construcción se inició según el proyecto de Andrés Juliá, inspirado en la vieja catedral de Lérida. En 1414 asumió la obra Pere Balaguer, el mismo arquitecto de las Torres de Serrano; y una década más tarde sería el arquitecto Martí Llobet quien se encargaría del antepecho y del remate (una corona y una aguja) que nunca se llegó a construir, ya que la espadaña es del siglo XVIII.

Enteramente de piedra y de gran sobriedad, el Miguelete sólo posee la decoración de los prismáticos contrafuertes de las aristas y las delgadas molduras que señalan los diferentes niveles de los pisos; las gárgolas del cornisamento y las finas tracerías góticas de los ventanales.

La torre cuenta con tres estancias abovedadas, una por planta; y en la superior se abren grandes ventanas-ojivas que permiten contemplar el volteo de las campanas: Miguel Vicente, Vicente Ferrer, María, Jaime, Manuel, Andrés, Vicente, Narciso, Pablo, Bárbara, Catalina, Violante, Úrsula y Eloy. Después de un período en que se electrificaron la mayoría de las campanas, surgió el Gremio de Campaneros que con espíritu altruista ha devuelto a los campa-

narios su auténtica misión. En el Miguelete se realizan todos los toques correspondientes al calendario festivo y es un auténtico gozo escucharlos, porque en esta tierra es bien sabido que el toque para los días de fiesta mayor es el repique de todas las campanas y el volteo de la «grossa». Sin él, aunque haya pólvora, falta la alegría pregonada con tañidos.

Subir los 207 peldaños de la escalera de caracol, que arranca de un pequeño patio comunicado con la Catedral, para llegar a la terraza del Miguelete, compensa con el goce de insólitas perspectivas de la Valencia antigua que se repliega junto al templo catedralicio y su campanario. Las calles, cortas y tortuosas muestran desde la altura sucesión de planos en forma circular; tejados en desnivel que tienen ropa tendida en los terrados, palomares en desuso y porches-buhardilla en los que es fácil imaginar algún espejo roto, una cuna apolillada, un santo de escayola y un baúl desvencijado. Sin embargo, a escasos kilómetros, insolentes, se alzan fincas que obligan a reducir puntos de referencia para limitarnos a lo íntimo, a los campanarios de Santa Catalina, San Martín, San Andrés, el Carmen, los Santos Juanes, el Salvador; o las cúpulas de azulejería que brillan multiplicando el sol: las del Mercado Central, Escuelas Pías, San Juan y San Vicente, la Virgen; así como la Lonja, las Torres de Quart y de Serranos.

Valencia dorada y siena –también rosácea– resplandece bajo la luz cegadora, que saca destellos a las antenas, a las claraboyas, ventanales y miradores. Y en la lejanía de azules marinos, se recorta el perfil de las grúas portuarias y ese espejo de agua dormida rodeado de verdes, el lago, la Albufera. También naves de polígonos industriales, la huerta avasallada por urbanizaciones y entre la reverberación de atmósfera en la distancia, otros pequeños núcleos junto a sus torres.

Valencia, desde el Miguelete –a donde llega amortiguado el bullicio de la urbe–, para deleitarse con el vuelo de palomas y los tejadillos azules de capillas catedralicias, que en la calle están custodiadas por cipreses.

ITINERARIO

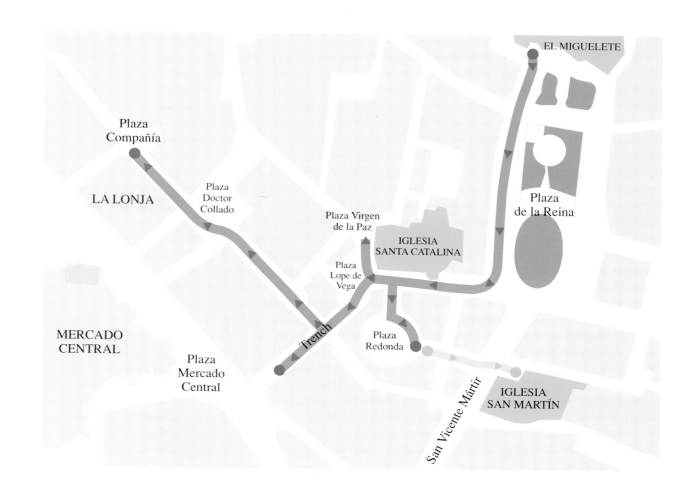

ITINERARIO

- Plaza de la Reina
- Plaza de Santa Catalina
- Plaza Redonda
- Plaza Lope de Vega
- Plaza Virgen de la Paz
- Calle del Trench
- Plaza del Collado
- Plaza de la Compañía

DESVÍO

- Plaza Redonda
- Calle Pescadería
- San Vicente

ANTIGUO CENTRO MERCANTIL

SANTA CATALINA

Campanario de Santa Catalina.

Columnillas y guirnaldas bordan el barroco de la torre de Santa Catalina; la más hermosa de la ciudad, la que fascina en los atardeceres malva. De su historia habla la lápida situada en el primer piso, en el muro recayente a la plaza de su nombre: *«Este suntuoso campanario, a que felizmente se dio principio en el año 1688, merced a la generosa munificencia de los feligreses, en el presente año de 1705, cooperando todos, llevolo a cabo y con toda perfección Juan Bautista Viñes.»*

La iglesia se levantó sobre una mezquita. Templo sobre templo, para que nadie se perdiera en el camino de la oración; y en 1245 ya había adquirido carácter parroquial. Su estilo gótico mediterráneo obedece a una nave única con contrafuertes laterales entre los que se colocan capillas, ábside poligonal y cobertura a base de crucería entre arcos fajones. Sin embargo, es la única de las iglesias góticas primitivas de Valencia que presenta la particularidad de rodear la cabecera con girola.

En el siglo XVI el edificio fue remodelado en estilo clásico; se ocultó la bóveda con un pesado cascarón y se recubrieron los muros con decoración renacentista. Sufrió un gran incendió el Jueves Santo de 1548, lo que ocasionó nueva reconstrucción; y no sería la última porque en 1785, siguiendo la moda imperante, se le da aspecto barroco: lunetos con ventanas, pilastras corintias rematadas por arcos truncados y pedestales de jaspe.

El fuego de 1936 le ocasionó profundísimo daño, tanto que hasta 1950 no se abordó la repristinación, llevándose a cabo según el proyecto del arquitecto Luis Gay Ramos. En distintas etapas se eliminó el barroco, se consolidó la estructura portante, se sanearon las bóvedas, se construyó la fachada interior, se pavimentó el templo. Surgió otra iglesia, que sería declarada Monumento Histórico Artístico Nacional en 27 de marzo de 1981.

El ayer devoto y menestral se quedó prendido en la zona. En las ojivas tapiadas se cuenta que se instalaba el tribunal del Almotacén y en las argollas de hierro se colocaba el mástil de la bandera.

En sus muros y capillas anduvo siempre la historia de los gremios. Allí rendían culto especial los tapineros y plateros. Persiste el nombre de la calle de Tapinería; y los plateros siguen regentando comercios en ese entorno, como aquellos agremiados que veneraban a San Eloy *«el santo honrado que con el metal noble para hacer un trono, realizó dos».* Fue el gremio de la fastuosidad, el que con motivo de la celebración del V Centenario de la Conquista de Valencia por Jaime I, levantó un teatro en la plaza del Mercado y organizó un desfile con ronda de musicos, timbales, clarines, regimiento de caballería de Brabante y 28 etíopes con un rinoceronte en el que cabalgaba un muchacho que distribuyó 1.194 alhajas y aleluyas garantizando el obsequio: *«No son confites ni harina / lo que nuestro afecto da, / pues quien lo coja verá / que es todo plata muy fina.»* Espectacular, volvió el gremio a sobresalir en el III Centenario de la Canonización de San Vicente Ferrer y en las fiestas de la coronación de Carlos III; en esta ocasión alzaron un grandioso altar de columnas toscanas y numerosos santos —entre ellos,

San Felipe Neri y San Eloy– en la plaza de Santa Catalina. En esta misma plaza abren sus puertas chocolaterías antañonas, con espejos picados, veladores de mármol, evocaciones de figuras egregias, como la inscripción en la chocolatería de Santa Catalina sobre las visitas de la Infanta Isabel el 2 de agosto de 1907, el 4 de junio de 1909 y el 1 de mayo de 1919. Locales que huelen a leche hervida, a tostada de mantequilla y a buñuelos bajo enramada de laurel cuando llegan las fallas; salas con romanticismo en medallones pintados, como en la de «El Siglo», que conserva los lienzos atribuidos a Enrique Navas Escuriel.

Por ser zona peatonal, ni se percibe que se cruza la calle para adentrarse en la plaza Redonda; remanso ciudadano con una fuente en el centro, que mana desde 1850; y también desde esa época perviven pequeños comercios heredados.

En los solares de la antigua pescadería, el arquitecto Salvador Escrig concibió –a mediados del XIX– un original conjunto de edificios continuos y simétricos con bajos comerciales y tres plantas. Las barandillas de los balcones de hierro forjado y las persianas de tabloncillo armonizan con el tinglado de madera que se instaló para cobijar puestos de venta que, si en un principio eran desmontables, hoy son fijos y se caracterizan por la oferta de puntillas, ropa de bebé, trabajos de lencería y prendas de confección económica; de igual modo, las comercios se han especializado en cerámica, vidrio y artesanía; es la plaza indicada para llevarse de recuerdo «beneiteres» o «piquetes d'aigua beneïda».

SAN MARTÍN

Dando la vuelta a la acera circular, por la salida de la calle de los Derechos, en la calle de Jofrens, se puede visitar la tienda-abuela de la ciudad, que superó los dos siglos y ha ido almacenando botones, abalorios, azabaches, broches de plata, bolas de ámbar, áncoras doradas que lucían los comulgantes, bordadores y una corte celestial de santos obispos y beatos, donde San Pancracio es el favorito; y hasta en tiempo de descreimiento se le ofrece perejil para buscar trabajo.

De la «Casa de las Ollas» a la calle de San Vicente es ruta obligada para detenerse ante la escultura, en bronce, de San Martín. Una bella obra del escultor Pierre de Bèckere, realizada en Flandes (resuelta en varias piezas fundidas y cinceladas), encargo del feligrés Vicente Peñarroja, que la donó en 1494.

San Martín, montado a caballo y partiendo su capa con Jesucristo vestido de pobre, destaca en la hornacina de la parroquia. También comenzó a erigirse sobre una mezquita, aunque las sucesivas obras fueron modificando estilos. La configuración que hoy presenta responde a las intervenciones llevadas a cabo entre 1739 y 1755. La restauración última y más importante fue en 1980, en la Capilla de la Comunión, que interiormente es de estilo corintio con pilastras y el altar barroco, formado por dos cuerpos de mármol rojo, negro y blanco e interesantes tablas, a ambos lados del presbiterio, pintadas por Francisco Ribalta, imitando a Juan de Juanes, fechadas en 1607 y alusivas a la vida de San Eloy, dado que el gremio de plateros trasladaría a su santo Patrón.

El templo fue declarado Monumento Histórico-Artístico el 15 de marzo de 1983.

Vista aérea. Plaza Redonda en primer término.

PLAZAS LOPE DE VEGA Y VIRGEN DE LA PAZ

A las espaldas del campanario de Santa Catalina, existe un laberinto urbano de plazuelas y calles que aglutinaron platerías con nombres estelares y devotos, como El Sol, La Luna, Las Estrellas, Santa Teresa, San Antonio; y aunque cerraron algunos subsisten otros que siguen pregonando la historia gremial que se remonta a la llegada de Jaime I, cuando los orfebres musulmanes son desplazados por los orfebres judíos y cristianos, a los que el monarca concedió el privilegio de ejercer el oficio. Los plateros valencianos alcanzaron un gran auge en el siglo XV, dada la expansión de la ciudad en el Mediterráneo y el gremio continuó desarrollándose para culminar con su constitución como colegio en 1672.

La plaza, con su nuevo carácter de peatonal y rehabilitación de algunas fincas en las que se abrió un restaurante íntimo y original, ha cobrado nueva vida sin perder el tono decimonónico del entorno; y así, junto a la finca calificada como la «más estrecha de España», muy fácil de distinguir, existe otra de la naciente burguesía, con miradores, que nos obliga a pensar en vidas recoletas, en solteras que bordaban suspirando; en elegantes señoras de negro que rezaban el rosario; en salones con vitrinas llenas de chucherías de porcelana presididas por un Corazón de Jesús entronizado; en salas donde se recibía a las amistades íntimas para merendar dulces y beber mistela ofrecida en licorero malva.

Sin apenas transición se halla la plaza de la Virgen de la Paz, tan chica que muchos desconocen su nombre, a pesar de que la cruzan para adentrase en la calle de la Tapinería. En esta plazuela destaca un retablo de azulejos que superó el siglo. A los pies de la Virgen de la Paz (la imagen central) la inscripción dice: *Sus devotos. Año 1888.* Es de los más bellos retablos cerámicos de la ciudad; todo un altar, con hornacina, media corte celestial, ángeles y un San Buenaventura coronando tan barroca composición.

Antes, cuando las gentes de Villar del Arzobispo no tenían imagen de la Patrona acudían allí el día de la festividad y le cantaban los gozos, le llevaban flores, le rezaban. Son tiempos pasados, tiempos de emigrantes de la Serranía a quienes les resultaba difícil desplazarse al pueblo; y se convocaban en una calle, en una fonda o en una iglesia.

Cuentan que este recodo callejero se llamó Pozo de San Lorenzo; y aún permanecen las huellas del brocal; un recodo que los villarencos hicieron suyo para venerar a su Virgen entre columnillas, racimos, pebeteros y simbología de virtudes.

Pequeñas tiendas ocupan los bajos; son las de mostrador de madera, piso de mosaico y sillas para los viejos clientes, que se sientan gustosos para la tertulia, para la conversación sin prisa.

Plaza Lope de Vega.

CALLE DEL TRENCH

Arteria popular que enlaza la plaza Lope de Vega con la plaza del Mercado. Los siglos no pudieron arrebatar el nombre a la calle; sigue siendo la del Trench (rotura) por el boquete que se abrió en la antigua muralla para comunicar el casco urbano con el zoco, al resultar insuficientes las puertas de Tudela y de la Boatella.

En esta misma calle y en la desaparecida Lonja del Aceite tuvo su puesto el Almotacén o Mustasaf, encargado de vigilar el peso, medidas y calidad de las mercancías; inspección tan rigurosa que, para humillar a quienes defraudaban en materia de comestibles, se les exponía en una especie de rústico trono de piedra.

Estrecha y peatonal, la mayoría de las fincas son unifamiliares; típica construcción que unía obrador o botiga con vivienda. El género se expone a veces en la acera como anticipo del mercado. Con tiendas que ofrecen bordadores, cañamazos y álbumes llenos de flores y abecedarios para el punto de cruz y platerías en las que siempre se pueden hallar piezas de orfebre que emplea el coral, la calle huele a bollería, a frutas, a café recién tostado y a salazones. Jamás faltan tabales de sardina para tentar a las cámaras fotográficas de extranjeros y a quien guste de uno de los más viejos sabores de la vieja España.

En el medio rural, el que tenía cerdo prolongaba «la matanza» todo el año, pero si la familia era numerosa se tenía que recurrir a la sardina, al tocino prensado y al bacalao. De la masiva venta de sardina salada se recuerda que a principios de siglo cada tabal contenía de cinco mil a seis mil unidades, mientras que ahora nunca sobrepasan las doscientas. Continúan siendo almuerzo típico de labradores y en la huerta los viejos aún acostumbran a mezclar el bocadillo de sardina frita y pimiento, con granos de uva, especialmente en septiembre cuando las sardinas y las uvas alcanzan su sazón.

La evolución social consiguió que la sardina sea un sabroso capricho en la actualidad y en las tiendas de salazones se busquen la hueva de atún y la mojama.

Exponente de la idiosincrasia del pueblo, la calle del Trench ya fue citada por Jaume Roig en «L'espill de les dones», al comentar el gracejo y la picaresca de las mujeres que vendían pescado, así como el dominio de salsas en los fogones de las tabernas y el guiso de ánade *tan frecuente que ni respetaba la abstinencia de los viernes cuaresmales*.

Hoy, como en la Valencia del siglo XV, se siente el gozo de vivir, sin penitencias.

PLAZAS DEL COLLADO Y DE LA COMPAÑÍA

El gran reloj de Calduch, enmarcado en talla barroca de madera, estuvo funcionando sin detenerse jamás durante más de un siglo, porque José Calduch Peraire, a pesar de sus ochenta y tantos años, le daba cuerda todos los lunes. El oficio lo heredó del bisabuelo, de quien conservaba un volumen-reliquia titulado «Tratado general y matemático de reloxería, que comprende el modo de hacer reloxes de todas clases y el de saberlos componer (por difíciles que sean)», escrito por Manuel de Zarrella Ycoaga y editado en 1789.

Ahora sus saetas están detenidas, pero sigue siendo el emblema de la plaza del Doctor Collado, que conserva un aire mercantil antañón, a pesar del café que hoy frecuentan intelectuales. En la plaza, de edificios decimonónicos, hay una típica chocolatería con veladores de mármol, tiendas que andan por la segunda o tercera generación y, entre ellas, la que centraliza una clientela rural por su especialidad en telas metálicas. Frente al gótico de la Lonja, como un guiño vivaz y pueblerino, en la fachada de «Hija de Blas Luna» se exhiben toda clase de cedazos y telas metálicas perforadas según el grano: trigo, arroz, garbanzos, alubias, lentejas. La tienda es grande, abigarrada, con un profundo almacén en el que se pueden encontrar «carneras» (jaula ovalada para carne y embutido, de puerta frontal, que se colgaba en lugares frescos y ventilados) y el «perol de ferro», recipiente básico para el «all i pebre» que antes de usarlo requiere el cuidado de freír, en un cuarto de litro de aceite, una cebolla troceada, para añadirle después un poco de vinagre y agua, y dejar que hierva a fuego lento de 35 a 40 minutos; olla que, después de limpia, se untará con aceite para evitar que se oxide. Objetos de uso doméstico que pronto pertenecerán a cualquier museo etnográfico, como el paquete de crines de caballo para los cedazos empleados en la elaboración de la carne de membrillo.

Utensilios agrícolas, primitivos y artesanales se encuentran igualmente en el entorno, en la calle de Cordellats –a la que se abre el patio de los naranjos de la Lonja. La botiga, anónima, sin rótulo, sin nombre, sigue ofreciendo objetos de esparto que se mantienen por la labor de los jubilados, que alternan la pantalla del televisior con la manualidad vegetal y áspera. Gracias a ellos perdura la «sarrià», capazo para coger verdura en la huerta; el «sarrió», que es más alargado; el «sarrionet», el más pequeño; el «cabàs», el «cabasset». Con punzones, agujas y tijera, los viejos agricultores de los pueblos del valle de Cofrentes, de la sierra de Enguera y de la Hoya de Buñol, trenzan el esparto, mientras que en Villores, Forcall y Todolella se mantiene la tradición de «les espardenyes» (alpargatas) realizadas con cuerda de yute y cáñamo.

En la tienda –fotografiada por todo turista– se exhiben también escobones y horcas de Jarafuel, Almedíjar y Algimia de Almonacid; horcas para las que se utilizaron ramas de almez siguiendo el primitivo proceso de introducirlas al horno, pelarlas, darles forma sujetándolas a moldes de madera, dejarlas atadas durane 25 días y, por último, cepillar y lijar. Horcas del almez, del «lledoner», del árbol bueno, como le llama la gente, porque da mucho y exige poco.

La calle de Cordellats desemboca en la plaza de la Compañía –antiguamente llamada de «les Panses»– por la cantidad de higos secos y pasas que se vendían allí. Y si en las crónicas de 1738 se hace referencia a la oferta de cereales en tal lugar y en el «Manual de Forasteros» de 1852 se indican las casas que en idéntico sitio vendían arroz, hoy, en vísperas del tercer milenio subsiste una casa dedicada al comercio de legumbres, semillas de hortalizas y hasta mixtura para alimento de aves.

Plaza recoleta debe su nombre actual a la iglesia de la Compañía. La fachada, sobria, se dispone en tres puertas, bajo arcos de medio punto, con baquetones decorados y cornisas florales y gran rosetón central con vidrieras policromadas. El primitivo templo, de 1595 fue derribado en 1868 a raíz de la revolución; y fue reedificado en 1884, por el arquitecto Joaquín María Belda.

La iglesia es de tres naves, cruz latina y gran cúpula con trompas y tambor octogonal. La obra principal es la tabla de la Inmaculada (de 3 x 2'5 metros) realizada por Juan de Juanes hacia 1576 ó 1577; se halla en la tercera capilla de la nave del Evangelio y goza de una arraigada devoción en la ciudad. Piezas de interés se hallan en la sacristía, que posee un zócalo de azulejería del XVIII: tablas de la escuela de Juan de Juanes, cálices de rica orfebrería y casullas de oro.

Es una plaza transición de la bulliciosa zona del Mercado Central al ámbito señorial y palaciego. Fincas con aleros, balcones de forja, verjas en las ventanas de los entresuelos y zaguanes, donde es fácil descubrir algún pequeño restaurante, una librería de viejo o un anticuario especializado en lámparas modernistas. Calles onduladas, estrechas, silenciosas, que cobran animación los lunes, cuando van y vienen las devotas de San Nicolás, que después de rezar terminarán merendando en alguna chocolatería para celebrar, por anticipado, que el buen santo escuchará peticiones y hará lo posible en la corte celestial para que sean atendidos sus ruegos.

Calle Cordellats.

Plaza del Collado.

Plaza de la Compañía.

ITINERARIO

5

ITINERARIO

- Plaza de la Reina
- Calle de la Paz
- Calle Marqués de Dos Aguas
- Plaza del Patriarca
- Calle Nave
- Plaza Alfonso el Magnánimo
  (El Parterre)

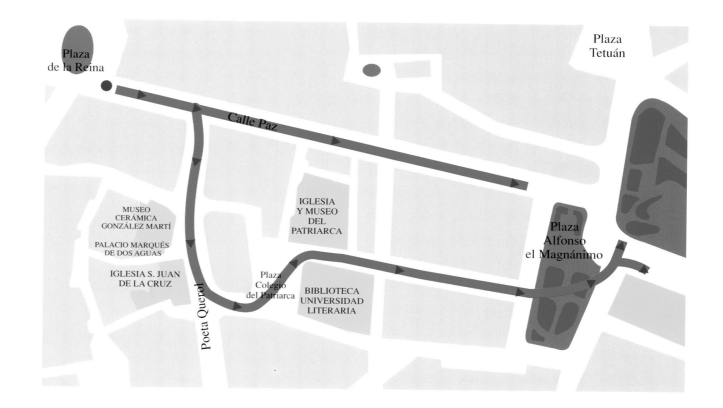

PASEO PARA EL DELEITE

CALLE DE LA PAZ

Es la calle con mayor encanto de la ciudad, la que prodigiosamente ha mantenido la unidad de sus edificaciones de cuatro a cinco alturas, eclécticas en su mayoría, donde resalta el academicismo junto a elementos románticos y modernistas.

Fincas para contemplar despacio, en un paseo de puro deleite con la observación del revestimiento de azulejos, ménsulas, columnas, capiteles jónicos, aleros de madera, cubrepersianas de hierro y adorno de forja.

La calle de la Paz fue una de las más audaces reformas urbanas acometidas a finales del XIX, al proyectarse una vía que uniera la plaza de la Reina con la Glorieta y el Parterre; lo que supuso polémicas expropiaciones como el derribo de los conventos de San Cristóbal y Santa Tecla, demorándose la terminación hasta 1920.

Arquitectos como Camaña, Luis Ferreres, Antonio Ferrer Gómez, Vicente Rodríguez y Antonio Martorell compitieron con la realización de sus proyectos.

Audacia de las audacias, en la finca de la calle de la Paz número 17 (cuyas fachadas también recaen a las calles de Medines y del Pollo), se instaló el primer ascensor eléctrico de la ciudad; aquel que subía lentamente, tenía banquillo tapizado y un gran espejo para que la señora pudiera observa cómo llevaba el sombrero. Obra del arquitecto José Camaña Laymón, en ella se empleó con prodigalidad el hierro, tanto en su construcción interior como en el detalle ornamental de las vigas debajo de los balcones. La fachada, llena de símbolos, mueve a las más diversas interpretaciones: desde la Asunción mariana, a un rapto llevado por ángeles y a la victoria de un fauno. Las figuras mitológicas aparecen entre querubes-ménsulas; y en la forja de las barandas se prodiga «lo Rat Penat» y el escudo de Valencia; un auténtico homenaje a la ciudad y a la profesión de arquitecto, porque en el más insospechado ángulo o capitel se encuentran la rosa y el compás.

Calle de románticos cafés que hilvanaron páginas en la vida artística y cultural, cabe recordar el «Ideal Room» instalado en el chaflán con Comedias, del que perduran hermosas vidrieras emplomadas. Fue lugar de cita para los intelectuales republicanos que Valencia acogió en la guerra del 36.

En la hora del café humeante, escaso y amargo como rigen los cánones; en la hora del sol rabioso de la tarde contemplándose en los altos miradores, cuando apetece la penumbra, el cigarro y el sabor del coñac, se olvidaban los bombardeos nocturnos y se leían poemas; y allí, en torno a un velador de mármol acudían León Felipe, Alberti y su mujer, María Teresa León, también poeta y colaboradora suya en la revista revolucionaria «Octubre».

La finca del antiguo «Ideal Room» –Paz, 19– obra de Joaquín María Arnau Miramón (1901), sobresale por su friso de cerámica azul con espigas blancas, la herrajería y el fino cuerpo, que alberga los miradores, terminado con torrecilla. Este edificio, tan bello, junto con el de Francisco Mora Berenguer –Paz 21, 23 y Comedias, 7– el de la cúpula escamada de cerámica y el templete con

columnas corintias, componen uno de los encuadres más admirados del paisaje urbano.

Mora armonizó la elegancia y la alegría en una estructura modernista donde destaca el mirador de la primera planta, majestuosa peana del balcón con el que compone un cuerpo. Todos los detalles son dignos de mención, desde los cubrepersianas y barandillas a los azulejos verdes biselados del recubrimiento. La finca fue encargo de don Manuel Gómez y Gómez, empresario agrícola, fabricante de harinas y exportador de frutas, quien eligió el punto estratégico desde el que podía contemplar la Universidad, la fachada de la iglesia de Santo Tomás y la torre de Santa Catalina.

En conjunto, se podía afirmar que las fincas de la calle de la Paz, con refinamiento de plafones estucados en los techos, paredes con molduras y suelos de mosaicos Noya (policromía de cenefas y flores), nos remiten a la alta burguesía de principios de siglo; son las casas que en aquel tiempo, al llegar el verano, quedarían solitarias durante dos o tres meses, con fundas blancas cubriendo sofás y sillones, mientras en los roperos, arcas y baúles se concentraría el olor a naftalina. La familia se iría a veranear, en busca de la humedad del jardín, a Godella o Rocafort. Casas donde las sábanas tendrían perfume de espliego y membrillos, las jóvenes interpretarían a Chopin y en los búcaros la explosión amarilla de las mimosas anunciaría el invierno.

La singular marquesina con tres ostentosos faroles en la calle de la Paz –números 42 y 44– es la huella que perdura del lujoso «Palace Hotel», el de los botones, mozos y camareras supereducados para atender a los caballeros con monóculo y damas con renards; hotel donde se alojaba la aristocracia que visitaba Valencia en las primeras décadas del siglo.

En este edificio, del arquitecto Martorell Trilles, quedó una placa que reza: *«Se albergó a los más prestigiosos intelectuales y artistas españoles, cuando desde Madrid asediada (1936-1939) fueron evacuados a Valencia. Llamose Casa de la Cultura, cuyo patronato presidió el poeta Antonio Machado.»* Suyos son los versos: *«Valencia de fecundas primaveras, / de floridas almunias y arrozales, / feliz quiero cantarte como eras / domando a un ancho río en tus canales, / al dios marino con tus albuferas, / al centauro de amor con tus rosales.»*

En la calle, esencialmente elitista, alternaron los cafés con espejos, mullidos muebles y quintetos de cuerda para los conciertos del atardecer, con grandes comercios y joyerías, como la de José Sugrañes, orfebre que realizó la corona que se ofreció a la Virgen de los Desamparados en 1923; resplandeciente y barroca, en la corona se engarzaron 4.835 brillantes, 3.082 rosas, 656 perlas, 16 esmeraldas, 7 amatistas, 8 topacios, 4 ópalos, 60 perlas y záfiros. Se montaron 6.105 piedras preciosas y las otras 2.568 corresponden a piezas colocadas sin modificar.

Escaparates con las más delicadas alhajas subsisten en joyerías; establecimientos que superaron el siglo, lujosos, con mostradores de maderas nobles, trastienda, armariadas, vitrinas y escalera de caracol que comunica con el entresuelo; sin embargo, en el nuevo despertar de la calle de la Paz, a principios de la década del ochenta, se han multiplicado las tiendas de moda, agencias de viajes, muebles e interiorismo, no faltando los más avanzados diseños de Mariscal, sofás inspirados en un piano y en un pez.

Calle que centra, además, la torre de Santa Catalina, bellísima en el contraluz del ocaso.

PALACIO MARQUÉS DE DOS AGUAS

MUSEO NACIONAL DE CERÁMICA «GONZÁLEZ MARTÍ»

Perpendicular a la calle de la Paz, amplia y elegante, la calle de Marqués de Dos Aguas, depara la sorpresa de uno de los más bellos monumentos histórico-artísticos de la ciudad, el palacio que le da nombre y que alberga el Museo Nacional de Cerámica «González Martí», inaugurado el 18 de junio de 1954.

El edificio originariamente fue un gran caserón del siglo XV, que sufrió modificaciones en distintas épocas. La primera reforma se realiza en el siglo XVIII, perteneciendo la casa a la familia Rabassa de Perellós. El carácter severo de la fachada –escasos vanos y merlones en las torres– es sutituido por numerosos balcones distribuidos en dos pisos y abundante decoración según los diseños de Hipólito Rovira y Merí, a quien se debe también el proyecto de la portada principal realizada por Ignacio Vergara, que constituye una de las obras más significativas del barroco valenciano.

Es impresionante el conjunto escultórico en alabastro, que enmarca la puerta de acceso, coronado por una hornacina que contiene la imagen de la Virgen del Rosario. Las lecturas son múltiples, pero según Tormo, las gigantescas figuras masculinas y las vasijas derramando agua aluden alegóricamente a la confluencia de las aguas del Júcar que dio nombre al señorío de los Rabassa de Perellós. Cabezas de león, carcaj con flechas, palmera plena de dátiles, hiedra a la que se enrosca una serpiente, sirenas y mujeres aladas, no faltan en tan alambicada composición, que tienta a quien desee descifrar mitología.

Hacia 1875, cuando el palacio pasa a manos de los Dasí, se llevó a cabo otra remodelación obediente al gusto del segundo imperio francés; se cambiaron las pinturas de la fachada por el estucado de imitación a mármoles; se colocaron rejas en puertas y ventanas y se reforma el patio de entrada, la escalera principal y varias salas. Igualmente, su interior se enriquece con pinturas de José Brel, Salustiano Asenjo Arozarena y Plácido Francés.

En el siglo XX es vendido el palacio y, por cuestiones de herencia, comienza su deterioro ocasionado por alquilarse sus dependiencias para múltiples usos. Gracias a las gestiones de don Manuel González Martí, gran estudioso de la cerámica e importante coleccionista, se consiguió que fuera adquirido en 1949 por el Ministerio de Educación para convertirlo en Museo Nacional de Cerámica; museo que tomaría el nombre de quien hizo tan cuantiosas donaciones. Siguieron nuevas obras de restauración y acondicionamiento; y, posteriormente, en 1970 se amplió el palacio-museo según proyecto de Alfonso Fungairiño Nebot.

Son importantísimas las colecciones de cerámica, especialmente las de Paterna, verde y negruzca, de los siglos XIII y XIV; cerámica de los siglos XIV y XV en azul, de Paterna y Manises; y la de reflejo dorado de esta última población, de los siglos XV y XVI. Recordemos que fue una época de gloria para Valencia. Alfonso V quiso que fuesen los propios maniseros quienes colocasen las losetas en el palacio de Nápoles. También los papas valencianos Calixto III y Alejandro VI encargaron vajillas y pavimentación de salones. Se importó la cerámica de reflejo metálico a El Cairo y

Atlante de la fachada.

Virgen del Rosario.

Brujas y el Senado de Venecia le concedió una excepción en su arancel prohibitivo.

Resultaría prolijo detallar las piezas de gran valor y belleza que posee el Museo, pero hay que citar la vajilla regalada por los jurados de Paterna al rey Martín el Humano y a doña María de Luna; los «socarrats» en los que se aprecia el legado de los pavos reales y la piña persa, símbolo del «Hom o Árbol de la Vida»; y el medallón de cerámica vidriada y policromada, con las figuras de la Virgen y el Niño en altorrelieve, esmaltados de blanco sobre fondo azul celeste; tondo atribuido a Benedetto de Maiano (siglo XV), que debió llegar al Monasterio de la Trinidad, como obsequio de Fernando I de Nápoles a su prima Sor Isabel de Villena.

En las salas dedicadas a la cerámica de Alcora –producida en la manufactura que el conde de Aranda funda en el siglo XVIII– destaca la serie de macerinas pintadas por artistas como Moustiers; y en cuanto a la azulejería valenciana del XVIII los pavimentos, paneles con escenas costumbristas (fiestas, juegos campestres y momentos cotidianos en el hogar), cocinas típicas; arrimaderos de pared o zócalos y retablos dedicados a imágenes de devoción popular. En fin, en el Museo Nacional de Cerámica, se cuenta hasta con las figuras que Mariano Benlliure coció en los hornos de Ruiz de Luna (Talavera) y las cinco piezas que Picasso dedicó expresamente al Museo; centro cultural en el que se han sucedido exposiciones de ceramistas actuales y conciertos.

IGLESIA DE SAN JUAN DE LA CRUZ

A pocos metros del palacio Marqués de Dos Aguas, se puede seguir admirando azulejería valenciana del siglo XVIII, porque las capillas de la iglesia de San Juan de la Cruz están revestidas con magníficos zócalos, que igual narran pasajes religiosos referentes a la vida de algún santo, como representan paisajes idílicos, sueños de una naturaleza virgen.

La iglesia primitiva se levantó sobre una mezquita, aunque la construcción actual data del XVII; y acusa la intervención del XVIII acometida por los Marqueses de Dos Aguas. Los nobles protectores quisieron enriquecerla con la decoración de Luis Domingo; de ahí la profusión de azulejos y los lienzos murales sostenidos por ángeles, enmarcados por molduras rococó y en los que se desarrollan místicas alegorías.

La puerta de acceso es adintelada, flanqueada por columnas salomónicas con guirnaldas de laurel. En el interior, a la derecha se halla la capilla de la Comunión, de orden corintio, con bóveda de medio punto y cúpula con linterna; fue costeada por el gremio de los pescadores, terminándose en 1741. La bóveda está pintada al fresco y muestra un curioso trampantojo arquitectónico.

El templo fue declarado Monumento Histórico-Artístico Nacional en 10 de abril de 1942, gracias al informe suscrito por don Elías Tormo; de no haber prosperado la solicitud y riguroso estudio, se hubiera demolido; el derribo estaba proyectado ante la situación ocasionada por el incendio y devastación de la guerra del 36-39.

El Ayuntamiento adquirió el inmueble, que lo transfirió a la orden de Carmelitas Descalzos en 1953, mediante permuta de solares. Con numerosas capillas presididas por imágenes que siempre tienen velones y querubes recordando la gloria, es un lugar apacible y solitario.

Cruzando la calle, en cuyos bajos se hallan comercios de moda, joyerías y porcelanas de fama mundial, uno se encuentra frente a una de las fachadas de la Universidad, en la plaza del Patriarca.

COLEGIO DEL PATRIARCA

Ante el magnífico templo y el Seminario del Corpus Cristi, conjunto conocido por la Iglesia o Colegio del Patriarca, se impone la evocación del fundador, el arzobispo de Valencia don Juan de Ribera, que regentó la diócesis durante 42 años. Varón aristócrata y piadoso, impuso la instrucción sacerdotal siguiendo el espíritu del Concilio de Trento y alentando la adoración a la Eucaristía, *«para que se celebrase con toda pausa»* y *«respeto, atención, veneración y ejemplo de las demás iglesias»*.

Para la construcción del edificio compró don Juan de Ribera 49 casas, frente a la Universidad en cuyo ámbito deseaba que se desarrollase su fundación y el ambicioso empeño lo llevó a cabo. Como hombre renacentista le atraían todas las manifestaciones del arte; y en cuanto a la arquitectura fueron sus volúmenes de consulta: «Livre d'Arqhitecture» de Jacques Androuet de Cerceau (París, 1559); y los libros de Vitruvio (Perugia, 1536) y de Jerónimo Prado y Juan Bautista Villalpando (Roma, 1596); así como la amplia colección de grabados y estampas de materia arquitectónica que le documentaban.

Personalmente quiso controlar todas las obras que nacían bajo su mecenazgo; e impuso sus criterios, tanto en las villas que mandó edificar en la calle de Alboraya –conocida por la Casa de la Huerta o el Jardín– y el Palacio de Burjasot, en el que se retiraba durante las vacaciones a estudiar; como en las obras de los conventos; entre otros, los de Santa Úrsula y de la Sangre de Cristo; sin embargo donde más entrega y exigencia impuso fue en el Real Colegio del Corpus Christi.

El complejo proyecto lo firmó el arquitecto Guillem del Rey, quien acusó la influencia de los tratadistas italianos Serlio y Palladio; estando terminada la fábrica de la iglesia y su ornamentación en 1604. La iglesia es de una sola nave y capillas laterales, cubiertas éstas con bóveda de crucería. La cúpula de media naranja se levanta sobre el tambor y destacan las pinturas y los retablos del pintor y decorador italiano Bartolomé Matarana, quien las ejecutó entre 1595 y 1605. A destacar, en el retablo del altar mayor (mármoles y seis columnas de jaspe verde, de las Indias) el cuadro de la Última Cena o Institución de la Eucaristía, de 4.78 por 2.66, obra maestra documentada de Francisco Ribalta en 1606.

Toda la iglesia, como el resto del edificio, está flanqueada por un zócalo de unos dos metros de azulejos de los llamados de diamante o punta de clavo; y a partir de él, las superficies murales, pechinas, enjutas, tambor y bovedas están cubiertas con frescos.

En el zaguán, a mano derecha, queda la capilla del Monumento, de una sola nave, cubierta por bóveda pintada al fresco por Tomás Hernández. Los muros también se revisten con azulejos y seis valiosos tapices del siglo XVI, de origen flamenco. Preside el altar una imagen de la Inmaculada Concepción atribuida a Gregorio Fernández.

Como contrapunto a tanta riqueza y severidad, en una de las paredes del vestíbulo se halla disecado un caimán, que regaló el Marqués de Monterrey, virrey del Perú, a don Juan de Ribera. En

Valencia se le conoce popularmente por «el Dragón del Patriarca» y las leyendas sobre su historia se funden con las de San Jorge o el caballero que se hizo coraza y escudo con espejos para vencerle, ya que atemorizaba a las buenas gentes que vivían próximas al río, o junto a la Albufera; según versiones.

El claustro está considerado como el más bello del Renacimiento español. Su serenidad y sobriedad impactan, se transmiten; tanto por la esbeltez de sus arcos como por las columnas de mármol que, procedentes de Génova, el Patriarca compró en 1596 a doña Ana de Mendoza y de la Cerda, viuda de don Ruy Gómez de Silva, príncipe de Eboli y duque de Pastrana. Se supone que este noble las había adquirido con anterioridad y las tenía depositadas en Alicante y Cartagena. Aunque algunas estaban deterioradas, al sumar 48 de orden dórico, grandes; y 37 pequeñas, de orden jónico, se pudieron elegir 30 perfectas de cada estilo para el claustro concebido: dos galerías superpuestas de 26 arcos (8 para los lados mayores y 5 arcos para los lados menores). El claustro también fue encomendado a Guillem del Rey, pero el contrato abarcaba tantas advertencias y puntualizaciones, que su creatividad quedó postergada ante la enérgica frase del Patriarca: «Mandamos y es nuestra voluntad...» De la balaustrada del patio se encargaron los canteros Bartolomé Abril y Juan Bautista Semería; y Guillem Roca y Alonso Orts hicieron la bóveda de aristas que cubre las galerías de los dos pisos utilizando ladrillo enlucido.

Nombres datos y fechas, aunque documentan, son fría referencia del claustro, que resulta impresionante en la octava de Corpus, durante la celebración de la procesión con todo el ritual que dictó el Patriarca. En el atardecer de primavera, la salida de la Custodia, entre nubes de incienso y lluvia de pétalos, ha sido y es resumen litúrgico del catolicismo solemne. La valiosa Custodia bajo palio, la riqueza de las casullas, los cánticos y la reverencia de sacerdotes y seminaristas dan cumplimiento a lo ordenado. Cada seis pasos se hace un alto en la procesión para incensar y esparcir las rosas deshojadas en el suelo a la vez que tocan las campanas.

A semejanza de los «seises» de Sevilla, San Juan de Ribera incluyó una danza de cuatro infantillos, vestidos con casaca, calzón corto y media blanca (traje propio de los pajes del siglo XVI). El mismo Patriarca escribió la letra del baile, que comenzaba en el altar, para ejecutarse en cada uno de los lados del claustro y terminar de nuevo frente al altar. La ingenuidad y la gracia se aprecia en las estrofas: «Dame la mano, zagal / y haciendo una reverencia / canta y bayla en la presencia/ de aqueste Pan celestial.» Y en las escenas donde se comparaba a Lucifer con un toro, al que corrían: «Ho, Ho, Ho toro, no le he miedo yo. / Guarda, que ya el bravo brama, Jesús. / Ho, toro, no le he miedo yo, pues Dios al hombre dió / con que a este toro destruya, la vid; / y en esta merienda suya / la vida que él le quitó, al hombre le dió.»

La expectación que provocó la danza y el bullicio del público indujeron al Patriarca a su prohibición, pero fue imposible dada la insistencia de los fieles. Quien terminó con los bailes fue el general Suchet; y una vez finalizado el período napoleónico, los sacerdotes del Colegio recordando los deseos del fundador optaron por su olvido.

Siguen vigentes las Constituciones del Patriarca sin que las innovaciones postconciliares hayan interferido en la tradición. En el templo, las suntuosas capillas de Nuestra Señora de la Antigua, San Vicente Ferrer, Ángel Custodio y Ánimas del Purgatorio, continúan como hace siglos. Ni en la guerra fueron profanadas al ser defendido el Colegio como museo y monumento artístico por el rector de la Universidad, don José Puche. En el centro del claustro se colocó en 1896, una escultura sedente del Patriarca realizada en mármol de Carrara por Mariano Benlliure. Recordemos que tan influyente figura de la iglesia fue canonizado por el Papa Juan XXIII el 12 de junio de 1960.

Igualmente, la biblioteca y el archivo merecen detenida visita. En la pinacoteca se hallan, entre otras importantes obras, el Tríptico de la Pasión (la Crucifixión, Descendimiento y Resurrección), de Dierick Bouts (siglo XV) y las de José Camarón, Luis Morales, Francisco Ribalta, Jacinto Espinosa y tres lienzos del Greco, auténticas joyas.

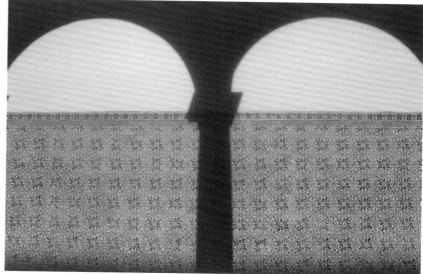

UNIVERSIDAD

La plaza del Patriarca, tan amplia y luminosa, en cuyo entorno se han abierto las tiendas de moda más elitistas de la ciudad, se ennoblece con la fachada principal del Colegio de Corpus Christi, recorrida por una galería ordenada al modo dórico con potente entablamento de triglifos y metopas. La plaza parece custodiada por el campanario, también de una gran sobriedad clásica; y la cúpula y la linterna con tejas blancas y azules vidriadas alegran tan magnífica panorámica urbana, que se complementa con los muros de la Universidad y el monumento fuente –inaugurado el 25 de octubre de 1966–, que rinde homenaje a los Reyes Católicos y al rector Vicente Blasco (esculturas en bronce) a ambos lados de la matrona en mármol que representa a la Sabiduría. El escultor Octavio Vicent fue el autor; y el proyecto de tan singular conjunto, del arquitecto Javier Goerlich Lleó.

El origen de la Universidad de Valencia se remonta a finales del siglo XV. Los Jurados, deseosos de unificar los diversos centros de estudios superiores de Valencia, procedieron a la compra de unas casas en el lugar donde está enclavada esta sede histórica; encargándole en 1498 al arquitecto Pere Compte (el famoso autor de la Lonja) la adaptación de tales edificios para albergar el Estudi General.

En 1499 se elaboraron sus constituciones y por la aprobación del papa Alejandro VI y el rey Fernando II el Católico, el Estudi General fue elevado al rango de Universidad en 1502. La noticia se celebró con gran júbilo en la ciudad. Timbales y clarines acompañaron al pregón de la «Crida Pública», que concedía a la Universidad de Valencia las mismas preeminencias que las de Roma, Bolonia, París, Salamanca y Lérida, siendo sus cátedras las de Lenguas Sabias, Artes, Leyes y Cánones, Medicina, Astronomía y Matemáticas, Teología, Ciencias Filosóficas y Políticas y Arte de Notaría.

La Universidad dependía del municipio y al frente de la misma se hallaba el rector elegido por «els Jurats» cada tres años; autonomía que desapareció con la abolición de los Fueros, aunque volvería a recobrarse bajo el rectorado de Vicente Blasco (fue nombrado Rector en 1784; y a finales de 1786, Rector perpetuo). Definitivamente fue en 1844 cuando la Universidad perdería la autonomía económica e institucional al quedar bajo la jurisdicción del gobierno central.

En las últimas décadas, las distintas facultades fueron abandonando tan histórica sede para trasladarse a los actuales campus universitarios. La facultad de Ciencias Económicas, en 1974, protagonizó la última marcha. Sin embargo, la Universidad mantiene una dinámica vida cultural con exposiciones, conciertos y actos solemnes. En el edificio se hallan el Rectorado, la Biblioteca y el Museo. La Sala de los Códices custodia diversas colecciones de bienes culturales, destacando la de los códices, cuyo núcleo fundamental lo componen los libros ilustrados en Italia por artistas del Renacimiento para el rey Alfonso V el Magnánimo. Estos libros junto con obras clásicas llegaron a la Universidad procedentes del monasterio de San Miguel de los Reyes, a causa de la desamor-

tización religiosa en 1835. Se conservan, igualmente, otros códices miniados, atlas botánicos y geográficos y un valioso portulano elaborado en 1546 por el mallorquín Jacobus Russus.

En el Paraninfo siguen desarrollándose actos protocolarios, como la apertura del curso académico o la investidura de Doctores «honoris causa». Construido a mediados del siglo XVII –y considerado como Teatro Académico– fue el marco para representaciones de comedias de Plauto y Terencio en su lengua original.

Reformado en 1869 por Sebastián Monleón y restaurado en 1985, el Paraninfo es sobrio y bello. Tiene una galería volada a la altura del primer piso; se cubre con amplia bóveda tabicada con lunetos y molduras en trampantojo. Los asientos se disponen en graderío y la presidencia en una tribuna. Retratos de personalidades vinculadas a la Universidad decoran sus muros; y en lo alto del testero, presidiendo la sala, queda el soberbio lienzo de la Concepción, pintada por J. Espinosa en 1600, sobre una visión idealizada de Valencia.

Siempre con las puertas abiertas, la Universidad muestra el hermoso claustro. El proyecto lo realizó Timoteo Calvo y comenzó a construirse en 1840, levantándose las columnas de la parte correspondiente al Paraninfo y Aula Magna. Hacia 1870, Sebastián Monleón terminaría el resto de la columnata inferior, colocándose entonces la estatua de Luis Vives, obra de José Aixa. A principio de siglo, en los muros claustrales, perpetuando el recuerdo de figuras unidas a la Universidad se colocaron 17 medallones con bustos en medio relieve: retratos de quienes intervinieron en la creación del Estudi General, San Vicente Ferrer y el rector Vicente Blasco.

El arquitecto Javier Goerlich añadió en 1944 la columnata jónica, con antepecho de balaustres, del segundo edificio y el reloj que la corona enfrentando a la entrada. A Goerlich se debe también la escalinata que accede a la Biblioteca y la pequeña fontana instalada discretamente para el uso cotidiano. Nada de surtidores ni helechos; mana el agua cuando se aprieta el botón. Se pensó para los estudiantes de la posguerra, que a la media mañana comían el bocadillo. Fue en aquel tiempo en que los chicos iban a pie y ni remotamente soñaban con una moto o un utilitario. El mascarón es un rostro de mármol –no sé si de niña que ha crecido muy aprisa o de ángel de cementerio que pide silencio–, y sobresale en un panel de azulejos barrocos limitado por elementos de influencia neoclásica.

La Universidad tuvo una gran presencia en la vida social y religiosa de la ciudad. Fue la primera de España que proclamó la Concepción Inmaculada en 1530; y en 1662 fueron célebres las carrozas y altares, realizados por alumnos y profesores en honor a la Virgen María. Salmos, coplas y aleluyas proliferaron en la Universidad, repleta de retablos, tapices, colgaduras, candelabros y floreros; un abigarrado ambiente para ensalzar a la Inmaculada Concepción, purísima y bella como la azucena, la estrella matutina, el sol y la luna. Alegorías que esenificaron en las carrozas, uniéndolas a la mitología griega y a la pleitesía universal, como declaraban los

Claustro.

Claustro Menor.

«Libélulas».

ocupantes de la fragata de los turcos: «*Aunque parecemos moros / dentro de nuestro coraçon / tenemos la Concepción.*»

La Capilla de la Sapiencia es una auténtica joya de la Universidad. Construida por Pere Compte en 1498, sería completamente reedificada en 1736 en estilo barroco muy clasicista. Es de una sola nave, con cúpula ovalada en el testero y coro alto a los pies. Los Jurados encargaron en 1517 un retablo con la imagen de la Virgen de la Sapiencia al pintor Nicolás Falcó y al entallador Luis Muñoz.

De aquel primitivo retablo se conserva la tabla central; y hoy continúa presidiendo la capilla adaptada a un retablo de talla barroca (1735-36), en el que dominan los elementos rococó y pinturas atribuidas a Evaristo Muñoz.

Una nueva intervención tuvo lugar en la capilla hacia 1780, enriqueciéndola con pinturas de José y Manuel Camarón, Luis Planes y José Vergara.

En los dos primeros nichos situados junto al presbiterio aparecen esculturas de piedra, destacando la de San Bruno, de Ignacio Vergara (siglo XVIII), muestra sobresaliente del rococó hispánico. Debajo del coro se encuentra la Concepción Niña, de Espinosa.

La Capilla comunica con el claustro menor o rectoral, al que también le llaman claustrillo. Su ubicación y dimensiones no han variado desde la fundación de la Universidad y responde al llamado patio de las casonas valencianas. Auténtico núcleo o corazón del edificio a cielo abierto; de él arranca la escalera monumental que da acceso a las dependencias: despacho rectoral, decanato, sala de juntas, etc.

En el claustro menor se desarrollaba el protocolo académico que exigían las procesiones de graduados y catedráticos, para asistir a las ceremonias litúrgicas en la capilla, o académicas en el Paraninfo.

Tras el bombardeo de la ciudad por las tropas napoleónicas e incendio en 1812, el claustrillo fue reedificado en 1842 en el estilo académico de la época, pero con marcada referencia al gusto renacentista, atribuyéndose el proyecto a Timoeo Calvo. De aquel tiempo conserva la rejería y algunas pinturas ilusionistas, como el tímpano de una de sus arcadas que reproduce un ventanal con verja de tipo pavo real. También subsisten las esculturas y medallones en relieve que representan las cuatro Facultades vigentes en aquella época: Ciencias, Letras, Medicina y Derecho.

De autor anónimo, en cemento moldeado y pintado –se les dio una capa de pintura blanca en 1982–, destacan los medallones ricamente enmarcados por molduras neoclásicas en forma de corona de laurel. Muestran al personaje en busto de perfil romano, en mediorrelieve, con su nombre en el exergo: Justiniano (Derecho), Petrus Lombardus (Letras), Hipócrates Cous (Medicina) e Isaacus Newtonus (Ciencias).

Como un toque romántico y palaciego contrastan los grupos escultóricos –igualmente de cemento moldeado y pintado–, en el cobijo de las hornacinas. Son parejas de amorcillos, de los conocidos popularmente por «libélulos» debido a la forma de sus alas. Los que simbolizan al Derecho esgrimen una espada consultando un libro; los

que corresponden a Filosofía, alzan un espejo y escriben; los amorcillos de Medicina perdieron los atributos a causa del deterioro; y el grupo referente a las Ciencias, exhiben el globo terráqueo y escriben.

Entre 1985 y 1990, Daniel Benito Goerlich, conservador del Patrimonio Histórico de la Universidad, dirigió una admirable rehabilitación de la Capilla de la Sapiencia y vuelven a celebrarse en ella actos religiosos y conciertos, reanudando la tradición de siglos.

La Universidad, tan querida por los valencianos, se convierte en cita masiva durante las noches de julio, cuando acontecen en su claustro las Serenatas Musicales con actuación tanto de solistas internacionales como del Orfeón Universitario, el Coro y la Orquesta de Valencia o la Orquesta de la Universidad. Son noches de bullicio en la calle de la Nave y de silencio respetuoso mientras se escucha a los virtuosos y la luna, la luna de Valencia se asoma al claustro. Nunca falta.

Luis Vives.

EL PARTERRE

En el invierno, el Parterre está encendido de sol gran parte del día; lo alumbra con protección generosa y a sus bancos acuden bastantes viejos y algún trotamundos que se acuesta con su mochila como almohada, en el centro de cualquier macizo. También a la hora de la comida no resulta extraño que un autocar se detenga unos minutos, a la entrada de la calle de la Paz, para que excursionistas de la tercera edad den buena cuenta del bocadillo, de la cerveza y de la limonada. Son matrimonios, en su mayoría, de pueblos del interior que, después de visitar algunas salas del Museo San Pío V y escuchar explicaciones en la catedral, agradecen ese breve reencuentro con tierra y árboles.

En la parte que enfrenta con la Glorieta (donde la gasolinera y el quiosco de cafetera exprés y olor a leche recién hervida) se halla el monumental ficus de hermosísimo tronco, que desafía a los siglos. El árbol más sobresaliente del parque, ya que a consecuencia de la riada de 1957 el jardín fue anegado por agua y barro; desaparecieron los perfiles de sus macizos y quedaron tronchados o arrancados la mayoría de los cipreses, araucarias, laureles y magnolios.

Las obras del nuevo trazado buscaron simplicidad y al Parterre lo desposeyeron de las cuatro fuentes circulares que tenía, alimentadas por surtidor central —entre juncos— y en las que nadaban peces rojos. Fuentes con baranda de hierro y nenúfares; lugar preferido de Joaquín Rodrigo, el muchacho ciego que vivía en la calle de Sorní y tocaba el piano; el joven que plasmaría las vivencias del parque en dos composiciones: «La enamorada junto al pequeño surtidor» y «Piezas infantiles». Él no podía jugar, pero sentado en el banco escuchaba a las niñas de lazada en la espalda y largas trenzas:

> *«Tengo, tengo, tengo;*
> *tú no tienes nada.*
> *Tengo tres cabritas*
> *en una cabaña.*
> *Una me da leche,*
> *otra me da lana;*
> *otra me mantiene,*
> *toda la semana.»*

Niñas que cogían jazmines para que sus madres unieran los tallos, con aguja e hilo, formando collares. El Parterre fue el parque acogedor de la burguesía que había decidido vivir en el Ensanche.

Su historia comienza en 1850, según Martínez Aloy; y contó con especial arbolado —metrosidros— procedentes del jardín del Palacio Arzobispal de Valencia, ya que tan rara especie la trajo a nuestra ciudad el arzobispo Fabián y Fuero, patriarca de las Indias. Magnolios, palmeras y araucarias brindaron frondosidad y el jardín fue apreciado en una Valencia que comenzaba a desarrollarse con ímpetu gracias a la mejora de la agricultura, a la aplicación del vapor en la industria y al establecimiento del ferrocarril.

Fue en la redacción del periódico «Las Provincias», en la tertulia que se formaba junto a su director, Teodoro Llorente, donde surgió la idea de erigir un monumento a Jaime I con motivo del sexto centenario de su muerte. Corría 1875 cuando a través de las páginas del diario se propuso una suscripción pública, apoyada por las firmas de escritores y políticos, pero el entusiasmo inicial fue decayendo y como anécdota cabe reseñar que en la fecha conmemorativa –1878– se inauguró sólo el pedestal (obra del arquitecto Vicente Constantino Marzo). Un nuevo impulso hizo que se superaran dificultades; se encargó la obra a los hermanos Vallmitjana de Barcelona y la realización de la estatua se encomendó a La Maquinista Valenciana, después de lograr que el Ministerio de la Guerra proporcionara el bronce: quince toneladas conseguidas tras la fundición de cinco cañones y un obús procedentes de Peñíscola. Por fin, el 12 de enero de 1891 se instaló la estatua en el pedestal y la inauguración, con todos los honores, se aplazó al mes de julio.

Desde entonces a hoy, el rey don Jaime ha recibido homenajes con total indiferencia en unas épocas y con efusiva manifestación en los últimos años, con motivo del desfile cívico en que se traslada la Real Senyera el 9 de octubre, desde al Ayuntamiento. Fecha en que se conmemora la conquista de Valencia por el monarca aragonés; Día de la Comunidad Valenciana.

Centenario ficus.

Figura ecuestre del Rey Don Jaime.

Fiel a la estructura original, el Parterre sufrió pocas modificaciones. En 1901 se colocó un respaldo de forja de hierro al banco de piedra corrido, que enmarca el jardín. También hay referencia a un Teatro-Circo ubicado en el pequeño edificio que más tarde sería destinado al Tribunal Tutelar de Menores.

En el banco corrido, a la sombra del ficus centenario se reunían sacerdotes en la posguerra, después de la última misa; eran sacerdotes mayores, de sotana y capa, que daban una estampa a los niños que iban a besarles la mano.

Viejo jardín ofrece sosiego y encanto en la zona de los magnolios, los que abren sus flores cada verano junto a la alberca presidida por un Neptuno. En ella beben las palomas y más de un trotamundos se lava manos y pies. El viejo jardín es pródigo en tolerancia.

PALACIO DE JUSTICIA

Entre el Parterre y la Glorieta se encuentra el Palacio de Justicia, que ocupa el antiguo edificio de la Aduana levantado por el auge del tráfico marítimo (organismo creado en 1626 por las Cortes Valencianas). Ocupa una manzana completa de planta rectangular; los lados mayores miden 63 metros; y los menores, casi 50. Es de ladrillo visto alternando con sillares, que se hallan en el basamento, esquinas y fronteras sobre ventanas. De clara composición clásica, su estilo corresponde al renacimiento valenciano, con elementos que evocan el barroco. La construcción comenzó en abril de 1758, bajo la dirección del maestro de obras Felipe Rubio y el cantero Tomás Mainer, aunque se supone que ayudados por Antonio Gilabert (cuñado de Rubio), autor de importantes construcciones, como la iglesia de las Escuelas Pías. Por el elevado costo (2.881.900 reales) y la gran envergadura de la edificación civil en la Valencia del XVIII, constituyó un foco de formación y encuentro de profesionales, en el que destacó la participación de Antonio Gilabert, aparejador diestro en el arte de la cantería quien realizó las escaleras y el arco de la fachada principal. Como remate de la portada y sobresaliendo de la balaustrada perimetral de piedra, con antorchas esculpidas y buhardas alienadas a los huecos de fachada, se encuentra un gran frontón sobre el que está situada la estatua de Carlos III entre las dos matronas que simbolizan la Justicia y la Prudencia; conjunto escultórico de Ignacio Vergara realizado en piedra de la cantera de Bercheta. La Aduana fue trasladada al palacio del conde de Carlet en 1828, en donde permaneció hasta 1841, año en que se inauguró su sede en el puerto; y el primitivo edificio se adaptó para la Real Fábrica de Tabacos. Sin embargo, ante el temor de algún incendio por la proximidad a la fábrica de gas, se propuso su cambio. Fue en 1922 cuando se convirtió definitivamente en Palacio de Justicia tras una importante intervención del arquitecto Vicente Rodríguez, tanto en la fachada, como en la reforma de salones interiores, la monumental escalera de piedra y el zaguán de acceso.

Pasajes de la historia, como de costumbre, quedan grabados en la piedra; así, en la placa de la puerta principal, traducida del latín, se lee: «*A Carlos IV y a su agusta esposa quienes desde la Tribuna de esta casa de la Aduana contemplan y celebran con su regia prole los certámenes y juegos de los caballeros valencianos, practicados por éstos con el fin de combatir esforzadamente por su Rey y por su Patria. Cayetano Urbina. Prefecto de la Aduana. MP. Año 1802.*» Un ayer.

Monumento al Pintor Pinazo.

LA GLORIETA

La historia de este viejo parque tiene en sus comienzos querencia de políticos que amaban los jardines. En 1812, durante la dominación francesa, fue el mariscal Suchet quien adquirió los solares existentes entre la iglesia de Santo Domingo y la Aduana (actual palacio de Justicia), para la plantación de árboles. Al tener que abandonar Valencia al año siguiente, por la derrota de los franceses en Vitoria, el general Elío decidió continuar la obra y levantar un monumento a Fernando VII sufragado por suscripción popular; el monumento no se llevó a cabo pero con los fondos conseguidos se incrementó el arbolado con naranjos, sauces y fresnos y se adquirieron estatuas procedentes del huerto del canónigo Pontóns realizadas por Ponzanelli: Diana, Venus, Apolo, Cronos, Neptuno y Tritón; figuras que hoy se hallan en otros jardines, excepto el bello Tritón, más hombre que dios, el de la caracola clamando al tiempo la alegría de vivir. Tritón presidió una fuente hasta 1844, año en fue retirado a un almacén a causa de unas reformas y allí permaneció hasta 1860, en que no sólo se le devolvió a la Glorieta sino que se instaló en una mayor fontana de mármol negro, según proyecto del arquitecto Antonio Sancho. Sobre pedestal, con tres mascarones que manan incesantemente y dos delfines surtidores que parecen surgir de las aguas, el Tritón pertenece a las fuentes más características de la ciudad.

Siguiendo con los militares vinculados al jardín, el capitán general O'Donell mandó cerrarlo mediante una balaustrada de madera entre pilares de piedra rematados por pomos y jarrones; y frente a la calle del Mar se construyó una puerta monumental proyectada por el arquitecto Cristóbal Sales; entrada que tenía dos leones sujetando con las garras las consabidas esferas, pero cabalgaban sobre ellas unos amorcillos con emblemas. Igualmente se levantó un pabellón para que la banda militar diera conciertos; y el parque, con tanto aliciente, se convirtió en lugar favorito de los valencianos, máxime cuando se iluminó con 14.000 luces (antorchas y tulipas con aceite) para recibir a Fernando VII y a su esposa, la reina Amalia, quienes permanecieron 18 días en Valencia presidiendo festejos, homenajes y procesiones, desde que llegaron el 30 de octubre de 1827.

Los árboles crecían en la Glorieta con fondo de marchas y mazurcas. En la Aduana se había instalado la Fábrica de Tabacos y muy cerca, en la explanada que hoy ocupa el Parterre, se acondicionaban «cadafals» de madera formando una plaza para corridas de toros. Del parque de la Glorieta se responsabiliza el Ayuntamiento y lo dota con iluminación de gas el 9 de octubre de 1844, lo que acrecienta su popularidad con veladas nocturnas e induce a Domingo Cucciari, viajero conocedor de las cafés austriacos e italianos, a inaugurar uno en 1846, en el que no faltan los violinistas para el vals de moda.

Se plantan saigones del Canadá, catalpas, castaños de Indias, palmeras, plátanos orientales y tilos, magnolios y ficus. Hacia 1860 se sustituyen las vallas de madera y pilares de piedra por verja de hierro; y la Glorieta comienza a condensar una vida social

Fuente del Tritón

tan peculiar que marca, según los días y las horas, la más plural crónica costumbrista.

En la parte recayente a Capitanía se construye una Casa de Socorro en 1895; y entre el café y la verja, un teatro de verano cuyo telón se alza para representar «El Barbero de Sevilla» con el que se inicia la programación de zarzuelas y conciertos dirigidos por Salvador Giner y José Valls.

También en la Glorieta se celebraron homenajes a valencianos ilustres, destacando el que se ofreció a Joaquín Sorolla y a Mariano Benlliure el primero de agosto de 1900, por el éxito obtenido en la Exposición Internacional de París y el nombramiento de hijos predilectos de Valencia.

No se privó la Glorieta de pequeños monumentos inaugurados por alcaldes y bandas de música; algunos estuvieron rematados por bustos de bronce, como el dedicado a Francisco Domingo, de Mariano Benlliure, pero fue robado y sustituido por otro de piedra. Subsisten los de Muñoz Degrain (coronando un barroco banco debajo del más grandioso ficus), el de Agrasot y el del Doctor Gómez-Ferrer, obras de Paredes, que tiene a sus pies dos niños en bronce realizados por Luis Bolinches.

La decadencia de la Glorieta se inició en 1926, al arrebatarle la verja y desposeerla de umbría. El café, el teatro, los conciertos, todo pertenecía ya al pasado. A las amas de leche, robustas matronas con cofia blanca, sucedieron las niñeras con uniforme gris y delantal; chicas que siempre tenían un novio cumpliendo el servicio militar, con el que se veían mientras las niñas cantaban:

> *«Yo soy la viudita del Conde Laurel,*
> *que quiero casarme y no sé con quién.*
> *Si quieres casarte y no sabes con quién,*
> *elige a tu gusto, que aquí tienes cien...»*

La Glorieta es actualmente un cruce con arbolado, una estrella de los vientos marcada en la tierra para que el público la atraviese en diagonal aprovechando los semáforos de la plaza de Tetuán, de la calle de la Paz, de la plaza Porta de la Mar y de la calle de Colón, pero en ella triunfa Tritón y sus ficus son moumentos vivientes.

Monumento al doctor Gómez-Ferrer.

ITINERARIO

ITINERARIO

- En el Ensanche
- Calle Colón
- Calle Jorge Juan
- Calle Cirilo Amorós
- Calle Pizarro
- Calle Gregorio Mayans
- Gran Vía Marqués del Turia

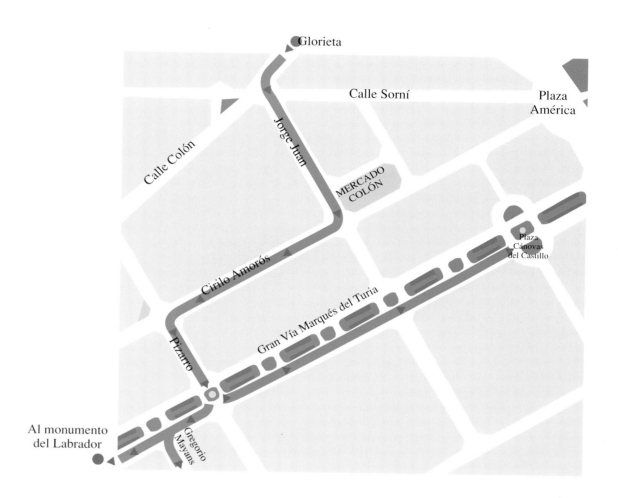

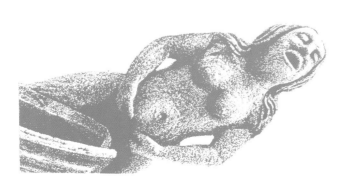

LA HUELLA DEL MODERNISMO

EN EL ENSANCHE

La ciudad se desarrolló al ser derribadas las murallas medievales. A pesar de la oposición militar, fue decisiva la actuación del gobernador civil interino, Cirilo Amorós, quien solicitó la demolición a la reina Isabel II, tanto para desahogar la urbe como por la necesidad de dar trabajo a los obreros que estaban afectados por la crisis de la seda. El acontecimiento, muy deseado por el pueblo, aconteció el 20 de febrero de 1865. Ante una multitud que invadía la puerta del Real, Cirilo Amorós dio los primeros y rituales golpes de pico; y hoy su nombre se recuerda en una de las calles principales del Ensanche, la zona que surgiría a partir de la actual calle de Colón (entonces recorrido amurallado), hasta la Gran Vía; proyecto aprobado en 1887, planificado en forma de cuadrícula a imitación del Ensanche barcelonés que concibiera Cerdá en 1859, tomando a su vez el ejemplo de París.

Se trazaron largas calles rectas y paralelas cruzadas por otas perpendiculares, para formar las manzanas o conjuntos de fincas –achaflanadas en las esquinas–, que configuraban un espacio cudrangular interior; urdimbre de pequeños jardines particulares en los que pronto crecieron jazmineros, buganvillas, campanillas y algunas palmeras y cedros.

La edificción del Ensanche data de 1890 a 1920 (época modernista); y fue la Valencia preferida por los exportadores, abogados, médicos y notarios; por las familias de la burguesía con chicas de servicio uniformadas, de rayadillo para ir por casa y de negro con delantal blanco cuando se esperaba visita.

Dominaron las fachadas hermosas, las de pilastras, guirnaldas, cornisas con bustos femeninos y amorcillos. Edificios, en suma, fieles a las directrices neoclásicas con algún elemento romántico, neogótico o modernista. Las piñas, los jarrones, los óculos se prodigaron en los remates, que con frecuencia son cenefa floral sinuosa; y en los portales proliferaron los medallones entre hojarasca con iniciales de los propietarios, como añoranza imposible por los escudos heráldicos de quienes habitaban casas palaciegas.

El estatus económico quedaba ya marcado en las fincas de Isabel la Católica, Jorge Juan, Cirilo Amorós, Conde de Salvatierra, Grabador Esteve y Sorní según se viviera en el entresuelo, en el principal, en el resto de los pisos o en el interior, que generalmente se reservaba para porches y habitáculo para la portera.

Pasear y descubrir hallazgos arquitectónicos es fácil. Aunque en su época no fue elogiada, la finca «de las rosas» como popularmente se le conoce, es hoy en día de las más citadas por los profesionales. La finca, Cirilo Amorós, 31, chaflán con Pizarro, es todo un ejemplo de interpretación personal y poética del movimiento sezessionista. Los motivos vegetales y la geometrización hallan en la obra de Vicente Ferrer una total armonía. Ostenta las iniciales del arquitecto en los antepechos de los balcones y ventanas del piso principal; de igual modo, la fecha –1908– corona el edificio entre rosas de cerámica.

Cada planta está concebida de forma distinta y tan bello es el mirador, como el gran balcón con marquesina y los múltiples ornamentos cerámicos, como las esquinas que finalizan con la copa de un árbol. El zaguán, el arranque de la escalera, las puertas de los pisos y las mismas viviendas mantienen el estilo modernista en las tallas de madera, forja de hierro y azulejería. Edificio que alcanza el nivel de protección 1; el máximo que se dispensa a los monumentos.

Fue la única finca firmada por Vicente Ferrer y gracias al encargo de su familia. Parecía presentir que era su legado, ya que murió siendo un anónimo jefe de catastro.

Muy del gusto de los valencianos fueron las obras influidas por el modernismo francés. Buena muestra del «art nouveau» se halla en la Gran Vía Marqués del Turia, 9, del arquitecto Peris Ferrando, quien no regateó la abundancia de hojas, flores y racimos que en los balcones centran la cabeza de bellas adolescentes, ni de las cariátides, hombre y mujer desnudos hasta el abdomen, que custodian la entrada. Cariátides que por su estética parecen figuras escapadas de la fuente de la Alameda, la de las Cuatro Estaciones; precisamente, réplica de la parisina que mana en la plaza de Terraux. Una moda, un tiempo.

Otra finca representativa de la demanda de aquella sociedad es la Francisco Mora, en la calle Gregorio Mayáns, 3. En la espectacular fachada se presenta toda clase de figuras extravagantes, seres a medio camino entre el monstruo y el dios mitológico, animales fantásticos como las quimeras, todo un mundo soñado entre follaje; en suma, los grutescos renacentistas, los medallones y los frontones barrocos que confirman la búsqueda en estilos pretéritos. Postulado que mantuvo Francisco Mora en su discurso *La Arquitectura Contemporánea en Valencia*, en el que citaba al referirse al Ensanche: *«Se han levantado hermosos edificios inspirados unos en el renacimiento español, siempre para nosotros tan venerable; otros, en el coquetón estilo imperio; otros, en el moderno vienés, elegante como pocos; otros, en severas producciones alemanas; otros, en reminiscencias de una Arquitectura holandesa; otros, en la Arquitectura de Barcelona; otros, en el ojival, y otros, en fin, en Arquitecturas eclécticas indefinidas. Todos convienen, sin embargo, en convertir las casas de alquiler en suntuosas moradas rodeadas del confort moderno, altamente higiénicas y cómodas, que revelan el buen gusto y talento de sus autores.»*

También solicitado por la clase social burguesa, el arquitecto José María Manuel Cortina Pérez construyó fincas con estilo peculiarísimo; suyas son la de Sorní chaflán a Jorge Juan, 1 —«la de los dragones alados»—; las de Sorní, 14 y 27; y la de Félix Pizcueta, 3, de gran evocación oriental, con despliegue de columnillas, artesonado y ventanales interiores

El Ensanche fue, desde un principio, la ciudad acomodada que logró disponer de su propio mercado, aún antes de inaugurarse el Mercado Central.

Calle Jorge Juan esquina a Sorní.

Cirilo Amorós chaflán con Pizarro.

EL MERCADO DE COLÓN

El muy bello edificio modernista se construyó sin ningún regateo entre 1914 y 1916, ocupando el lugar de la antigua fábrica de gas. Fue presupuestado en 900.000 pesetas y el proyecto se adjudicó a Francisco Mora Berenguer quien escribiría: *«Un mercado ha de ser una lonja abierta, hermoseada hasta donde sea compatible con la economía, a fin de que no se reduzca a un simple tinglado de hierro que resguarde de las lluvias. Al fin es un edificio que como obra arquitectónica debe servir de ornato a la urbe y de recreo a cuantos han de permanecer en él. Por ello debe procurarse la forma estética.»*

Es de planta rectangular, basilical, con dos fachadas de piedra engastadas en ladrillo. Consta de tres naves y dos grandes marquesinas laterales que cubren parte de las aceras de Cirilo Amorós y Martínez Ferrando (límites laterales). La nave central, de 18 metros de altura, está cubierta con estructura de hierro y claraboya de cristal, sostenida por arcos de perfil laminado y columnas de fundición. Al mercado lo rodea una gran verja de hierro y lo realzan torrecillas –de clara influencia gaudiana– y las dos fachadas con frisos de mosaicos, de forma especial la que recae a la calle de Jorge Juan. Todo un lujo de ornamentación brindado a la sociedad que se sabe rica y se siente orgullosa de sus naranjales, de sus huertas y hasta de los tópicos referentes a la mujer labradora. Nada se omitió; y el Mercado Colón fue admirado hasta el punto que contó con una publicación y un himno, con letra del poeta Enrique Durán i Tortajada.

Lamentablemente, el Mercado Colón acusó la competencia de las grandes superficies comerciales y sus puestos, atendidos en su mayoría por gente que vendía frutos y hortalizas cultivados por ellos mismos, fueron cerrándose. Desde 1975 fue objeto de tan dispares proyectos como destinos.

El Ayuntamiento apostó por la joya del Modernismo e invirtió generosamente en la restauración, que llevó a cabo la empresa AUMSA bajo la dirección del arquitecto Luis López Silgo en la primera fase, seguiría Enrique Martínez-Díaz y se encargarían de la supervisión y coordinación los arquitectos Román Jiménez y Pedro Soler, del Servicio de Proyectos Urbanos del Ayuntamiento.

Sin eufemismo, los trabajos de recuperación del Mercado de Colón han constituido una obra de ingeniería que comprende la construcción de cuatro sótanos, con capacidad para 500 coches, manteniendo la estructura del edificio en pie. Se invirtieron los procedimientos tradicionales planteándose las obras de arriba hacia abajo, de tal manera que se construyó un forjado que soportase la parte superior, para ir excavando sin tocar el monumento. Y un respeto escrupuloso se mantuvo en todo el proceso de restauración recurriendo, para los detalles emblemáticos, a imágenes retrospectivas, como las del semanario que se editaba mientras se edificó el mercado y las que ilustraron las portadas de la prensa local, aquel brillante día de su inauguración, el 24 de diciembre de 1916.

Ahora, el Mercado de Colón, con toda la riqueza de ornamentos recuperada, como los mosaicos de los pilares en los antiguos puestos de las floristas, que se habían sustituido por gresite en la década de los cincuenta; los aleros con bovedilla estucada y el remate de las viguetas simulando cabezas de pez y multitud de referencias agropecuarias que la erosión del tiempo había borrado, han vuelto a cautivar a quien busca en el detalle la completa armonía del conjunto.

Mas tan importante como recobrar la joya del Modernismo, es la dimensión de galería comercial otorgada con el semisótano, una superficie de 1.690 metros cuadrados que se conectan con la planta principal a través de un gran espacio en la nave central, en la que se han instalado escaleras automáticas. Lugar abierto con rumor constante de una cascada de agua y alto muro de cañas indias, verde, cimbreante. Y a tal atractivo se une la transparencia del ámbito dado el dominio del vidrio utilizado como material protagonista para las tiendas de bombones y quioscos; cubículos enteramente de cristal –deliciosa diafanidad– que no mengua la luz del exterior, a pesar de tratarse de cristales hasta de dos centímetros de espesor y tratados especialmente para que no queden huellas.

Es un lujo tomar un café, un aperitivo o un helado en las terrazas de las cafeterías instaladas en el centro del Mercado, entre tiendas de ornamentación floral, como Baladre y La Tartana, la de cerámica Faytanar, que exhibe altas jaulas, cuencos y platos de delicada decoración a base de frutos y pájaros que recuerdan el estilo de Compañía de Indias; y la de indumentaria valenciana –brocados y brillo de lentejuelas– diseñada por Encarna Albarracín.

Fachada recayente a la calle Jorge Juan.

Tienda de diseño.

GRAN VÍA MARQUÉS DEL TURIA

Para los niños afortunados de la posguerra, los que no supieron de necesidades económicas, la Gran Vía quedará idealizada en el recuerdo, con sus frondosos plátanos de sombra, ficus, pinos y palmeras –que crecían desesperadamente en busca del sol. Los refugios se habían tapiado y nadie quería hablar de las noches con reflectores, que eran rayos de luz cruzando el cielo, de las sirenas, del miedo que impulsaba a bajar la rampa del subterráneo y permanecer allí –apretujando los cuerpos– hasta que el bombardeo hubiera cesado.

Fue el paseo preferido de las colegialas de uniforme, adolescentes de los últimos cursos de bachillerato vestidas de marrón, negro o azul marino, con cuello blanco almidonado, a cuyo encuentro acudían los alumnos de los Maristas y de los Dominicos; paseo que se prolongaba con los días largos de abril y mayo, animándose con la música de los organillos que desgranaban las canciones con fondo de xilofón, campanas y cascabeles; coplas de la Piquer que se vendían impresas en papel rosa y azul, aunque las niñas no las compraban; las compraban, por unos céntimos, las muchachas que cuidaban el hermanito pequeño.

En el jardín se pulsaba el ritmo del tiempo, no sólo por la floración de los macizos, sino por el mayor o menor número de tranvías que circulaban, incrementándose con los números 2 y 4 en verano, que trasladaban a las playas de Las Arenas y Nazaret. Veranos en que aún se desconocía el camping, el bikini y el apartamento. Veranos en que, después de cenar, en las terrazas del Acuarium y de El Coto se congregaban los padres de las colegialas y una mujer de edad indefinida ofrecía pomos de jazmines recién abiertos.

La Gran Vía se trazó como un eje que uniera el puente de Aragón y la zona de Ruzafa, donde cambiaba el nombre de Marqués del Turia por el de Germanías; y ésta, para los ciudadanos, siempre fue como una Gran Vía de segunda, aunque finalizase con el atractivo de la pasarela que cruzaba las vías férreas de la Estación del Norte, pudiéndose contemplar la llegada o partida de los ferrocarriles envueltos en nube de humo negro.

Los monumentos y los árboles más hermosos siempre fueron patrimonio de la Gran Vía Marqués del Turia, sobresaliendo el dedicado al marqués de Campo, obra de Mariano Benlliure, que se alza en el enclave del jardín y la plaza de Cánovas del Castillo.

Rodeado de altos y finos surtidores, el monumento fuente es una estructura de alto pedestal coronado por la figura del marqués de Campo; y en torno a él distintas escenas con personajes alegóricos como la Caridad, la Marina, el Gas y el Ferrocarril que delatan una notable ejecución. No son gratuitos los adjetivos si se recuerda que la escultura de la Navegación obtuvo el primer premio en la Exposición Internacional de Munich y la primera medalla en la Exposición Nacional de Madrid (1890). El monumento, fechado en 1908, se instaló en un principio en la antigua plaza de San Francisco (hoy del Ayuntamiento) para trasladarse décadas después al lugar actual; punto de encuentro de chicos y chicas de hoy que toman copas en los «pubs» de moda, aparcan en doble fila y presumen de motos y del COU en Nueva York.

Monumento al Marqués de Campo.

VALENCIA
AL PRIMER MARQUES DE CAMPO
MCMVIII

A la altura de la calle Pizarro, a la sombra de los ficus más frondosos de la Gran Vía se halla el monumento a Teodoro Llorente, muy deteriorado por la calidad de la piedra arenisca de Novelda bajo la acción erosiva del clima. Únicamente el poeta, en bronce, destaca en la cima de la gran composición que reunía a personajes representantes de la escena, la poesía, la música y el arte. El proyecto fue del arquitecto Dicenta y lo esculpió Gabriel Borrás.

En el último tramo de la Gran Vía Marqués del Turia, rodeado de surtidores se alza el monumento al Labrador, inaugurado en agosto de 1931. Es una digna obra de Carmelo Vicent, catedrático de Talla Escultórica de la Escuela de Bellas Artes de San Carlos, Primera Medalla Nacional 1941 por el Cristo Yacente. El escultor, a quien le gustaba escribir, debió pensar que la mejor glosa al hombre de nuestra tierra eran los versos de Teodoro Llorente y la descripción de Blasco Ibáñez, que mandó grabar en el pedestal: *«sobre, sofrit, lleuger, fort i llel / el que en l'aspre guaret clava la rella, / i obre a l'aigua corrent fonda canal...».* Y en distintas losas las frases del novelista: *«Cuando toda la huerta dormía aún, ya estaba a la indecisa claridad del amanecer, arañando sus tierras queridas.»*

La densidad del tráfico obligó a la desaparición de la Gran Vía de Germanías, engullida por un gran túnel y la transformación del Ensanche afectó a la fisonomía de la Gran Vía Marqués del Turia. Sus viviendas, que tenían un patio interior limitado por arrietes con buganvillas, son actualmente, tiendas de moda, de regalos «lista de boda», de decoración, diseño y muebles que alternan con cafeterías y restaurantes que abarcan desde el chino al neoyorkino, pizzerías, hamburgueserías y el que sólo ofrece pollo con patatas fritas. No obstante, hay que alzar la mirada y contemplar las fachadas que, fieles al neoclasicismo, tienen detalles neogóticos, románticos y modernistas; admirar los portales con amorcillos sosteniendo escudos con iniciales; bustos femeninos en cornisas y hasta atlantes de una «belle epoque» soñada.

ITINERARIO

ITINERARIO

- Plaza de América
- Siguiendo el antiguo cauce del Turia
- Jardín del Palau
- Parque Gulliver

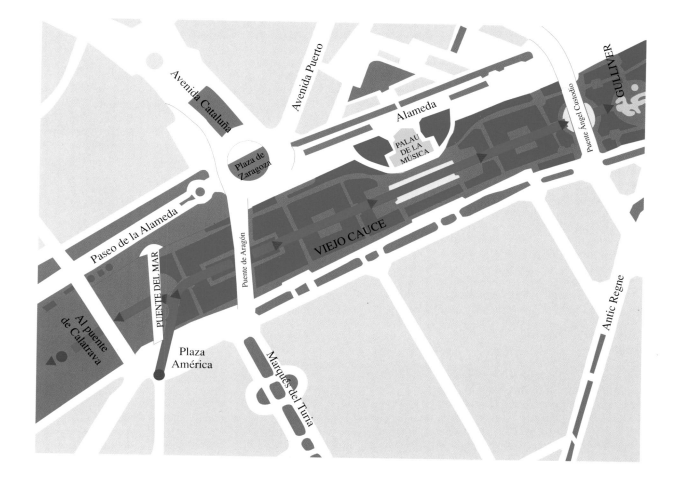

VIEJO CAUCE

PUENTE DEL MAR

Se puede trazar una ruta por lo que fue el cauce del Turia y hoy jardín; un paseo que comienza en uno de los más bellos puentes, hasta los que sigue llegando la brisa con olor a salitre cuando sopla el viento de Levante. El puente del Mar fue paso obligado para todos los que llegaban por la costa o tenían que embarcar. Una vez cruzado el río, desde Valencia al puerto, se extendían los huertos rodeando casas de labranza y los plátanos de sombra formaban umbráculo en los caminos por los que circulaban carros y tartanas. El puente fue arrasado una y otra vez por las riadas hasta que, en 1591, se acordó construirlo de piedra de cantería. Proyectado por el «pedrapiquer» setabense Francisco Figuerola, las obras finalizaron en 1596; y desde entonces permanece esa joya de diez arcos apuntados con dovelas, nueve tajamares y en los del segundo arco, los pedestales de los casilicios, aunque también sufriría una parcial destrucción en la fuerte avenida de 1776.

Las rampas, que facilitaban el acceso a los coches de caballo y a los tranvías –en un principio de tracción animal– fueron sustituidas por escalones durante los años 1933-1935; obra de Javier Goerlich a quien le fue encomendado que lo convirtiese en pasarela peatonal.

Los casilicios, cubiertos con teja valenciana, cobijan a San Pascual y a la Virgen de los Desamparados, aunque antiguamente este último estaba dedicado a la Cruz, que en 1709 destrozó un rayo.

Antepechos moldurados y pomos adornan sus pretiles y bancos de piedra reclaman un tiempo para la contemplación; antaño para las aguas y hoy, para las palmeras y cipreses.

JARDÍN DEL PALAU

Después de realizado el audaz Plan Sur, que desviaba el río, su antiguo cauce propició las más contradictorias propuestas; arquitectos, economistas, urbanistas, sociólogos y artistas plásticos participaron en la polémica sobre el ajardinamiento de las 12 hectáreas, que concluyó al encargar el proyecto a Ricardo Bofill.

La composición del jardín se desarrolló con el soporte de la geometría: un eje unió los centros de los puentes extremos (el del Mar y el del Ángel Custodio) y en ese entorno se trazaron los grandes estanques, se levantaron columnas con evocación griega, se plantaron palmeras y se construyeron pérgolas recordando pirámides. Basado en el modelo clásico y mediterráneo, el Taller de Arquitectura que dirige Bofill, utilizó el poder simbólico de ciertos ritmos y mantuvo la referencia del jardín árabe como arquetipo contrapuesto a los modelos inglés o francés. Siempre enmarcado en un concepto de funcionalidad, que se basa en el equilibrio entre recursos y diseño, con la noción romana de espacio público como lugar de encuentro.

La obra de urbanización definitiva del tramo del río –el del Palau– fue de 135.275 metros cuadrados, marcando un hito en la ciudad actual.

PALAU DE LA MÚSICA

El Jardín enriquece –y viceversa– al Palau de la Música, ya que ambos forman un conjunto que ha sido apropiado rápidamente como imagen valenciana.

El Palau de la Música es obra del arquitecto José María García Paredes, y se inauguró el 25 de abril de 1987 con un concierto de la Orquesta de Valencia, bajo la batuta de su director Manuel Galduf; y al éxito inicial se añadiría el de la mañana siguiente, con la actuación del Coro de la Filarmónica Nacional de Varsovia y la Orquesta de la RTV de Cracovia, dirigidos por Panderecky.

Un conjunto de salas permiten plurales conciertos; la sala principal, denominada Iturbi, tiene un aforo de 1.800 localidades y cuenta con un magnífico órgano; sigue la sala de música de cámara, para 420 espectadores; más dos estancias dedicadas a conferencias y un espacio de 400 metros cuadrados para certámenes plásticos.

Las principales orquestas y solistas del mundo actúan en el Palau de la Música, que es también sede de congresos internacionales y de la anual «Mostra de Valencia. Cinema del Mediterráni», organizada por la Fundación Municipal de Cine. Su programa de actividades se ha ampliado notablemente con audiciones para el público infantil, lecturas teatrales, la creación de un Taller de Ópera para jóvenes valores, exposiciones de pintura y escultura periódicas; encuentros de carácter literario y presentaciones de libros.

En este entorno de estanques con surtidores, columnatas, palmeras y naranjos, se han dado cita grupos de canto y danza de los países mediterráneos y han ofrecido recitales los grupos valencianos interpretando desde «El U i el Dotze» a la «Jota cofrentina», desde «El Bolero de Carlet» a «La dança de la Vall d'Albaida».

Jardín impregnado de música de laúdes, guitarras, dulzainas y castañuelas; zona, en fin, que superó pronto la reticencia a descender al viejo cauce, que en la orilla de la Avenida de Jacinto Benavente está orlado de enormes eucaliptus.

PARQUE DE GULLIVER

El parque Gulliver se extiende en el antiguo cauce del Turia, entre los puentes del Ángel Custodio y el camino de las Moreras. Todo en él resulta sorprendente dadas las dimensiones del mítico personaje concebido por Swift; basta un solo dato, la figura sobrepasa en 25 metros a la estatua de la Libertad de Nueva York; su longitud alcanza los 70 metros y se tuvo muy en cuenta el punto de mayor altura: 6 metros (borde de las solapas), para que no rebasara los pretiles del río.

Proyectado por el arquitecto Rafael Rivera, Gulliver fue modelado por Manolo Martín utilizando fibra de vidrio para resistir las inclemencias del tiempo, aunque su interior es de piedra y hormigón. Todo él está resuelto con toboganes y superficies para escalar. La moderna estética contó también con la colaboración de Mariscal para las señalizaciones; y de Sento, para los dibujos explicativos.

La posición elegida para el gigantesco Gulliver hace referencia al momento en que despierta en la playa de Lilliput. Y realmente, los niños que se deslizan por sus brazos, los pliegues de su chaquetón o la lazada parecen auténticos lilliputenses.

Al divertimento de escaleras y rampas sigue la aventura en el interior de Gulliver, pero con fin didáctico. Se han reproducido los monumentos más significativos de Valencia y los críos se sienten gigantes junto a las famosas construcciones. La imaginación se despliega.

La visita al Gulliver ha ganado tal popularidad que muchos domingos se cifra en cinco mil niños; y aunque la mayor atracción son los vericuetos y sendas para deslizarse, la zona ajardinada anexa ofrece más juegos, entre ellos dos tableros enormes de ajedrez donde los niños sustituyen a las piezas y una pista de monopatín que está siempre concurridísima.

Ficus, pinos, naranjos y sauces llorones dominan en el parque, que también posee un estanque y un quiosco. Desde el jardín del Gulliver, la ciudad cobra una dimensión de desarrollo acelerado; en el lado izquierdo se han construido fincas cuyas fachadas de cristal opaco reflejan el celaje y las grúas trabajan en torres que tiene más de una veintena de pisos. En la panorámica de la futura Avenida de Francia, como monolitos del ayer industrial, se han decidido respetar las chimeneas de «rajoles», que los artesanos dotaron de belleza con relieves de ladrillo visto en zig-zag e incrustaciones de azulejería en secciones simétricas y en la cenefa final.

RECUPERACIÓN DEL RÍO

De cara al mañana, en ese acercamiento al mar que la ciudad añora y persigue desarrollándose paralela al antiguo cauce del Turia, el Ayuntamiento y la Generalitat han decidido que los promotores de la avenida de Francia (en cuyo polígono se construirán 4.840 viviendas, con una media de 130 metros cuadrados) ejecuten el ajardinamiento del último tramo del río, el que media desde donde termina el parque Gulliver al puente del ferrocarril a Barcelona.

La propuesta de los arquitectos Rafael Narbona, Ángel Palomar y Jacobo Ríos-Capapé es tan ambiciosa como bella; se trata de recuperar la imagen fluvial a partir de una laguna, sin un nacimiento estricto y concreto que pudiera crear tensiones en el cauce seco que le precede. «*El agua brota del subsuelo* –especifican– *en una pequeña zona diferenciada de la laguna, vertiendo sus aguas a su cuerpo principal.*»

Para el centro de la gran laguna se ha pensado en una isla, ocupada por pradera, cipreses y rosaleda, a la que se accederá por pequeños puentes. Seguirán otras islas-bosque y con el fin de que el jardín se integre al exterior, los arquitectos diseñan suaves terrazas que en algunos puntos igualan la cota de las calles próximas.

Cuando los viejos pretiles estén presentes, las manchas de arbolado serán intensas; y a medida que la vegetación se acerque a las orillas del agua, dominarán las especies propias de los bosques de ribera hasta terminar con carrizales.

El proyecto abarca una superficie de 200.000 metros cuadrados y sus autores insisten en que la presencia del agua no ha de ser estática, sino la de un caudal regulable para su correcto discurrir.

Ambiente urbano y jardín se unirán en un redivivo Turia, cuyas aguas se contendrán en el azud del Oro, y sin apenas velocidad, entre palmeras y marjal discurrirán hacia el deseado mar.

Una Valencia asomada al Mediterráneo, a la luz naciente.

Todo un reto imaginativo por el que luchar.

Veges-Tu.

Zona del Ángel Custodio.

Puente de Calatrava. Desafiante y audaz, entre los antiguos puentes del Real y del Mar, se alzó el de Santiago Calatrava. Una estructura de acero, vanguardista, que pronto fue bautizado por el ciudadano de a pie como "la peineta".

Jardín del Palau de la Música.

ITINERARIO

ITINERARIO

- Calle Colón
- Calle Játiva
- Calle Marqués de Sotelo
- Plaza del Ayuntamiento

DESVÍO

- Calle Alicante
- Calle Gibraltar
- Calle Filipinas

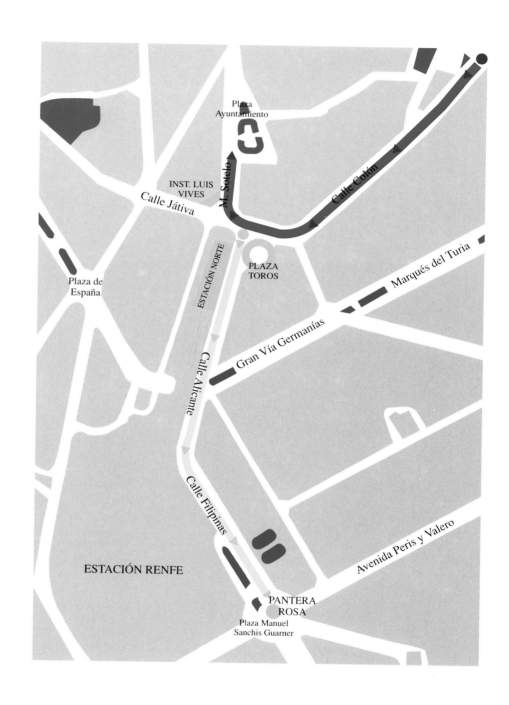

BULLICIO CALLEJERO

PLAZA DE TOROS

El coso taurino se alza en la bulliciosa calle de Játiva, recién cruzada la calle de Ruzafa (vinculada en la memoria ciudadana a teatros, vedettes y coristas). Cuando se edificó la plaza de Toros, entre 1850 y 1860, proyectada por Sebastián Monleón Estellés, aún no se había derribado la muralla cristiana. Sin embargo, aunque parecía un desafío citar a la afición en extramuros, se contaba con el antecedente de una plaza de madera estable, en el mismo lugar, propiedad del Hospital, construida en 1788 y derribada con motivo de la guerra de la Independencia. Desde el siglo XVI, por decreto real, el Hospital General de Valencia percibía un canon por las corridas que se lidiaban, lo que motivó explotar al máximo el medio benéfico en un tiempo que los toros constituían el espectáculo preferido por el pueblo y por una élite social, que permitía a las mujeres lucir trajes, mantillas de blonda y mantones de Manila. La afición a la lidia se remonta al siglo XIV; es citada en los «Manuals de Consells» como la costumbre de «correr e acanyisar bous» en las calles y plazas de la ciudad; afición que se incrementaría en el siglo XV cuando los caballeros, en corceles enjaezados, rejonean con lanzas.

La plaza es de planta poligonal, de 48 lados; 17.65 metros de altura y el redondel de 52 metros de diámetro. Exteriormente, la obra con una circunferencia perimetral de 298 metros, es de ladrillo visto, con decoración de orden corintio semejante al anfiteatro de Nimes y evocando al Coliseo de Roma. Verticalmente, el conjunto se articula con arcos carpanel en el piso bajo y de medio punto en los tres restantes con balaustrada de piedra; en total, 384 arcos. Imponente y bella, la plaza en el interior muestra pilares de sillería, columnas de hierro fundido, molduras, falsas pilastras y, como nota dominante, el ladrillo visto tanto en arcos, como bóvedas y muros, mientras que las jambas de las puertas son de piedra labrada.

En 1926 se sustituyó el tapial enlucido que la rodeaba por una cerca de ladrillo y hierro de fundición y forja, pero en 1967 se eliminó a la vez que se despojaba a la plaza de edificios anexos y se aumentaba su aforo, cifrado ahora en cerca de 20.000 espectadores.

Desde 1871, la plaza de Toros de Valencia queda vinculadísima a las «corridas de San Jaime», al fundarse en este año la Feria de Julio (inciiativa del comercio para retener a los valencianos durante el primer mes caluroso y atraer a forasteros de Madrid, Barcelona y localidades próximas). Durante décadas fueron llamativos los desfiles de los carruajes de caballo que, tras la corrida, acudían a la Alameda para enzarzarse en lucha de serpentinas y confetis.

Viejos carteles taurinos, anunciando la Feria y los diestros, citan nombres como Gordito, Currito, Bocanegra, Frascuelo y Lagartijo, mientras las crónicas amarillentas de aquel tiempo narran que un toro llamado Azulejo aguantó veintidós varas y mató doce caballos.

Vinculados a este coso taurino por la flamante Feria de Julio quedaron Cara-Ancha, Guerrita, Espartero, Fabrilo, Bombita, Maz-

zantini. Y dando un gran salto en el tiempo, Manolete, Arruza, Luis Miguel Dominguín, Ordóñez, el Litri, el Cordobés y un largo etcétera que nos llevaría a la actualidad y, precisamente, con toreros valencianos como Manzanares, el Soro, Enrique Ponce y Vicente Barrera.

Sin duda, la plaza de Valencia cuenta con la mayor difusión iconográfica gracias a la litografía Ortega, que ha impreso desde 1871 la más importante cartelística del mundo de la tauromaquia; originales de Ruano Llopis, Donat Saurí, Martí Font, Cros Estrems y Juan Reus siguen reproduciéndose artesanalmente. Se utilizan planchas de cinc previamente graneadas, en las que el dibujante litógrafo emplea lápices grasos para reproducir color por color, las nueve, diez y hasta once planchas.

Por su espléndida condición arquitectónica y localización urbana, la plaza de Toros fue desde siempre solicitada para los más diversos festejos y espectáculos; además de las novilladas y actuaciones de toreros cómicos, como los de la banda El Empastre, también en el ruedo se plantaron fallas. En 1866 se alzó la titulada «El Baile de los Negros» compuesta por figuras dotadas de movimiento; y aunque no fue continua la costumbre, de forma irregular se mantuvo hasta 1913. Zarzuelas, certámenes de bandas de música, festivales de flamenco; veladas de boxeo, lucha libre y «catch» (que gozaron de gran popularidad en la década de 1950), se enlazaron con patinaje sobre hielo, rock y actuaciones estelares, mítines de políticos y temporada circense apenas se anuncian los días navideños, cuando miles de bombillas, payasos y bellas trapecistas anuncian el mundo quimérico del «más difícil todavía».

En el patio caballos de la plaza, con acceso por el Pasaje del Doctor Serra, se halla el Museo Taurino instalado en varias salas: maniquíes que llevan trajes de luces de famosos espadas, vitrinas con estoques, muletas, banderillas; las chaquetillas que lucían los hermanos Fabrilo, nacidos en el barrio de Ruzafa y muertos en el ruedo valenciano en 1897 y 1899; carteles, fotografías y recuerdos de Granero (el mítico torero valenciano); piezas de taxidermia y, entre tantas curiosidades para el aficionado, la magnífica colección de diez grabados de suertes del toreo realizados por Goya, cuyas planchas originales datan de 1815.

Plaza de Toros.

ESTACIÓN DEL NORTE

El reloj de la Estación del Norte se integra, inconfundible –rodeado de flores y naranjas de cerámica– al cuerpo principal de la fachada, el que tiene la estrella, el escudo y el águila con las alas desplegadas sobre la esfera que simboliza el mundo.

La Estación es la obra más importante de Demetrio Ribes, arquitecto, doctor en físicas y matemáticas, que defendió siempre la función social de las construcciones y dio prioridad a lo racional supeditando lo ornamental a lo práctico. El proyecto data de 1906, estando considerado dentro de la corriente sezessionista con especial influencia de Otto Wagner.

El conjunto de la fachada se caracteriza por la estructura vertical y simétrica, pero donde más manifestó su teoría arquitectónica fue en el gran hangar superpuesto a los muros del edificio, logrando total independencia entre éstos y los arcos biarticulados roblonados.

En el vestíbulo y el restaurante –muy bellos antes de la desafortunada y reciente intervención– derrochó fantasía utilizando el mosaico y la cerámica para escenificar alegorías valencianas, con clara referencia a su riqueza agrícola y paisajes característicos de la huerta y la Albufera, destacando los panales diseñados por el pintor Mongrell (labradoras con amorcillos y abundantes frutos), que fueron realizados por Maujeman Hermanos.

La carpintería de las taquillas, las farolas del exterior y las columnas del vestíbulo; toda la obra fue resumen y ejemplo de edificación modernista de carácter público. Lástima que las ampliaciones, debidas a la mecanización de servicios le hayan restado su encanto primitivo. Por la extensa red de comunicaciones y en especial de cercanías, la Estación del Norte es un fluir constante de público; con los bancos siempre ocupados y llenos los quioscos y las barras de las cafeterías.

Paneles de mosaicos.

Vidriera interior.

LA PANTERA ROSA

En este caminar por la ciudad, a la altura de la Estación del Norte se propone el desvío por la calle de Alicante, a la que seguirán las de Gibraltar y Filipinas hasta desembocar en la plaza de Sanchis Guarner, donde se alza la más audaz de las fuentes.

Obra de Miquel Navarro, el escultor valenciano reconocido internacionalmente y Premio Nacional de Artes Plásticas, la fuente evoca chimeneas de «rajolars» sobresalientes en la llanura huertana; y es también pura abstracción de las torres de Paterna y Espioca.

Veinte metros de piezas de hierro, verticales, con el color de los vagones de tren de la estación próxima; vagones abandonados ya, abrasándose al sol. Piezas, por otro lado, cuyos perfiles sugieren insectos de campo. Sin embargo, los valencianos, más allá de la chimenea artesana, de la textura ferroviaria y del saltamontes, bautizaron a la fuente llamándola desde el primer día, la Pantera Rosa. Tal vez, por el sobrenombre popular, de gente aguda que arrastra desde siglos el no tomar en serio ni la vida, la Pantera Rosa se convirtió en referencia urbana, después de ser la fuente más polémica de la ciudad.

Es como un haz de vida, por la cascada que cae desde una altura de dieciséis metros. Rompiendo con toda tradición establecida, no fueron surtidores los que animaron una taza sino un caudal considerable que salta sobre la superficie de una extensísima balsa. Y bolas de hierro, agresivas, marcan el espacio que le pertenece, porque allí es imposible cultivar rosales, hibiscus o prunus.

Como las bombas de las alquerías, la fuente es análisis y réplica de los elementos que manipulaba el hombre para abastecerse de agua; observación que no ha llegado al ciudadano medio. Desafiante, se levanta en la explanada de mayor contaminación acústica, donde comienza la pista de Silla y el barrio de Ruzafa se crucifica. Entre señalizaciones, vallas publicitarias, camiones, vehículos cuba y turismos, se alza la fuente que acaparó por igual temas falleros que páginas en las publicaciones de vanguardia, nuestra Pantera Rosa.

Audaz fuente de Miquel Navarro.

INSTITUTO LUIS VIVES

Frente a la estación del Norte, en la misma ronda de circunvalación –aunque con la entrada por la Avenida del Marqués de Sotelo– se encuenta el Instituuto Luis Vives, centro vinculadísimo a la vida estudiantil valenciana, cuyo origen se debe a la fundación de un colegio de jesuitas (1562), el primero de España. La bula de erección la concedió el Papa Julio III, siendo sus promotores el canónigo de nuestra catedral Jerónimo Doménech y el arzobispo Santo Tomás de Villanueva.

Se edificó en el solar de unas casas con huerto y otras dependencias donadas por el convento de Santa María Magdalena. En un principio se llamó Colegio de San Pablo Apóstol y posteriormente se le añadió, Seminario de Nobles de San Ignacio, convirtiéndose más tarde –reinando Carlos III– en Real Seminario de Nobles Educandos de la Ciudad de Valencia, tras la expulsión de los jesuitas. Aún volvería la Compañía de Jesús –durante el reinado de Fernando VII–; pero con la Desamortización en 1835 el edificio quedó abandonado hasta que se reestructuró como Real Colegio de Internos de San Pablo; quedando inscrito al incipiente Instituto Provincial ubicado entonces en la Universidad Literaria.

Larga ha sido su evolución nominal: Instituto Provincial de Segunda Enseñanza desde mediados del XIX; Instituto General y Técnico desde comienzos del XX; y a partir de la década de 1930, Instituto Nacional de Enseñanza Media Luis Vives. Fue notorio el dinamismo que cobró en la posguerra (a partir de 1939), cuando rivalizaba con los colegios religiosos acogiendo a los adolescentes que, por su condición económica, no podían acudir a las aulas de los jesuitas, escolapios, salesianos o del Pilar. Eran los chicos que tenían que superar el complejo de sentirse de segunda clase; los chicos de las carpetas de cartulina azul, zapatos con medias suelas y suéter tricotado por la madre o por la abuela; alumnos que estaban dispensados de la matrícula si pertenecían a familia numerosa; les bastaba con tener tres hermanos, circunstancia frecuentísima en la época.

Fueron las generaciones del «examen de estado», del latín, el griego y el álgebra; las que tuvieron que aprender los nombres de los reyes godos, las obras de misericordia; las que comulgaban de octubre a junio los primeros viernes de mes ofrecidos al Corazón de Jesús; y celebraban el mes de mayo dedicado a María.

La visita al Instituto sorprende por su hermoso claustro; fechándose su más antigua referencia en 1745, gracias a la publicación de un certamen literario que se celebró en él, en el que se detallan veinte arcos y un pozo (hoy inexistente). Colgaduras, gallardetes, guirnaldas de mirto y velones debieron ambientar la velada, en la que se declamarían versos de amor, de ternura y de desesperación, como sucede en todos los certámenes poéticos que acontecen.

Las reformas se sucedieron en el edificio tanto para garantizar la seguridad del mismo, como para la adaptación del nuevo

tipo de docencia. El arquitecto municipal Sebastián Monelón re-dactó en 1862 un extenso proyecto en el que figuran las nuevas arcadas y columnas que cerrarían el patio, así como la galería que las coronó.

En 1970 surgió una polémica sobre la conveniencia de man-tener el Instituto en tan céntrico espacio urbano, pero ante los in-tereses que especulaban con el valor del suelo vencieron los que defendían su contenido artístico, resaltando la capilla barroca (con nueve retablos), las dos escaleras con zócalo de azulejería y el claustro por su grácil estilo. El arquitecto Colomina Barberá propugnó armonizar lo vetusto con lo moderno, mantener la misma altura, eliminar gruesos muros y pasillos para obtener un área de comunicación a través de la circulación por los claustros; y hoy, sobre el primitivo, aparecen dos más diferenciados por la estructura y los materiales.

Como estaba previsto, el claustro actualmente articula las au-las y sólo hay que cruzar una pequeña estancia para entrar en la capilla, declarada Monumento Histórico-Artístico Nacional en 1975, en donde se sigue celebrando la Eucaristía los miércoles y viernes a las 12.10 de la mañana, hora coincidente con el se-gundo recreo. También en la pequeña iglesia se imparte la confir-mación –totalmente voluntaria– a los alumnos que lo desean y han superado el curso de catequesis.

Preside la capilla un retablo barroco de columnas salomóni-cas, formado por tres cuerpos (obra del escultor y arquitecto Tho-mas Artigües), que corona un cuadro de la Inmaculada atribuido a un boceto de Joan de Joanes, enriqueciéndose el altar con es-culturas y pinturas valiosas.

El templo es de una sola nave con capillas laterales, poco profundas pero de gran calidad artística; sobresalen dos retablos barrocos, policromados, de columnas salomónicas, y otros dos retablos neoclásicos con filigrana plateresca. Y aún se añade a tan bello recinto la Capilla de la Comunión, conocida por Capi-lla Honda, inmediata al prebisterio, cuyo acceso es una arcada ornamentada en estilo rococó. En los muros y sobre medallones elípticos se enmarcan pinturas de ángeles y santos jesuitas, como San Juan Bermans y San Luis Gonzaga. Cuenta la Capilla Honda con dos altares, también con retablos de madera tallada y dorada en estilo barroco, ofrendados a San Estanislao de Kostka y a San Francisco Javier. La Capilla Honda, tan reful-gente, ofrece en sus muros una exaltación cerámica propia del XVIII. El zócalo que los rodea, en perfecto estado, muestra una gran variedad de motivos de flores y frutos (tulipanes, hojas, granadas, uvas, manzanas y dátiles) así como alegorías eucarís-ticas.

La devoción a María estuvo tan arraigada entre los jóvenes, que en 1775 se fundó una congregación para estudiantes bajo el título de la Inmaculada Concepción de la Virgen María y de San Luis Gonzaga; y todos los congregantes, al ingresar, ofrecían cuatro cirios o limosna equivalente. Congregación que se extin-guiría un año después de la Pragmática de Carlos III, por la que se expatrió a los jesuitas.

Como referencia anecdótica, se recuerda que Sorolla antes de que se enfrentará al paisaje en naturaleza abierta, fiel al costum-brismo de interiores, pintó «El beso de la reliquia» en la Capilla de la Comunión. El espléndido cuadro, fechado en 1893 y pre-miado en certámenes de París, Viena y Bilbao (a cuyo museo per-tenece), refleja con fidelidad la decoración, retablos, pavimento y zocalada que, transcurrido más de un siglo, subsisten.

Ayuntamiento.

ITINERARIO

ITINERARIO

- Plaza del Ayuntamiento
- Calle de la Sangre
- Calle Garrigues
- Avenida Barón de Cárcer
- Calle del Hospital

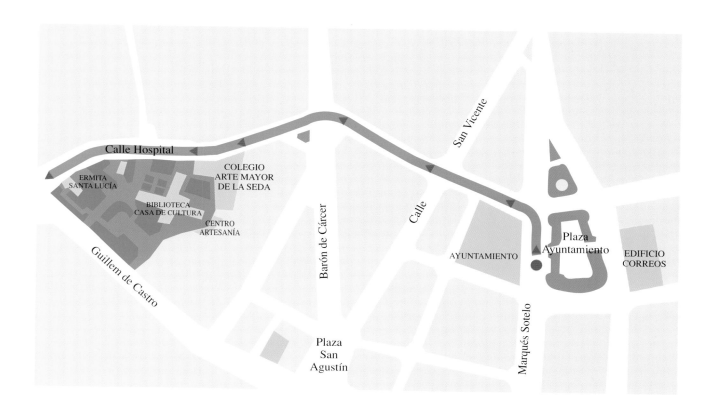

LA CASA DE LA CIUDAD

PLAZA DEL AYUNTAMIENTO

Ayuntamiento.

El perfil del Ayuntamiento, con sus cúpulas de cerámica dorada y sus torres, en las que sobresale la central del reloj, destaca en la gran plaza triangular, donde más torrecillas, edículos, templetes y figuras compiten en ostentación.

El neobarroco valenciano, basado en elementos propios, ofrece inacabable lectura en la fachada preferente; la de las guirnaldas rodeando columnas, amorcillos entre flores, pomos de naranjas y valencianas castamente desnudas. Desde el cuerno de la abundancia de la ciudad romana al casco del rey Don Jaime convertido en símbolo, nada se omitió.

Sobre la puerta principal se abre un arco en cuyas enjutas figuran alegorías de mármol, en mediorrelieve, de la Administración y la Justicia, obra de Mariano Benlliure, autor también del grupo en bronce del escudo municipal sustentado por dos desnudos femeninos que representan las Artes y las Letras. Las cuatro Virtudes Cardinales están igualmente interpretadas en estatuas de mármol; Carmelo Vicent realizó la Justicia y la Pudencia; y Vicente Beltrán, la Fortaleza y la Templanza.

El proyecto del edificio lo firmaron Francisco Mora y Carlos Carbonell. Las obras comenzaron en 1905 y, realmente, concluyeron después de amplia remodelación en 1950. Se completaba así la gran Casa de la Ciudad, que se había trasladado en 1854 a las Escuelas del Arzobispo Mayoral; edificio del siglo XVIII recayente a las calles de la Sangre, Arzobispo Mayoral y Periodista Azzati, unido e integrado –cuando no invadido– por el nuevo cuerpo.

Al ciudadano de a pie le gusta el edificio del Ayuntamiento, recortado sobre el cielo azul y esas nubes blancas, ornamentales, que capta la típica postal; le impone el hemiciclo decimonónico donde igual se celebra la apertura de un congreso científico, que se da la bienvenida a un monarca extranjero, que se exalta a las falleras. De planta semicircular consta de estrado para la presidencia y graderío y tribunas para el público. Columnas de granito pulimentado con aplicaciones de bronce; portadas y testero de mármol y pinturas «art déco» de Luis Dubón (alegorías de Valencia) configuran la estancia; y despierta admiración el Salón de Fiestas con deslumbrantes lámparas de cristal de Bohemia, consolas, tallas doradas y plafones pintados al óleo por Salvador Tuset; además de la serie de desnudos obra de Vicente Beltrán, Carmelo Vicent, Enrique Giner y Vicente Coret.

Como homenaje al pasado, en la entrada por la calle de la Sangre, aún se puede leer en la fachada: «Real Enseñanza gratuita de niños y Colegio de Educandas». Los muros son sobrios, con sobresalientes verjas; y en el interior, en el laberinto de corredores, existe una azulejería popular que ennoblece las escaleras y llena de paneles con santos y ángeles los más inverosímiles rincones. Totalmente distinto es el ámbito del patio acristalado –construido en 1946–, gran sala de doble altura que evoca decimonónicos invernaderos.

El Archivo Museo Histórico del Ayuntamiento conserva los documentos más valiosos de la Historia de Valencia: el códice dels Furs recopilado en 1329, el códice del Consolat del Mar con delicadas miniaturas de Domingo Crespí realizadas en 1407; el Penó de la Conquesta, la Real Senyera, el plano delineado por el Padre Tosca en 1704, la famosa Taula de Camvis, la llave musulmana de la ciudad y banderas gremiales. También, Manual de Consells (el primero de ellos data de 1306), libros de clavería, de protocolos, de Fábrica de Murs e Valls, cridas, cartas misivas, etc.

En la sala del códice dels Furs se admira la decoración mural de Ramón Stolz Viciano; representación de los reyes de Valencia: Jaime el Conquistador, Pedro I el Grande, Alfonso I el Franco, Jaime II el Justo, Pedro II el Ceremonioso, Juan I el Cazador, Martín el Humano y Alfonso III el Magnánimo; además de un caballero enarbolando la Senyera y en panel independiente, Vinatea cuando protesta ante el rey Alfonso el Benigno por el contrafuero urdido por la esposa del monarca, Leonor de Castilla.

Día sí, día no y el del medio, en nuestro Ayuntamiento se celebra alguna recepción y con harta frecuencia la imponente escalinata de mármol italiano, de estilo neoclásico, queda flanqueda por guardia uniformada. Espectación y acontecimiento; la Casa de la Ciudad al unísono de sus gentes.

La plaza es estimulante. Suenan las campanas del reloj que nadie escucha, vuelan las palomas, hay múltiples puntos para las citas, los quioscos ofrecen flores y plantas y todo turista, de los que permanecen en Valencia 24 horas, se sienta frente a una mesa de las múltiples terrazas, para quedar anonadado por el ir y venir de la gente que si se conoce gusta de prolongar el saludo con un diálogo.

El afán por la simbología y la monumentalidad quedan manifiestas en el edificio de Correos y Telégrafos. Grandilocuente, con

Correos.

Fuente de la Plaza.

escalinata, tres arcos de acceso, columnas y pilastras, parece guardar cierta semejanza o pretendida armonía con el Ayuntamiento. También con dos cúpulas y una torreta de hierro, que se desmontó hace unos años, el proyecto de Miguel Ángel Navarro –1915 aunque inaugurado en 1923–, posee el aire triunfal que le confieren grupos escultóricos. En la fachada, cinco figuras representan los cinco continentes y, coronando la construcción, tres ángeles junto a un ferrocarril; y otros tres ángeles con una barca. Alegóricas composiciones, en una arquitectura ecléctica y afrancesada, que hacían referencia a un rápido servicio para la correspondencia; alas para las cartas que llegaban a su destino, bien por vía férrea o por el camino del mar.

Los ángeles parecían velar para que las cartas de amor: «Cariño mío»; las del pésame: «Estimado amigo, en estos momentos...»; las cartas aburridísimas del «Muy Sr. mío», o las del chico estudiante: «Estoy muy bien, pero me quedé sin una peseta»... los ángeles velaban para que todas las cartas, hasta las que adjuntan propaganda para hacerse millonario y triunfar en la vida; todas, todas, fueran leídas antes de 48 horas. Claro que los ángeles debieron cansarse de su misión cuando nadie creyó en su existencia.

Las figuras de los seres alados, muy efectistas, cobran belleza en el momento que les resbala el sol del atardecer, aunque son indiferentes para el ciudadano que va en coche pendiente del ámbar del semáforo, o como un autómata para acudir a las ocho y media cuando ya son las nueve menos cinco.

Los ángeles pertenecen a quienes miran a lo alto –aunque tropiecen–; a quienes descubren, igualmente, el león de Eusebio Arnau, en la cima del chaflán Avenida Marqués de Sotelo y plaza del Ayuntamiento; ese león familiar en nuestra panorámica urbana, observador de cuanto sucede en el enclave neurálgico; león testigo de manifestaciones, cabalgatas, procesiones, retretas y verbenas; la escultura que adquiere protagonismo especial en las noches con fuegos de artificio, al resaltar entre lluvia de candelas multicolores. En la iconografía de la plaza también cuenta la robusta matrona que representa a la Justicia, en la finca de «La Equitativa», del arquitecto Vicente Rodríguez Martín (año 1927), con notoria influencia del clasicismo académico.

Común a la mayoría de los edificios son los elementos casticistas y la interpretación de formas que evocan construcciones francesas, sobre todo en los chaflanes enfatizados con cúpulas.

El peculiar neogótico de Francisco Mora se puede apreciar en la esquina de la calle de Correos (1909); también del mismo arquitecto y el mismo año es la finca historicista en vertiente neoplateresca (número 22), con arcos lobulados y medallones que recuerdan los de la Lonja.

Por su vinculación al dinamismo social, cabe citar el edificio del Ateneo Mercantil, según proyecto de los arquitectos J. Zavalas, F. Arzadum y M. Ribas Eulate, cuyas obras comenzaron en 1935 y finalizaron en 1941, bajo la dirección de los arquitectos Emilio Artal Fos y Cayetano Borso di Carminati. Al Ateneo perteneció durante décadas una clase media de comerciantes, empresarios y gente de profesión liberal, que en las décadas del 50 al 70 apoyaron múltiples actividades como teatro, cine forum, presentación de libros y jornadas de conferencias. Cuenta con salones de juego, biblioteca, hemeroteca y buen número de obras de arte.

Junto al Ateneo Mercantil se halla la singular finca del Rialto, del arquitecto Borso di Carminati (proyecto de 1935). Racionalista con influencia art déco posee también interesante fachada en la calle de Moratín. La rehabilitación a finales de los ochenta respetó las grandes letras de su inconfundible fachada. Rialto seguirá siendo referencia para los cinéfilos valencianos. En la irregular sala, de altísimo techo, la magia del cinematógrafo cautivó con las comedias musicales americanas de Ginger Rogers y Fred Astaire; y a los salones con espejos y doncellas negras, seguirían las películas que ensalzaban el espíritu patriótico; llegaron Juana la Loca y Agustina de Aragón. Rialto nos mostraba la España de las heroínas, de los toreros, de las monjas que acunaban incluseros y de los hidalgos. «Cifesa» nos engañaba maternalmente con sus producciones y Rialto acogía a una

generación de novios que se casarían cuando él aprobase las oposiciones a notario. Eran los que se abrazan tímidamente en la pista de baile –que albergaba el mismo edificio–, cuando sonaban los boleros: *«Eres como una espinita / que se me ha clavado / en el corazón.»* Y todos vivían un poco dormidos en el vientre de Rialto.

Fincas racionalistas se admiran desde la calle Barcelonina a la de San Vicente. La de Joaquín Rieta Sister (proyecto de 1931) sobresale por su carácter racionalista con influencia art déco. Es de diez plantas, un ático y torre. El trabajo de ladrillo visto –en dos tonos– el diseño de las barandas y los paneles cerámicos caracterizan la fachada.

Plaza del Ayuntamiento para múltiples lecturas arquitectónicas; plaza que sin ser monumental atrapa con su acorde conjunto y, sobre todo, por su nervio vital. Bancos y agencias de viajes, joyerías, cafeterías, comercios tradicionales, boutiques ultramodernas, administraciones de lotería, bazares, pastelerías…Y en medio de los pasos de peatones, como pidiendo perdón, una gran fuente de surtidores con juegos de agua y luces, fontana que en un principio se pretendió que fuera musical. Utopía pura en la plaza de un pueblo que habla y ríe, aún en la madrugada.

Finca del arquitecto Borso di Carminati.

Ayuntamiento.

Archivo Municipal.

Salón de Cristal.

COLEGIO DEL ARTE MAYOR DE LA SEDA

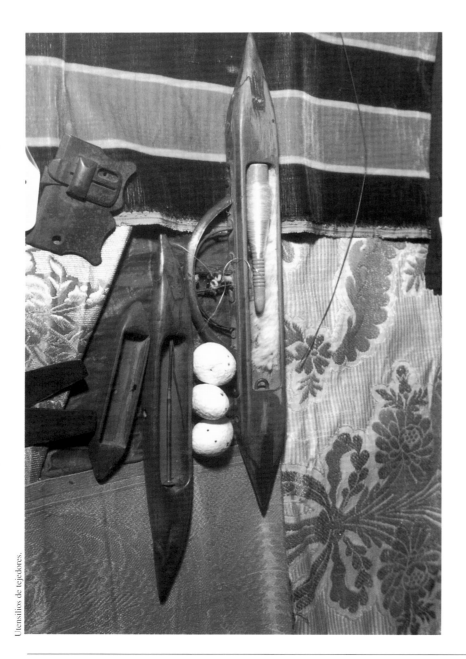

Utensilios de tejedores.

Declarado Monumento Histórico Artístico en 1981, el Colegio del Arte Mayor de la Seda alberga el Museo de las Sedas y Maquinaria de los siglos XVII al XX. El edificio, en la calle del Hospital, número 7, testimonia la pujanza del gremio de los «velluters», cuyos emblemas: león, capelo, lanzadera, hierros y «tallarolas», aparecen en azulejos, sedas y lienzos. En la fachada del palacete destaca el altorrelieve de San Jerónimo (obra de Ignacio Vergara), tallado en piedra y fechado en 1756; y a ambos lados, se abren los balcones (forja de hierro y azulejos polícromos del siglo XVIII). En el zaguán hay un arco de decoración esgrafiada en color plomizo, con el anagrama de María en el centro; pórtico con una escalera a la derecha que conduce a las dependencias de la Escuela de Tecnología Textil; y una escalinata, a mano izquierda, de barandilla de hierro y azulejería barroca que desemboca en el amplio vestíbulo (13 por 4.80 metros), cuyo pavimento está formado por ladrillos rojos combinados con otros dieciochescos (llamados de la «pometa»); estancia que comunica con el grandioso salón de actos (9 por 10 metros), cuya sola descripción merecería una crónica dedicada a las alegorías del piso de azulejos: la Fama, dama central codiciada por otras figuras femeninas que, en las esquinas, representan a cuatro partes del mundo; mujeres que conducen carrozas tiradas por distintos animales: caballos, la de Europa; leones, la de África; elefantes, la de Asia; y caimanes, la de América.

En el techo, San Jerónimo (elegido patrón de los sederos por creer que fue el primer cardenal que utilizó vestiduras de seda), fue pintado entre rocalla y angelotes que sostienen una filatería: *«Ni por pobre, ni por rico; ni propincuo y extraño; ni por conocido o no, declines el recto juicio.»* También San Jerónimo preside la capilla, de pavimento formado por azulejos blancos y verdes –del «mocadoret»–, y retablo de azulería fechado en 1700, donde de nuevo San Jerónimo, anciano y calvo, aparece rodeado de guirnaldas multicolores y floridas.

El oratorio comunica con un pasadizo y estrecha estancia, en la que comienza una escalera gótica, de caracol, labrada en yeso y adornada con profusión, atribuida a Pere Compte (uno de los autores de la Lonja).

La historia de la seda, el desarrollo y vicisitudes, toda la riqueza documental de más de 500 años se halla en actas, libros y objetos expuestos en vitrinas; desde la colección de cuños y xilografías a los utensilios del oficio, como «varguetes», «tisores», «ferros», vara valenciana para medir; desde las banderas conmemorativas del IV y V Centenario de la Canonización de San Vicente Ferrer, a los retratos de quienes impulsaron la fabricación: José María Jacquard y Joaquín Manuel Fos. Una completísima colección de sedas enmarcadas constituye otro atractivo del museo gremial; bellísimos tejidos donde la plata y el oro se combinan con variadísimos colores, así como los telares manuales para el damasco, brocado y espolín.

La seda arraigó en Valencia con los árabes, que la trajeron de las islas de Sicilia, Candia y las costas de África, aunque el tejido se enriqueció después de la Conquista (año 1238) con la llegada de artesanos especializados de Flandes, Italia y Francia. En el reinado de Alfonso el Magnánimo existían 13.000 telares y se calculaban unos 120.000 en los pueblos de la provincia. En tal espléndido siglo XV los «velluters» se agruparon en un gremio y promulgaron las Ordenanzas, que confirmaría Fernando el Católico el 13 de octubre de 1479. También fundaron la Cofradía de San Jerónimo y para la sede de actividades corporativas se adquirió la Casa Colegio, que ocupa todavía hoy, por 480 libras de reales valencianos.

Las sedas valencianas se introdujeron en Europa destacando por la filatura, colorido y estampación; y fue el Papa Borja, Alejandro VI, quien promovió la exportación a Italia, al embellecer con damascos, brocados y tisúes su residencia, además de realzar con ornamentos la pomposidad de las ceremonias litúrgicas.

El gremio de terciopeleros o «velluters» pasó a llamarse Colegio del Arte Mayor de la Seda en 1686; y la entidad veló siempre por la perfección del tejido; consta que el 31 de enero de 1784, en la plaza del Mercado, el verdugo quemó ocho piezas por encontrarse *tramadas a un cabo y, por lo mismo, faltas de peso*. A los infractores se les multó con 30 libras y sus nombres figuraron en un rótulo, como castigo pregonado.

Sintetizando la historia sedera, reseñar que con la abolición de los Fueros, la vida gremial se resintió enormemente, resurgiendo después con la protección de Carlos III, que autorizó a usar telares sin límite, la admisión de mujeres en el oficio, libertad para modificar pesos y estampación y excluyó del servicio militar a los torceadores y tintoreros de seda.

La producción era de más de 500.000 libras a mediados del siglo pasado y se hallaba en pleno apogeo cuando aconteció la epidemia que afectó al gusano de seda a la vez que se inicaba la comercialización con los japoneses; como consecuencia sobrevino la tala de moreras y la disminución de la cosecha de capullos. Nunca más se recobró aquella importancia; sin embargo, perduran unas empresas que, en tercera y cuarta generación, además de haberse industrializado y exportar damascos y brocados a un amplio mercado internacional, mantienen artesanos especializados para el espolín –o tejido de casulla–, cuya delicada realización sólo permite conseguir veinte centímetros de tejido en una jornada.

Gracias a la indumentaria valenciana, al traje de labradora del siglo XVIII que visten las mujeres, jóvenes y niñas en los días de fiesta mayor, especialmente en las Fallas; y al deseo de lucir el valioso espolín, Valencia mantiene la más costosa producción textil, la tradición artesana de un gremio que pervive.

Mural de San Jerónimo, patrón de sederos.

Pavimento interior.

JARDÍN DEL ANTIGUO HOSPITAL

Olivos, cipreses, palmeras, chopos y yucas, se prodigan en el lugar que ocupó el antiguo Hospital Provincial, aquel de las enormes salas y la inclusa de niños recibidos a través del torno.

Diseñado por el ingeniero técnico agrícola Salvador Almenar, el jardín mantiene las directrices clásicas, pero con tan numerosos restos escultóricos que se convierten en la nota dominante.

En la parte recayente a Guillén de Castro, a modo de pórtico se colocó la triple puerta de la Facultad de Medicina, con medallones que representan a Andrés Piquer, Crisóstomo Martínez, Hipócrates y Abens Chol Chol; destacando en segundo término la figura sedente de Esculapio, el dios romano de la medicina identificado con el Asclepio griego, el que curaba en templos junto a fuentes termales. Fue obra de Aixa, el mismo escultor que realizó los bajorrelieves simbólicos sobre la Medicina, enfermos y médicos que, actualmente entre columnas, presiden una terraza con aspecto escenográfico.

Columnas completas y fragmentadas delimitan espacios con total eclecticismo; así, entre palmeras se descubre la escultura de Ramón de Soto «A la Mar Mediterránea Fecunda», inaugurada en 1982; y a pocos metros, cerca del Capitulet, entre cipreses, la gran figura del padre Jofré que esculpió también Aixa.

Del conjunto hospitalario subsiste el Capitulet; la pequeña iglesia de ventana abierta que permite contemplar la imagen. Una lápida recuerda la historia: *«Primitiva Capilla de la Real Cofradía de Nuestra Señora de los Inocentes, Mártires y Desamparados, donde el pueblo valenciano por primera vez admiró y veneró la Santísima Imagen original y donde se instaló la Real Cofradía en 1411. – Renovada por la misma Corporación en 1667. – Restaurada en 1867.»*

A la sombra de las falsas pimientas, frente a la estatua de Fray Joan Gilabert Jofré, es obligado recordar que el fraile mercedario salió en defensa de los locos (els folls), a los que apedreaban, y consiguió que nueve mercaderes valencianos, apoyados por el Consell General de la Ciutat, obtuvieran fondos y privilegios para fundar el «Hospital dels Folls de Sancta Maria dels Ignoscents»

Las obras del primitivo hospital comenzaron en 1409. Seguirían ampliaciones, edificios anexos, a lo largo de los siglos. También se construiría la Facultad de Medicina en 1885, cuando se trasladaron los enfermos mentales al convento de Jesús, en el barrio de Patraix. En el jardín de olivos, cipreses y columnas se pueden recomponer capítulos de un pasado vinculado a la ciencia médica, a la baja condición social de locos, enfermos y niños expósitos y a devociones arraigadas.

La idea de convertir el Hospital en Casa de la Cultura o Biblioteca Pública no cristalizó en afortunada obra; y a principios de los sesenta se derribó la iglesia y un impresionante crucero. A pesar de ello, la parte más importante de la Biblioteca Pública ocupa otro antiguo crucero formado por tres naves en cada brazo con planta baja y piso, en donde se han respetado los paneles de azule-

Figura de Esculapio.

jería barroca y detalles que evocan ciencia y creencias del pasado; el tiempo de los enfermos insanos –por mala gestación, parto y herencia–; los vesanos –debido a la mala alimentación–; los melancólicos –fruto de su constitución moral– y los lunáticos –víctimas de la luna llena.

En la zona del jardín que linda con la entrada a la Biblioteca (calle del Hospital), se halla el sencillo monumento que firmó Esteve Edo ofrecido a Nicolás Primitiu Gómez (piedra erecta con la efigie en medalla de bronce): *«Patriarca de la cultura valenciana, investigador de la nostra historia, protector de les nostres lletres.»*

A la misma calle del Hospital (fincas de lujo y pequeños restaurantes), da la puerta exenta del siglo xv formada por un arco bajo tejaroz albergando una imagen de la Virgen; y casi a la esquina con Guillén de Castro se alza la ermita de Santa Lucía, que se viste de fiesta el 13 de diciembre. Voltean las campanas de la espadaña, se instalan puestos de «porrat» y dulces secos a la entrada y acuden músicos de «tabalet», para recorrer la zona tocando los tamboriles.

La ermita es pequeña, de definición gótica pero recubierta con arcos de medio punto. La ornamentación pictórica, la abundancia de candelabros, manteles de altar con puntillas y ángeles entre nubes y floreros le dan apariencia de alegre ingenuidad. El retablo es barroco, dorado y resplandece el día de la Santa, la mártir que muestra los ojos en una bandejita de plata.

El jardín que rodea la iglesia por la parte posterior, aún guarda más insospechadas figuras, como la reproducción ampliada del Guerrero de Moixent, cuyo original se conserva en el Museo de Prehistoria; la pieza fue hallada el 21 de julio de 1931, en la partida Bastida de les Alcuses (Moixent); y se calcula que data de finales del siglo v o comienzos del vi antes de Cristo.

El ámbito: Colegio del Arte Mayor de la Seda, Biblioteca Pública, Capitulet, Ermita de Santa Lucía y Jardín fue declarado Conjunto Histórico Artístico el 28 de noviembre de 1963. Un jardín-relicario.

BIBLIOTECA PÚBLICA VALENCIANA

Salvado el valioso crucero del Hospital, se destinó a un nuevo y adecuado edificio para instalar la Biblioteca Pública que la ciudad necesitaba. Con el asesoramiento de bibliotecarios la obra la realizó el arquitecto Vicente Pastor, inaugurándose el 24 de febrero de 1979. Fue la primera biblioteca concebida para uso exclusivo de las funciones de organización, conservación, procesamiento y difusión de material bibliográfico y no bibliográfico (audiovisuales, diapositivas, mapas, carteles, CD Rom, etc.).

La donación de la biblioteca de Nicolau Primitiu Gómez-Senent, ilustre bibliófilo valenciano, cuyo primer lote fue de 15.000 volúmenes, al que se unieron 10.000 más de idéntica procedencia, se incrementó pronto con las del poeta Badenes, Mosén Josep Espasa, profesor Manuel Sanchis Guarner, reverendo don Salvador Pallarés Ciscar, Adolfo Pizcueta, Luis García Ejarque, Muñoz Orts, etc. constituyendo la base de la específica Biblioteca Valenciana; independiente de los fondos de la Biblioteca Pública. Sin embargo, desde su fundación, por la política de adquisiciones y de importantes donativos de personalidades valencianas y de Instituciones fue en aumento y hoy la Biblioteca está exigiendo su ampliación.

Todos los trabajos y tareas que hacen referencia al procesamiento de fondos, desde la adquisición a un préstamo se realizan de forma automatizada, de manera que el lector puede acceder a la información desde cualquier punto de servicio de la Biblioteca, siendo lo más práctico que consulte el mismo los OPACS (Catálogo Automatizado de los fondos de la Biblioteca) en la entrada del edificio para dirgirse con más seguriad a la sección o servicio que le interesa para acceder al libro. Los catálogos tradicionales se han convertido en base de datos bibliográficos.

Las salas siempre están llenas y a pesar de esa falta de espacio comentada, las actividades culturales como presentación de libros, exposiciones, concursos literarios y de revistas escritas por niños, marchan con el ritmo de un programa concebido cada curso, al que se suma el de la Asociación de Amigos de la Biblioteca Pública con su taller de escritura, lecturas poéticas y homenaje a escritores.

Es interesante visitar la Biblioteca Pública de Valencia para calibrar la magnífica restauración y adaptación que se logró distribuyendo la superficie en dos plantas en forma de cruz, consiguiendo cuatro grandes salas en cada planta que convergen en un espacio central. Se combinó, sin temor, las columnas del crucero renacentista con mamparas de cristal y elementos funcionales. Y la admiración se acrecienta descubriendo los paneles

Puerta exenta del siglo XV.

cerámicos del XVIII que pertenecían al tríptico del crucero de la antigua iglesia del Hospital, hoy independientes, separados de su emplazamiento. Se tratan de las imágenes de San Joaquín, Santa Ana y la Virgen del Carmen, Simón Stock y ánimas.

En los azulejos dominan el amarillo, naranja, verde azulado, morado, azul, manganeso y marrón. El dibujo correcto de San Joaquín induce a pensar en un pintor de formación académica, mientras la iconografía de Santa Ana y la Virgen niña coincide con la estampa del repertorio editado por la imprenta Viuda de Josep Orga de Valencia, de mediados del siglo XVIII; a la vez que la Virgen del Carmen y Simón Stock parecen inspirados en un grabado anónimo de la colección Municipal.

Guirnaldas, floreros, rocallas, cartelas como la que reza: «*S. A. Ana Abuela de Christo*»; querubes y almas del Purgatorio implorando piedad, que debieron de recibir jaculatorias, contrastan en el ámbito de la Biblioteca Pública de Valencia, cuyo catálogo se pudo consultar a través de Internet desde los primeros días de marzo de 1996.

Se trabaja de cara al mañana.

Antiguo crucero del Hospital.

ITINERARIO

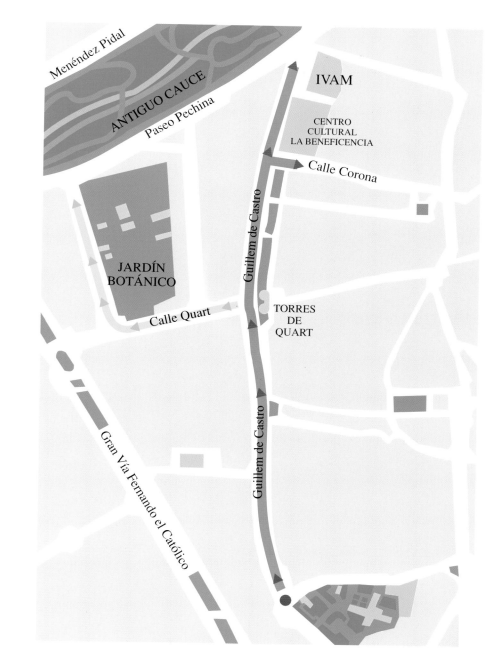

ITINERARIO

- Calle Guillem de Castro
- Calle Corona

DESVÍO

- Calle Quart

LA RONDA

TORRES DE QUART

Continuando la ronda que marca ahora la calle Guillén de Castro, zona comercial especializada en puertas, balcones y rejas, se llega a las impresionantes Torres de Quart, declaradas Monumento Histórico-Artístico Nacional en 1931. El nombre lo deben a que el portal daba acceso al camino que conducía a Quart de Poblet, localidad de la huerta distante unos cinco kilómetros, aunque también se llamaron de la Cal, ya que en el siglo XVIII era obligado que entrara por allí la cal que se vendía en la ciudad.

La actual construcción data de 1441; fue obra de Pere Bonfill según modelo de las torres de Castell Nuovo de Nápoles, de Guillem Cabrera. En 1449 se colocaron las puertas, que se renovaron en 1490.

El aspecto guerrero de las dos torres cilíndricas al exterior y achaflanadas en la parte interior, unidas por un cuerpo más bajo en el que queda la puerta con arco de medio punto, queda realzado por los matacanes que rematan las almenas. La construcción es de mampostería con piedra sillar en aristas, ángulos, bóvedas y arcos. Muy integradas a su iconografía persisten, en los muros, las huellas de los proyectiles de las tropas de Moncey el 28 de junio de 1808.

En la historia de las Torres de Quart siempre se hace referencia a su etapa de prisión; fue en 1649 cuando el arzobispo y virrey de Valencia, Fray Pedro de Urbina y Montoya, solicitó al Ayuntamiento licencia para instalar *«cárcel que recluyese a las mujeres no prostitutas»*. En el anecdotario cabe recordar que se escaparon todas en 1662, lo que motivó el aumento de guardia. En 1813 las reclusas fueron enviadas a la Casa Gremial de los Zapateros. Diez años más tarde, las Torres fueron cárcel de hombres y, posteriormente, prisión militar.

Por razones burocráticas y del ejército, las Torres de Quart no pertenecieron al municipio valenciano hasta 1931. Fue don Aniceto Alcalá Zamora quien aprobó en las Cortes que se devolviese al Ayuntamiento de Valencia *«el inmueble usufructuado por el ramo de la guerra, para destinarlo como edificio artístico e histórico»*. Y se decidió albergar un museo de cerrajería artística, una extraordinaria colección de factura artesanal conseguidos en la fragua, con dominio en el manejo del martillo golpeando las piezas sobre el yunque.

Desde las Torres, por la calle de Quart, a unos ciento cincuenta metros, admirando en la perspectiva el campanario modernista del arquitecto Carlos Carbonell (1906); torre de la iglesia de San Miguel y San Sebastián (ésta del siglo XVIII y poseedora de bellísima zocala de azulejos) se descubre la frondosidad de un inmenso jardín.

JARDÍN BOTÁNICO

La propuesta de un Jardín Botánico en Valencia la formuló en pleno siglo XVI Juan Plaza, doctor en Medicina y titular de la cátedra de «Herbes i Simples de l'Estudi General de València» que organizaba excursiones con sus alumnos para la práctica y herborización de plantas. Sin embargo, aún tendría que pasar tiempo para que el proyecto dejara de ser utopía; fue en 1631 cuando Melchor de Villena, catedrático de «Herbes i Simples», logró un jardín en el huerto Hospital de San Lázaro para explicar sus clases. Años más tarde, Gardenci Senach, también dio clases prácticas en el jardín de la calle de Sagunto, pero no tuvo continuidad. Igualmente fracasó el proyecto del rector Lores, en 1757, que apoyado por la Real Sociedad de Amigos del País quería crearlo en la Alameda.

En 1802 se instaló el actual jardín Botánico en el huerto de Tramoyeres, a imagen de lo que venía haciéndose en Europa. La dirección fue encomendada a Vicente Lorente, catedrático de Hierbas de la Facultad de Medicina, quien dispuso la Escuela Botánica siguiendo la ordenación de Linneo y se vivió un período de intensa labor científica hasta la invasión francesa, en 1813, quedando después en lamentable situación. Cabe recordar que el propio Lorente defendió el jardín y fue encarcelado y condenado a muerte, salvándose gracias a la intervención del botánico francés León Dufour. El jardín resurgió en 1829, bajo la dirección de José Pizcueta. Se am-

Invernadero del Jardín Botánico.

plió y se construyeron el umbráculo y un invernadero de hierro y vidrio. Se llegaron a cultivar más de 6.000 especies y se realizó un herbario. Al morir Pizcueta le sucedió Rafael Cisternes, quien inició la publicación de un catálogo anual de semillas, que todavía se edita. En la segunda mitad del siglo XIX –bajo la dirección de José Arévalo Baca y Boscá Casesnoves– se incrementó el carácter práctico y experimental de las plantaciones respondiendo al impulso de la agricultura en Valencia, de manera que el Jardín Botánico asesoró y proporcionó semillas y plantas a los agricultores. En esta etapa acontece nueva ampliación, se construyen diversas estufas de aclimatación, así como el invernadero denominado «de la balsa» y se inaugura el umbráculo. Francisco Beltrán Bigorra asume la dirección en 1913, establece relaciones con los principales jardines botánicos del mundo e incrementa las colecciones, pero la guerra civil 1936-1939 y la riada de 1957 causan un profundo deterioro; se destruye el herbario, desaparecen los archivos históricos, se arrasan las colecciones de plantas y se inicia el declive. Arruinado y sufriendo el abandono económico de años, es nombrado director Ignacio Docavo Alberti en 1962, que inicia la reconstrucción de la biblioteca, semilleros y laboratorios; se restaura la estructura del umbráculo; se instalan un acuario y un aviario y se logra una infraestructura mínima para su funcionamiento. Por fin, el catedrático de Botánica de la Facultad de Farmacia, Manuel Costa –nombrado director en 1987– concibe un ambicioso proyecto de restauración presupuestado en 400 millones de pesetas, que sufragan al 50% la Universidad y la Generalitat; y en 1991, tras la culminación de las obras, se abren las puertas del renacido Jardín Botánico recuperando su puesto como el más original e interesante de España.

Hoy cuenta con más de 4.000 especies y variedades de plantas, entre las que sobresalen los 350 árboles ejemplares. Gigantescos, invencibles, en los que se cobijan pájaros todo el año. Destacan el *Ginkgo biloba*, árbol sagrado «de los 40 escudos» de China, venerado en el Templo del Cielo de Pekín y también en Japón; el árbol de «la lana» de Brasil, el parasol chino, el gran nogal americano, el zalkova del Cáucaso; y las grandes palmeras, como la «carcasa» de 34 brazos, o el *Trachicarpus excelsus* de China, única variedad del género palmiforme que resiste las bajas temperaturas.

Aunque al visitante se le proporciona una guía didáctica, en la que se recomienda un itinerario para descubrir fácilmente los árboles importantes, caminar por este parque que mide más de 41.000 metros cuadrados sin ruta determinada, resulta sugerente en extremo; tan pronto cautivan las magnolias grandifloras, como las araucarias de Australia, o los troncos rojizos del madroño griego. El encanto del Jardín Botánico queda realzado por las construcciones totalmente restauradas, como el umbráculo que proyectó el arquitecto Arturo Mélida en 1897 que, construido en hierro, está formado por una serie de arcos de medio punto apoyados sobre machones de ladrillo. También el invernadero es notable edificio que subraya la transcendencia en la historia de la arquitectura del hierro, ya que en él se efectuó una de las más tempranas aplicaciones de los nuevos materiales constructivos del siglo XIX en Valencia y, posiblemente,

en España. Su espléndida estructura férrea sostiene 465 metros cuadrados de vidriera (4.342 piezas de cristal). El proyecto fue realizado por el arquitecto Sebastián Monleón, siendo el autor de la cerrajería Francisco Seytre, ambos valencianos.

Las horas no cuentan en el Jardín Botánico, en el que conviene admirar todas las colecciones, desde las de la «Muntanyeta», con un plantamiento a base de rocalla alrededor de un pequeño lago en cuya superficie y orillas crecen la lenteja de agua, los nenúfares, la enea, el carrizo, la menta de lobo y los juncos, a las suculentas con especies características; y en ellas, una mención especial para los cactus, entre los que no faltan los famosos candelabros del desierto, ni los agaves con un escapo floral de varios metros de altura.

El Jardín Botánico ha recuperado la línea neoclásica con ribetes románticos que lo distinguió y a su vez desarrolla la labor esencial propugnada: centro de investigación permanente, bancos de plasma seminal, cultivos in vitro, etc., que permiten mantener una reserva genética cuya utilidad va más allá de la reintroducción de especies distintas. Y paralelo a la actividad científica, se desarrolla un programa de actos culturales y artísticos, como exposiciones, conferencias y conciertos. Tan sigular jardín, como los antiguos huertos valencianos, queda tapiado en

gran parte por las fincas de la calle del Turia; friso de galerías y terrazas a los que llegan tupidas ramas y jilgueros y tórtolas se posan sin temor en los barandales de un mundo doméstico, entrañable.

El 18 de mayo del año 2000, como un acto más del brillante programa con que la Universidad celebró el V Centenario, se inauguraba el edificio de investigación del Botánico; una obra construida sobre un solar de 1.500 metros cuadrados, recayentes a la calle de Quart, donde se levantaba una vieja alquería y otras construcciones menores, que pasaron a ser propiedad de la Universidad en 1998. La obra ascendió a los mil millones de pesetas, contando para ello con fondos económicos de la Unión Europea destinados a investigación.

En el moderno edificio (planta baja y dos alturas), se dedicó el 40% de la superficie a uso público con la puesta en marcha de programas de difusión cultural, didáctica de la botánica y ciencias ambientales, disponiendo de un salón de actos y una sala multiusos puesta al servicio del barrio. La biblioteca, el herbario, el bando de germoplasma, el área de taxonomía, área de ecología, laboratorios, sala de ordenadores y sección cartográfica, se hallan magníficamente instalados cumpliéndose el proyecto con que se concibió la nueva edificación.

CENTRE CULTURAL LA BENEFICÈNCIA

A las Torres de Cuarte sigue una estrecha zona ajardinada con el monumento a Cervantes; obra de Mariano Benlliure realizada en 1905, con motivo de la conmemoración del tercer centenario de la aparición de «El Ingenioso Hidalgo Don Quijote de la Mancha». Sobre una base de libros de Caballerías se alza Don Quijote, quien con sus brazos levantados muestra, como una ofrenda, el busto de Cervantes. Preside una alberca con juego de surtidores; un remanso verde orillando la calle Guillem de Castro en la zona de los antiguos asilos, de los grandes edificios construidos por próceres y órdenes religiosas para acoger, en su mayoría, a niños muy pobres y huérfanos.

De aquel ayer, cuya realidad social nos hiere con el recuerdo, convertido en dinámico centro cultural sobresale La Beneficència, con el Museo de Prehistoria: más de 50.000 piezas arqueológicas de toda la Comunidad Valenciana, destacando en la primera planta los yacimientos más importantes desde el Paleolítico hasta la Edad del Bronce (a resaltar las plaquetas decoradas de la Cova del Parpalló en Gandía); y en la segunda planta, las salas dedicadas a la Cultura Ibérica, con los vasos de Sant Miquel de Llíria y el «guerrer de Moixent», finalizando con el mundo romano y las colecciones numismáticas.

El Museo de Etnología muestra un recorrido por los modos de vida en el mundo rural valenciano. Su objetivo es la investigación y difusión del pasado de la sociedad y la cultura de la Comunidad Valenciana, para conservarlo y transmitirlo a las futuras generaciones, apoyándose en objetos e instrumentos que fueron y son testimonio de la vida doméstica, laboral y de ocio.

Además de los Museos, La Beneficencia permanece en un primer plano de la actualidad artística por la programación en la Sala Parpalló, conjunto de espacios dedicados a presentar exposiciones temporales preferentemente de arte contemporáneo, que inciden en en el debate crítico. Intensivo es el desarrollo de jornadas literarias, mesas redondas, presentaciones de libros y ciclos de música de cámara. Cuenta también con una Biblioteca especializada en Prehistoria, Etnología y Arte, para estudiantes e investigadores que supera los 50.000 volúmenes.

En el Centre Cultural La Beneficencia, que impulsa una finalidad cívica y multidisciplinar, la historia nos remite a unos orígenes totalmente distintos, al convento de los agustinos fundado en 1520, que en 1539 pasaría a ser de las monjas de la misma orden de San Agustín –bajo la advocación de San José y Santa Tecla–, pero que abandonaron escandalizadas por la proximidad a la Mancebía. El edificio lo compró un matrimonio profundamente piadoso para donarlo a los observantes de San Francisco, después de acondicionarlo *«para doce frailes recoletos, con claustros breves y reducidos, celdas angostas y pobres y todo lo demás en él conforme al espíritu de austeridad que informaba los Estatutos de la Santa Recolección».* La nueva comunidad edificó una iglesia ofrendada a la Coronación del Señor, que daría nombre a la calle de La Corona.

Monumento a Cervantes.

En 1840, el antiguo convento y su huerto quedan a disposición de la Junta de Beneficencia y por iniciativa del general Elío –consternado ante la gran mendicidad– se instala allí la Casa de Beneficencia, realizando las pertinentes obras el arquitecto Joaquín Cabrera. En 1873 se incorporaron las Hijas de la Caridad, las religiosas de los hábitos negros y las tocas blancas almidonadas como alas, que cuidaban a los pequeños que no tenían padres o carecían de hogar. Los niños del uniforme y el pelo al cero apenas llegaba el verano, que desfilaban de dos en dos en procesiones y en los entierros de protectores.

En 1875 se acomete una nueva remodelación a cargo del arquitecto José María Belda, que concibe la articulación de aulas, dormitorios, servicios y talleres mediante numerosos patios interiores, con columnas de fundición y zócalos de azulejos, que dotan al gran edificio de una especial diafanidad.

De 1883 data el hermoso patio –hoy con ficus y fuentes– que preside la iglesia, inaugurada también ese año. De estilo neobizantino, consta de una nave de cinco tramos, cubierta adintelada y portada flanqueada por dos torres gemelas situadas a ambos lados de la puerta.

El interesante recinto, con múltiples «llantias» y profusamente decorado con escayolas policromadas, especialmente el triforio que recorre todo el conjunto y se abre a la nave central mediante ventadas pareadas y arquerías, ha sido destinado acertadamente para salón de actos, con un aforo de 250 personas,

dotado de instalaciones para traducción simultánea, proyecciones, audiovisuales, etc.

La labor benéfica se mantuvo hasta 1982, fecha en que la Diputación decidió crear hogares fuera del centro y ubicar en él los citados museos de Etnología, Prehistoria y Servicio de Publicaciones. Y una década después, en 1992, emprendió la restauración llevada a cabo por los arquitectos Rafael Rivera y Mateo Signes, con el fin de crear el gran complejo cultural. Se respetó al máximo la estructura, decorando los azulejos la pintora Carmen Calvo, tan dada a la utilización de cerámica en su obra.

En el ayer quedan las religiosas que, tras el Concilio Vaticano II, eliminaron las alas de sus tocas; las monjas que por las tardes enseñaban a bordar y dirigían la confección de los ajuares que las chicas de clase media alta aportaban a la boda, por lo que recibían una gratificación. También quedan en la nebulosa los talleres donde los chicos aprendían a cortar y coser para trabajar como sastres, o se adiestraban en la Imprenta Provincial –instalada allí mismo– en la que se imprimía el Boletín Oficial.

En un tiempo más remoto se podría evocar la imagen de las Hermanas de la Caridad acompañando a niños asilados, durante algunos días de agosto, a la playa de la Malvarrosa, porque en las barracas «Francisco» y «Aurora» les cedían gratis sillas de enea a la sombra del umbráculo de cañizo. Mañanas de sol y juegos en la orilla para aquellos niños, que se igualaban a los otros –los que tenían padres y casa– allí, en el mar.

Fachada del Centre Cultural La Beneficencia.

Museo de Etnología.

ASILO MARQUÉS DE CAMPO

Colindante a La Beneficencia llama la atención la fachada del neogótico alemán, que concibió José Camaña Laymon en 1882. Destaca el gran arco apuntado con arquivoltas profusamente decoradas de caracteres flamígeros y balconaje corrido sobre la portada al que se abren tres grandes arcos apuntados; conjunto que se remata con una cornisa y pináculos goticistas.

El enorme edificio fue construido para el Asilo de Párvulos fundado en 1863 por el Marqués de Campo, cuyo núcleo originario es de estilo neoclásico, proyectado por el ingeniero inglés James Beaty.

Los críos pobres del barrio eran acogidos en régimen de internado o de media pensión, cuidados siempre por las Hermanas de la Caridad de San Vicente de Paul. Hoy los niños estudian en el Colegio de San Juan Bautista (antiguamente también asilo) y la comunidad también se trasladó a ese centro; únicamente tres hermanas van diariamente al edificio con aspecto de iglesia y palacio, para atender a la actividad social y al templo, porque la capilla fue convertida en parroquia de la Milagrosa. Los tiempos cambian. Un grupo de voluntariado colabora con las religiosas para ofrecer servicio de duchas, atención a los enfermos y entrega de alimentos no perecederos.

Abierta a las siete de la tarde, se puede visitar la cuidadísima capilla: nave cubierta con bóveda de crucería flamígera y cabecera poligonal, a cuyo alrededor se sitúa un pequeño triforio en función de tribuna, y coro a los pies. La gran verticalidad del templo propició una segunda tribuna en el piso superior. Preside el altar una imagen de la Milagrosa sobre nubes azules y el mantel es un primor de puntillas y bordados.

La calle de La Corona, que también nos conduciría al cogollo del barrio del Carmen, cuenta en esta zona con la única alfarería de la ciudad. Allí el torno gira y gira; el barro es material dócil en las manos de un matrimonio que la heredaron en cuarta generación familiar. La casona es amplia, destartalada y espectacular; grandes patios, recovecos, pasadizos y hornos morunos, que el Ayuntamiento prohibió utilizar. Actualmente se emplean de gas. En la alfarería, tan primitiva, igual se pueden comprar cazuelas y tiestos como piezas de cerámica que son réplica de las del XVIII de Manises; botijos y huchas, como paneles con angelotes y santos patronos.

Como si la centenaria alfarería atrajese, se instaló enfrente una escuela de decoración cerámica y junto a ella otra ceramista, en taller independiente, se dedica a los objetos ornamentales y modernos.

No hay duda de que la tradición artesana pervive.

LA POBLA DE «LES FEMBRES PECADRIUS»

Por las calles de la Corona, plaza Mossén Sorell, Salvador Giner y Alta se extendía el prostíbulo conocido por la Pobla de «les fembres pecadrius», compuesto por numerosas casas rodeadas de pequeño jardín o huerto, separadas por empalizado o seto, como es propio en el área rural. Allí, celestinas, «hostalers» y prostitutas gozaban en una demarcación señalada por Jaime II, aunque a tales mujeres –por el ejemplo que podían ocasionar– se les prohibía entrar en la ciudad con capa o manto, rasos, terciopelos y perlas; también que llegasen bailando. Como se oberva, la jerarquía les negaba lujo y alegría para que no tentasen a las buenas y castas señoras.

Sobre La Pobla, costumbres y normas que le atañeron escribió un documentado libro, en 1876, Manuel Carboneres: «Picaronas y alcahuetas» o «La Mancebía», subtitulado «Apuntes para la Historia de la Prostitución en Valencia, desde principios del siglo XIV hasta poco antes de la abolición de los Fueros».

Aunque marginada, La Pobla fue motivo de preocupación y se intentó redimir por los conductos de la piedad tradicional. En 1345, Na Soriana, que pertenecía a la Tercera Orden de San Francisco, fundó una residencia para acoger a las arrepentidas *«que deseaban dejar el mal camino y seguir por la senda de la virtud».* Muy pronto, la institución estuvo protegida por los Jurados, Prohombres y Concejeros de la ciudad, que ayudaron con quinientos sueldos a la construcción del edificio, convirtiéndose en patronos y defensores de dicha casa.

Con destino a las arrepentidas, en todas las parroquias del obispado de Valencia se instalaron cepillos limosneros y en los pueblos importantes se nombró a una persona que, tocando una campana, pedía monedas con el mismo fin. Sin embargo, a pesar de tan buenos propósitos, como la influencia del burdel aumentaba, en 1397 se ordenó que *«ningún mesonero o mesonera diera posada, ni de día, ni de noche; ni comer, ni beber, ni dejar dormir, a cualquier hombre que hubiera tenido por amiga a mujer prostituta, bajo la multa de cincuenta morabetines de oro; y en caso de que no pudiese pagar, que por la ciudad corriera desnudo recibiendo azotes.»* Los Jurados aún tuvieron que redactar nuevo bando en 1398 exigiendo que todas las mujeres de tan vieja ocupación se recluyeran obligatoriamente en La Pobla, y hasta se amenazó con colgarlas del cuello si no cumplían en el plazo de diez años. No hay constancia de ningún castigo; también es cierto que en una década tuvieron tiempo de envejecer o tomar hábitos, decisión que alguna adoptó después de conocer la tranquilidad conventual y la comida segura, ya que durante los días de Semana Santa, festividades marianas y jubileos, se les recluía en la Casa de las Arrepentidas brindándoles la oportunidad de que dejaran el burdel. Como aliciente, los Jurados, Prohombres y Concejeros de la Ciudad llegaron a pagar dote a la mujer arrepentida que encontraba con quien casarse.

La preocupación religiosa por las prostitutas no decayó en el barrio. A Na Soriana sucedería la beata Juana Cucala, de la Tercera

Mosaicos del Convento de Santa Úrsula.

Orden del Carmen, que en 1552 obtuvo licencia del Papa para fundar el monasterio de la Virgen de la Misericordia, donde pudieran recluirse las mujeres arrepentidas de sus escándalos, pero la beata Juana fracasó y tuvo que conformarse con las novicias que acudían para olvidar alguna historia de amor clandestino.

El monasterio tuvo breve existencia y el Papa Pío V en 1570 lo declaró sujeto al Arzobispo de Valencia, el Patriarca Juan de Ribera, quien transformó sus estatutos y dispuso que el convento fuese para las agustinas descalzas, con las Constituciones de Santa Teresa y bajo la advocación de Santa Úrsula.

Del monasterio primitivo no quedan restos. La última modernización que afectó al convento fue en 1965-67. La comunidad cedió un gran huerto para construir, a cambio de la reestructuración del edifico y de la propieadad de una finca para vivienda del capellán, el sacristán y la mandadera. Únicamente subsiste, en la plazoleta que se halla detrás de las Torres de Quart, la iglesia. Es de una sola nave cubierta por bóveda de medio punto, con cuatro capillas laterales a cada uno de sus lados. La puerta es dórica, de piedra, con una hornacina para la santa; y el muro tiene zócalo de sillares rematándose con perfil ondulante.

En el interior, sobresale el altar mayor, barroco, de escayola dorada, con un interesante óleo de la Virgen de los Desamparados (siglo XVII), la tabla de Santa Úrsula y las Once Mil Vírgenes, atribuida a Francisco Ribalta.

Un alto zócalo de azulejería del XVII, con dominio del azul y el verde en alegorías del Santísimo Sacramento, embellece la capilla. Azulejería que adorna también la sacristía y el locutorio.

La comunidad, muy reducida y de edad avanzada, durante un tiempo se dedicaba a lavar, almidonar y planchar ajuares y prendas delicadas; ahora las familias amigas y protectoras entregan limosnas para que recen por tal o cual intención. Además, la comunidad reza y reza por todos los pecadores que en el mundo somos.

Las páginas de una Valencia galante se repliegan en esta pequeña plaza de árboles frondosos –la de Santa Úrsula–, donde la iglesia sólo permanece abierta durante la misa madrugadora.

Panel del Convento de Santa Úrsula.

Instituto Valenciano de Arte Moderno (IVAM).

ITINERARIO

ITINERARIO

- Calle Guillem de Castro
- Plaza Portal Nuevo
- Calle Salvador Giner
- Calle Museo
- Plaza del Carmen
- Blanquerías

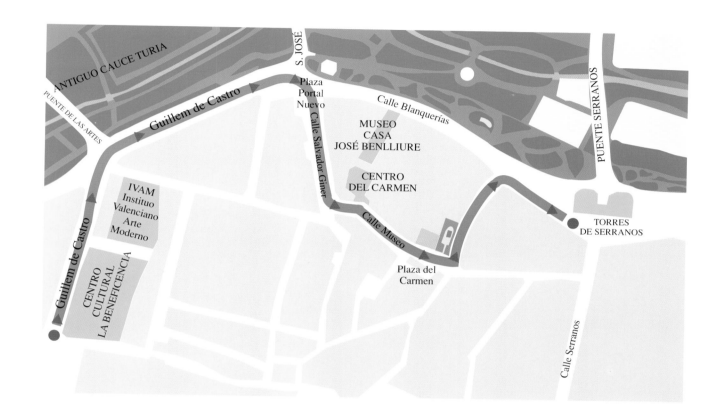

VANGUARDIA

IVAM. INSTITUTO VALENCIANO DE ARTE MODERNO

Fue creado por la Generalitat Valenciana en 1986 con el objetivo de dotar a la ciudad de un centro para la investigación y difusión del arte del siglo XX. Audaz proyecto de los arquitectos Emilio Giménez y Carles Salvadores, fue inaugurado el 18 de febrero de 1989 por la reina doña Sofía.

La adquisición por compra y donación de la más importante colección de esculturas y dibujos de Julio González, Ignacio Pinazo (que representa el inicio de la modernidad en Valencia); del Informalismo Español, Tapies, Saura, Millares y Chillida principalmente; Picasso, Equipo Crónica y Josep Renau, constituyeron el punto de partida del IVAM –Centro Julio González, hoy lugar de referencia ineludible en las artes plásticas.

En poco más de un lustro el IVAM consiguió la proyección internacional y la inclusión en circuitos museísticos de Europa y Estados Unidos. El 62% de las exposiciones programadas han sido de producción propia y el 22% coproducidas con importantes museos y centros como: Tate Gallery, Whitechapel Art Gallery, Serpentine Gallery, ICA de Londres, Centre Georges Pompidou, Museo de Nantes, CAPC de Burdeos, Jeu de Paume, Stedelijk, MoMa, Berlinische Galerie... Puede afirmarse que se ha consolidado como centro propulsor de iniciativas encaminadas a revisar y difundir la obra de artistas y movimientos cuya importancia en la evolución del arte no había sido suficientemente tratada.

La acción expositiva, investigadora y divulgativa del IVAM ha venido definida por unos ejes principales: Constructivismo y Dadá, Informalismo, Pop Art y Fotografía, a los que actualmente se unen la atención al Surrealismo, las vanguardias históricas españolas y la tradición figurativa. Igualmente, la producción de los artistas valencianos y su relación con los movimientos internacionales son objeto de interés.

En la actualidad la Colección Julio González está formada por 360 piezas (147 de orfebrería, 21 pinturas, 112 esculturas, 8 relieves en plancha metálica y 72 dibujos), y está considerada como la más completa de las existentes sobre la obra del escultor. Otras importantes colecciones son las del informalismo europeo (que incluye las aportaciones de autores singulares españoles) y las que inciden en el Pop Art y la Nueva Figuración, de artista europeos y americanos (en las que se han incluido pinturas de Eduardo Arroyo y Equipo Crónica).

Los fondos del Instituto Valenciano de Arte Moderno, enriquecidos con numerosas donaciones, depósitos y compras, cuentan con cerca de 5.000 obras. Fondos que dan lugar a muestras itinerantes por España y otros países europeos y americanos. Esencialmente, las propuestas internacionales de las vanguardias históricas (las que más influyeron en el desarrollo de la abstracción), el montaje tipográfico y el fotomontaje, constituyen la parte más significativa de los fondos. Resaltemos que la colección de fotografía recoge toda su trayectoria, desde sus inicios a mediados del siglo XIX hasta las tendencias actuales.

Respecto a las exposiciones temporales –cuya inauguración es siempre acontecimiento en la vida cultural de Valencia–, el programa del IVAM presta atención al proceso evolutivo del arte desde la crisis de las vanguardias clásicas hasta los años setenta. También se realizan exposiciones de producción posterior de artistas que tienen una obra susceptible de ser analizada con mayor perspectiva.

Coincidentes con las muestras, en el IVAM se celebran conferencias, seminarios, cursos y talleres relacionados con el artista, su obra, su época. Y en numeross ocasiones se han programado también conciertos.

Cuenta el Instituto Valenciano de Arte Moderno con una excelente Biblioteca y Centro de Documentación para localizar, recoger y centralizar la más amplia información sobre Arte Moderno, cualquiera que sea su origen y procedencia, utilizados por universitarios e investigadores.

En cuanto a publicaciones, el IVAM edita catálogos de sus colecciones y exposiciones, de creación propia o en colaboración con distintas instituciones, así como material divulgativo y didáctico, que oferta en la atractiva tienda-librería, junto a audiovisuales, reproducciones y objetos de diseño especial.

Como insólito contraste, en el edifico de la vanguardia artística, en este modernísimo Instituto Valenciano de Arte Moderno

–18.000 metros cuadrados de superficie– espacio ocupado por ocho galerías destinadas a exposiciones permanentes y temporales, una de ellas está dedicada a la muralla descubierta en las excavaciones arqueológicas, que se llevaron a cabo en el solar del IVAM. Muro bajomedieval perteneciente a la muralla construida en Valencia a partir de 1356, año en que el rey Pedro IV el Ceremonioso encargó a los Jurados que la levantaran para prevenir los ataques del rey Pedro el Cruel de Castilla. Obra de tal envergadura que se prolongó hasta los inicios del siglo XIV.

Los muros, puertas y torres defensivas rodearon los barrios y la muralla islámica, todavía en uso; y para su construcción y mantenimiento se creó la «Fábrica de Murs i Valls»; institución de la Valencia foral autónoma del Consell de la Ciutat, de la Generalitat y del Rey, autofinanciada por un impuesto sobre el trigo que entraba en la ciudad.

Lienzo de la muralla. Una reliquia de cinco siglos.

CENTRO DEL CARMEN

Claustro renacentista.

Galería de exposición.

El mismo día de la inauguración del IVAM, se procedió al del Centro del Carmen, para cumplir un destino museístico especialmente dedicado a las aportaciones artísticas más recientes, tanto locales y nacionales como de carácter internacional. La rehabilitación de dos salas (lo que fue Capilla de la Virgen de la Vida y la galería que construyó Luis Ferreres en 1908) y del hermoso claustro renacentista (columnas toscanas y capiteles estriados), pertenecientes al antiguo convento de la Orden del Carmen, establecida en Valencia en 1280, fue un acontecimiento cultural, como lo siguen siendo sus continuas exposiciones.

El convento se fundó por privilegio del rey Pedro III, bajo su real patrocinio; y los carmelitas se inclinaron por la huerta próxima al río, extramuros de la ciudad, en la barriada de Roteros, perteneciente a la parroquia de Santa Cruz (situada entonces en la plaza que hoy lleva su nombre). Las obras finalizaron en 1283 siendo ocupado el monasterio por frailes procedentes de Languedoc y Lérida; sin embargo la iglesia del cenobio no se concluiría hasta 1383, siendo dedicada a la Transfiguración del Señor.

En 1550 se construyó el primer piso de arcadas del claustro renacentista, afirmándose en el estudio de la «Valencia Monumental» que es de influencia alcarreña, por concebirse –posiblemente– bajo la inspiración del palacio Cogolludo, en Guadalajara.

Con motivo de la Desamortización de 1835, el conjunto del Carmen fue acondicionado, en distintas fases, para albergar el Museo de Pintura y la Real Academia de Bellas Artes de San Carlos, con la consiguiente transformación de los espacios.

El claustro, con su jardín de cipreses, limoneros y naranjos, decadente y romántico, fue pintado por alumnos de diversas promociones. En amarillentas páginas de «El Mercantil», ilustrado con fotografías de Vidal se inserta un reportaje titulado «Horas de labor en la Escuela de San Carlos», en el que se ve a un grupo de discípulos rodeando el pozo y a una joven modelo vestida de labradora. Se cita a los profesores –inolvidables en la pintura valenciana–: Ballester, José Benlliure, Ricardo Verde, Pedro Ferrer, Carbonell, Paredes y Garnelo. La Escuela de Bellas Artes permaneció hasta 1984, año en que fue trasladada al Campus de la Universidad Politécnica. Fue la Escuela en la que se formaron Fortuny, Agrasot, Domingo, Martínez Cubells, los Benlliure, Muñoz Degrain, Cecilio Pla, los Pinazo, Sorolla. La Escuela de Bellas Artes de San Carlos, siempre recordada.

PLAZA DEL CARMEN

La estatua del famoso pintor Joan de Joanes se alza en alto pedestal, entre frondosos árboles, palomas y bancos que igual han ocupado jóvenes bohemios que viejos borrachos de café y carajillo. La plaza del Carmen, entrañable, convoca al vecindario para los milagros de San Vicente, escenificación de niños dando vida a los hechos prodigiosos del santo dominico. Es la plaza mayor de un barrio, semejante a la de un pueblo, que se engalana para la procesión del 16 de julio. Tarde con volteo de campanas, cohetes y pasacalle de «la colla de tabalets i dolçaines de la falla de la plaça de l'Arbre» anunciando el recorrido que efectuará la imagen; esa Virgen a la que todavía se le cantan los gozos. La procesión: gigantes, baile de nanos, andas repletas de flor, niñas comulgantes y clavariesas con mantilla de blonda y cirio que deja goterones en el esfalto, atraviesa buen número de calles adornadas con colchas de seda; y al regresar a la plaza, que huele a ramilletes de marialuisa y a mazorca asada, se hace el silencio esperando que se abra la «Carxofa», el artilugio de madera instalado próximo a la fachada de la iglesia, que se abre para que niño-ángel de su interior cante motetes. Niño con túnica de seda blanca y alas de plumón que emociona con prodigiosa voz.

A fray Gaspar de Santmartí, monje y arquitecto valenciano, que profesó en la orden de los carmelitas, se debe el proyecto (siglo XVII) de la fachada de la iglesia del Carmen (hoy parroquia de la Santísima Cruz). Grandiosa en exceso, como un retablo de columnas de orden jónico y corintio –más dos salomónicas del último cuerpo– cobija en hornacinas las estatuas de la Virgen del Carmen, San José, Santa Teresa y Santa Magdalena de Pazzis –atribuidas a Leonardo Julio Capuz–; y las de San Simón Stok y San Juan de la Cruz, de José Esteve Edo, colocadas en las nichos inferiores en 1961. En el interior del templo destacan la boveda estrellada del presbiterio y algunas bóvedas nervadas de las capillas laterales, así como retablos debidos a Joan de Joanes y a su hija y alumna Margarita.

El campanario de la iglesia del Carmen (Parroquia de Santa Cruz), es una emblemática torre valenciana construida entre 1681 y 1689. Su estructura guarda relación la de los Santos Juanes y la de San Martín, destacando el cuerpo de las campanas; está decorado con pilastras pareadas con estrías y balaustrada con pináculos. La linterna o edículo es octogonal y el cupulino queda rematado por un ángel de cobre; singular veleta a merced del viento; ángel protector del viejo barrio donde se asentaron la mayoría de los gremios.

Una zona verde se une a los muros del templo, con aire de patio conventual descubierto y en medio de los arbustos, mana la Fuente de los Niños, de Mariano Benlliure, cuyo original en yeso se exhibe en el Museo de Bellas Artes San Pío V. El conjunto escultórico fundido en bronce representa el juego y la travesura; ocho críos se divierten y uno de ellos resbala y cae al agua. Es una fontana a la ternura, instalada según proyecto del arquitecto Román Jiménez.

Joan de Joanes.

En la plaza también se colocan mesas de las cafeterías próximas y es continuo el paso de profesores y estudiantes que siguen cursos en la Universidad Internacional Menéndez y Pelayo –UIMP–, ubicada en el antiguo palacio de Pineda, importante centro cultural inaugurado en enero de 1992. El edificio del Intendente Francisco Salvador de Pineda fue construido entre los años 1728 y 1731. Se trata de una magnífica mansión con jardín interior, entresuelo, principal y dos plantas, de forma que las dependencias se desarrollan alrdedor de un patio central. La fachada lisa, de ladrillo visto, queda rematada por dos torreones pequeños; y el zaguán ostenta un sencillo escudo. Han sido acertadísimas la rehabilitación y adecuación, con lenguaje actual, de los arquitectos Vicente González Móstoles y Alejandro Pons Romaní. Sobre el pasado, el estudio y la investigación.

Fuente "Los niños", de Benlliure.

Campanario y veleta de la Iglesia del Carmen.

ASILO SAN JUAN BAUTISTA

Frente al IVAM y lindando por el otro lado con la margen derecha del antiguo cauce del Turia, se halla el magnífico edifico del Asilo y Colegio de San Juan Bautista, construido por el arquitecto Sebastián Monleón entre 1868-1874, para acoger a niños huérfanos.

De grandiosa fábrica y armoniosas formas, sobresale en el tramo último de la ronda de circunvalación; máxime cuando su fachada de tres mil metros cuadrados de superficie, con pilastras y arquivoltas de piedra natural, fue restaurada en 1996 por los arquitectos Javier Bonilla y Miguel Pecourt, quienes le devolvieron el color almagra original, tras los análisis físico-químicos de las pinturas de 1874, que habían sufrido intervenciones posteriores.

Con su gran cúpula de ladrillo azul, inconfundible en esta panorámica urbana, el antiguo asilo fundado por Juan Bautista Romero Almenar, Marqués de San Juan, hoy es una residencia mixta para colegiales; dependiente de los Servicios Sociales de la Generalitat, aunque permanece bajo la dirección de las Hijas de la Caridad.

De ladrillo visto y piedra en los zócalos, su fachada de tres cuerpos: uno central saliente y los otros dos dispuestos con simetría a ambos lados, coronada por un frontón con relieves alegóricos, aunque es digna de interés, no lo es tanto como su iglesia: de cruz latina y orden corintio; con dorado en capiteles, molduras y cornisas; y murales en los tramos abovedados. Y a la iglesia aún superan los claustros con columnas de hierro fundido, muy gráciles, limitando dos zonas ajardinadas con profusión de rosales y palmeras. En el centro de ambos jardines, fuentes con peces rojos. Como está mandado en cuentos y poemas.

CASA MUSEO BENLLIURE

Jardín al que se abre el estudio.

Nada más atravesar la plaza del Portal Nou, en la calle Blanquerías, número 23, la Casa Museo de los Belliure, recibe con grata intimidad. La finca la adquirió José Benlliure en 1912, al regresar de Roma donde había sido Director de la Casa de España desde 1903. Realizó muchas reformas de acuerdo con su gusto, especialmente en el jardín de estilo valenciano y en el estudio –al fondo de éste–, que decoró con capiteles y cornisas de los desaparecidos conventos de San Francisco y San Gregorio.

Los muebles de Austria e Italia, las lámparas, vitrinas y multitud de detalles contribuyen a que permanezca el ambiente de un hogar de artistas, que alcanzaron a vivir con desahogada economía.

En los estudios de José Benlliure y de su hijo Peppino –José Benlliure Ortiz– se puede admirar una importante pinacoteca, en la que sobresalen los lienzos: «Retrato de Angelita con mantilla», «María Benlliure, niña», «Encajera torrentina», «Procesión de disciplinantes», «Monjas en el coro» y «San Francisco bajando del Monte Bernia», del padre; y «Carnaval», «Partiendo el pan de la boda», «Mujeres cosiendo», «Saliendo de misa», «Vistiendo a la novia» y «Monjas carmelitas», de Peppino. Exposición pictórica que se enriquece con óleos de Muñoz Degrain, Santiago Rusiñol, Sorolla y Segrelles, firmas de la escuela de finales del XIX y comienzos del XX.

La ambientación de las salas-museo transciende de los espejos venecianos, ricas telas, objetos y muebles que utilizaban a la hora de componer escenas costumbristas, recintos favorecidos por el aislamiento que les proporcionaba el jardín. Cipreses, naranjos, limoneros, rosales y mirto formando macizos, estrechas sendas y bancos de cerámica le confieren un gran encanto, así como los paneles cerámicos de temática popular, del primer tercio del XX firmados por José Mateu.

Los muros, por los que trepan enredaderas, jazmineros y buganvilla, lindan con los del Convento de las Carmelitas Descalzas de San José y Santa Teresa, con cuya comunidad la familia Benlliure mantuvo una estrecha relación amistosa.

La orden llegó a Valencia en 1588 y poco tiempo después se estableció junto al Portal Nuevo, pero a causa de la riada de 1957 gran parte del edificio sufrió renovación. Las religiosas, replegadas en su mundo de clausura, sólo permiten la visita al zaguán, sala de locutorio e iglesia, lugares con zócalos de azulejería barroca del XVIII, guirnaldas de flores y frutos que enmarcan sentencias teresianas: «Quien a Dios tiene, nada le falta; sólo Dios basta». Ocultas tras las rejas y los velos, además de orar, lavan y planchan los ajuares delicados, almidonan batistas, encañonan puntillas y pliegan encajes con infinita paciencia. Trabajan en el obrador que huele a jabones y a manzanas; y cantan suavemente en el templo que posee la capilla de Santa Teresa con el blasón de la familia Verdes Montenegro, Marquesa de Benamegí.

Frente a la Casa Museo, rodeado de plátanos de sombra se encuentra el monumento dedicado a Peppino Benlliure, realizado por José Capuz en bronce dorado a fuego; notable busto colocado en pedestal.

Caminando por las Alameditas, entre eucaliptus y falsas pimientas, se contempla la alberca irregular y ondulada presidida por la Niña de las Coletas. Es réplica, en bronce, de la obra con la que Esteve Edo obtuvo la Segunda Medalla Nacional de Bellas Artes de Madrid, en 1968 (la original pertenece al Museo de Arte Moderno de la capital). Árboles del amor, cipreses, alguna palmera y chopos, cobijan el monumento que firmó L. Bolinches dedicado a Federico Mistral, el poeta de la Provenza que luchó por la hermandad de las nacionalidades latinas y obtuvo el Nobel de Literatura compartido con Echegaray en 1904.

A esta altura del paseo conviene hacer un alto y contemplar la espléndida fachada del Salón de Racionistas, en la calle de Blanquerías. Es del arquitecto Joaquín María Arnau (1860), destacando en la parte superior un gran medallón con la imagen de la Virgen de los Desamparados. El Salón de Racionistas es el primer ejemplo de la arquitectura del hierro en Valencia (anterior al Mercado Colón, Mercado Central y Estación del Norte). El nombre se debe a que en él se entregaban la ayuda en especies a los pobres, puesto que el edifico pertenece a la Gran Asociación de Beneficencia Domiciliaria Ntra. Sra. de los Desamparados fundada en 1853 *para atender a lactantes, párvulos y racionistas*. Institución que ha evolucionado con otra dimensión social.

Interior de la vivienda.

Interior del estudio.

TORRES DE SERRANOS

Algunos talleres, almacenes y restaurantes; tiendas de artesanía y de comestibles; tiendas pequeñas, cuyo mejor calificativo es el de barrio, por cuanto supone de conocimiento y vecindario, llenan de vida el entorno de las majestuosas Torres de Serranos.

Emblemáticas, siguen desafiando al tiempo desde que fueron construidas entre 1329 y 1398, por el «mestre de pedra picada» Pere Balaguer, quien contó con un importante grupo de canteros, escultores y pintores –entre ellos Pere Nicolau y Marçal– consiguiendo la más bella muestra de la arquitectura gótica militar de Europa.

Las dos torres pentagonales, unidas por un cuerpo central de decoración flamígera, ofrecen un aspecto alegre y majestuoso. No extraña qua aparte de su valor defensivo, engalanadas con gallardetes y guirnaldas de arrayán, trenzadas con sedas, fueran arco de triunfo en múltiples acontecimientos, como el que se tributó a Felipe II en 1585.

Hoy son atalaya y marco en el que se pregonan las fiestas falleras, deslumbrantes bajo potente iluminación, colgaduras de estilo italiano y música de trompetas y timbales.

En el olvido queda el tiempo en que fueron prisión desde 1586 a 1588; e igualmente otros múltiples destinos.

El nombre de las Torres obedece a la entrada de las gentes que llegaban de las tierras del interior, de la Serranía. Siglos antes, las crónicas ya se refieren al «pont dels Serrans», aunque originariamente fue conocido por «al-Qantara» –o Alcántara. Se trata del más antiguo puente, destrozado continuamente por grandes avenidas del río, hasta que en 1518 la « Junta Vella de Murs e Valls» acordó fuese *hobrat e redificat e refet tot de pedra, de peus, voltes, arquades ab grans fonaments é llit».*

Carros huertanos, tranvías y autobuses de línea, cuyo destino eran pueblos de la provincia, partían de esta zona; pintoresca a finales del XIX por el establecimiento al aire libre de barberos y sacamuelas. Actualmente, el tránsito rodado es intenso y las Torres de Serranos son, desde el cristal de la ventanilla, una de las imágenes más queridas por el valenciano.

ITINERARIO

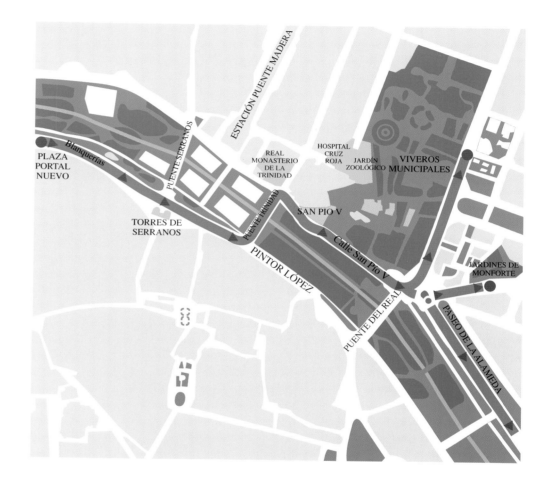

ITINERARIO

- Plaza Portal Nuevo
- Calle Blanquerías
- Calle Pintor López
- Puente de la Trinidad
- Calle San Pío V
- Jardín de Monforte
- Paseo Alameda

ARTE Y JARDINES

PUENTE Y MONASTERIO DE LA TRINIDAD

Las Alameditas se estrechan y la panorámica, con espadaña conventual e imponente cúpula azul en la orilla opuesta del viejo cauce, invita a cruzar el puente de la Trinidad, llamado así por enfrentar con el monasterio trinitario, que en 1445 pasó a perteneer a las franciscanas-clarisas.

Es el puente más antiguo en su obra actual, recia y gótica, que conserva las características del estilo en la traza de sus arcos, en alguna trompa aneja y en las dos escaleras. Consta de nueve grandes arcos apuntados y gárgolas en las dobles enjutas entre arco y arco.

Las crónicas lo citan como invencible ante las riadas. Las aguas se llevaron más de una vez a los santos que lo embellecieron, como a San Bernardo y a sus hermanas María y Gracia, que ocuparon casilicios cuyas ruinas fueron demolidas en 1823. Las figuras actuales, San Luis Bertrán y Santo Tomás de Villanueva, ornamentaron antes el puente de San José, donde permanecieron hasta 1906, fecha en que se desmontaron por ensanchamiento del citado puente y se trasladaron al Museo de Bellas Artes, en donde estuvieron hasta 1947, año en que volvieron a encumbrarse en el entorno del Turia.

Formando esquina con la calle de Alboraia se halla el monasterio de la Trinidad cuyo origen data de 1256, al establecerse la comunidad de trinitarios cuidadora del hospital anejo de San Guillén, que el papa Eugenio IV suprimiría en 1245. La reina María de Castilla, esposa de Alfonso V el Magnánimo, lo entregó a las monjas clarisas, que hizo venir de Gandía. La primera piedra del edifico actual se colocó el 9 de junio del mencionado año, y en la capilla, en el lado del evangelio, subsiste el sepulcro de la reina.

Hace una década se realizaron interesantes obras de restauración, pero por el espíritu de clausura apenas se difundieron. Fue declarado Monumento Histórico-Artístico Nacional el 22 de diciembre de 1982, siendo uno de los recintos religiosos más interesantes de la ciudad.

El huerto jardín con frutales, arbustos y plantas, contrasta con la severidad arquitectónica del siglo XV; los ocho arcos ojivales en su lado mayor, y los siete, en el menor, enmarcan cipreses, limoneros, acacias y plátanos y entre las columnas que sostienen estas arquerías (apoyadas en su parte exterior con un contrafuerte) quedan las macetas con esquejes tiernos.

La galería claustral se cubre con bóveda nervada de piedra y desde ella se contempla parte del claustro alto, el del tejadillo sostenido por vigas de madera que descansan en columnas pétreas; es el lugar donde la reducida comunidad celebra sus procesiones al Corazón de Jesús, que cada domingo es trasladado de celda; la de la Niña María, el 8 de septiembre; y la solemne procesión de la Virgen de la Vela, el domingo de Pascua.

En la historia del convento resalta el ingreso de doña Leonor de Villena, que adoptó el nombre de sor Isabel. Tenía 16 años cuando tomó el hábito y, por ser sobrina de la reina María con

Puente de la Trinidad.

quien había pasado parte de su infancia en el palacio real, le secundaron treinta y tantas damas de la corte.

Autora de «Vita Christi», la vida de Jesucristo siguiendo el texto de los Evangelios, enriquecido con escenas alegóricas y comentarios piadosos llenos de humanidad y amor, fue considerada como escritora de talla europea y destacó en el ambiente intelectual.

Agustín de Sales, teólogo, historiador y cronista de Valencia y su Reino, afirma: *«Fue el Oráculo de los hombres grandes de Valencia, pendientes de su voz, consejos y aciertos; y mereció que la eligieran Abadesa perpetua a los 33 años de su edad.»*

Hasta el Monasterio alargaba la ciudad sus procesiones de rogativas en tiempo de calamidades; hasta él se prolongaba el ostentoso desfile organizado por los Jurados en honor del Ángel Custodio; y anualmente la Universidad acudía a venerar a la Virgen de la Sapiencia, hermosa talla sedente que ocupaba un nicho en el coro alto.

Después de cinco siglos, las religiosas siguen hablando de la reina María, la reina fundadora, como si fuera a visitarles de un momento a otro. Y a la Virgen de la Vela, el bello icono que les regaló (junto con tres espinas de la corona de Jesús), le cantan los gozos que escribió sor Isabel de Villena:

> *«Com a llamp fon l' ambaixada*
> *de part de la Trinitat,*
> *de la qual restàs prenyada*
> *de Jesús Déu humanat,*
> *en aquella santa Vetla*
> *que l' àngel amb eficàcia*
> *vos trobà fent Sentinel-la*
> *quan vos diu Plena de Gràcia.»*

Son siete cánticos precedidos de una introducción, que terminan con la súplica:

> *«Puix que ens feu tan bona obra*
> *vos pregam amb eficàcia,*
> *que el vostre mantell nos cobra*
> *amb títol de vostre gràcia.»*

El pasado queda celosamente guardado tras los muros, en el valioso archivo del monasterio, cuya campana llama a la oración todas las mañanas.

Monasterio de la Santísima Trinidad.

MUSEO DE BELLAS ARTES

En 1683 el Arzobispo de Valencia Fray Juan Tomás de Roca-berti mandó edificar el Colegio de San Pío V –palacio que aloja al Museo de Bellas Artes–, para destinarlo a residencia de misioneros y clérigos menores. Su ubicación obedecía al deseo de retiro y clausura: *«lejos de la ciudad, salvados por el foso del río Turia, del bullicio con historia galante y cortesana de la mejor ley.»* Fue obra del arquitecto Juan Bautista Pérez Castiel, aunque la construcción del templo, configurado por un gran ochavo con cúpula, se debe a José Mínguez entre 1728 y 1746. La iglesia se arruinaría y fue finalmente demolida en 1925 quedando sólo en pie tres de sus ocho lados y el paramento de su fachada, que consta de dos cuerpos, con pilastras jónicas el primero y en parte almohadillado; y el superior de orden jónico con frontón curvo y un medallón con imagen de alto relieve del Santo titular, obra de Luis Domingo.

Diversas intervenciones se fueron acumulando en el Colegio de San Pío V según sus usos. Así, en 1819 fue Academia Militar de Cadetes hasta 1826, que se convirtió en primer albergue de la recién creada Casa de la Beneficencia. En 1835 de nuevo queda en manos de los militares que lo emplean como almacén de Intendencia; y en 1843 el Ministerio de la Guerra lo convierte en Hospital Militar, función que desempeñó hasta 1940. Fue en la posguerra cuando por permuta entre los Ministerios de Educación y del Ejercito, el palacio de San Pío V albergó el Museo con la Real Academia de Bellas Artes de San Carlos. En las obras de adaptación intervinieron, en distintas etapas, los arquitectos Ricardo Macarrón, Francisco Mora y Javier Goerlich, inaugurándose con gran solemnidad en marzo de 1946.

Actualmente ha sido objeto de una ambiciosa rehabilitación y ampliación llevada a cabo por los arquitectos Alvaro Gómez Ferrer y Manuel Portaceli, en cuyo proyecto no se han omitido el taller de restauración, salas de audiovisuales, de exposiciones temporales, librería y cafetería-restaurante. Ha sido espectacular la reconstrucción del recinto de la iglesia con su cúpula de tejas azules; vestíbulo que comunica con el antiguo y romántico claustro que tiene una fontana en el centro entre palmeras, ficus y cipreses.

El origen del Museo está vinculado a la Real Academia de Bellas Artes de San Carlos, cuyos estatutos fueron aprobados por el rey Carlos III en 1768. La corporación reunió un núcleo de obras –donaciones de maestros y alumnos– que constituyó el primer fondo importante del futuro museo. Recibió un impulso definitivo por las disposiciones estatales desamortizadoras de 1836-1837, que determinaban la formación de museos provinciales con las obras de arte procedentes de los conventos suprimidos, alcanzando alrededor de 2.446 pinturas, que se instalaron en el Convento del Carmen Calzado, abriendo sus puertas al público el 5 de octubre de 1839.

En el convento ex carmelita, mejorando sus dependencias y enriqueciendo su contenido permaneció hasta 1936, año en que por la guerra civil fue desmontado y usado como almacén del Tesoro Artístico. Al finalizar la contienda, por el estado ruinoso del edificio se trasladó al Colegio o Palacio de San Pío V.

La valiosísima pinacoteca invita a un recorrido que debe iniciarse con los llamados Primitivos Valencianos (desde finales del siglo XIV hasta principios del siglo XVI); se impone el deleite ante

Salas del Museo.

las obras de Miquel Alcanyis, Pere Nicolau, Gonçal Peris, Jacomart y Joan Reixac.

Descubrir el nuevo lenguaje figurativo que se establece con el Renacimiento, cubriendo todo el siglo XVI con obras de Paolo de San Leocadio, Yáñez de la Almedina, Vicente Maçip y Joan de Joanes; pintores a los que se suman destacados de otras escuelas como Pituricchio, El Bosco, Giampetrino o Pellegrino Tibaldi.

Los siglos XVII y XVIII están representados por la escuela barroca valenciana con los trabajos de Francisco y Juan Ribalta, Espinosa, Ribera, March, Orrente; así como por artistas de universal renombre: El Greco, Morales, Velázquez, Alonso Cano, Murillo, Valdés Leal y Goya.

El ciclo se cierra con el brillante período de los siglos XIX y XX; obras de Vicente López, Benlliure, Muñoz Degrain, Cecilio Pla, Fillol, Ignacio Pinazo y Joaquín Sorolla, entre otros, para terminar con los actuales Lozano, Michavila, Yturralde, Valdés.

En cuanto a la escultura, el Museo posee una importante colección desde el gótico hasta el siglo XX, destacando las obras de Mariano Benlliure. Y en el apartado arqueológico, puede alardear de piezas que son joyas, como el mosaico romano de las Nueve Musas y el León ibérico de Bocairent.

Son constantes las exposiciones monográficas y de carácter itinerante organizadas por la Dirección General de Museos y Bellas Artes, a la vez que prosigue la actividad en la Real Academia de San Carlos, en cuya sede se dan conferencias y recitales de música de cámara. Y en este apartado se impone destacar la valiosísima biblioteca que se inició con los libros que regaló Carlos III.

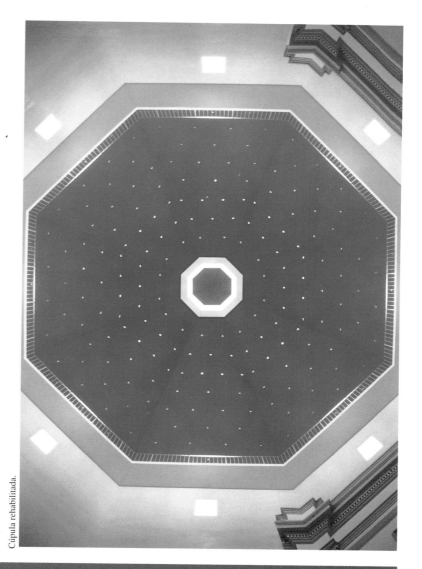

Cúpula rehabilitada.

Iglesia y entorno Colegio de San Pío V.

LOS VIVEROS
(JARDINES DEL REAL)

A las seis de la mañana se abren nueve puertas de las catorce que jalonan las verjas de los Viveros. Todavía es de noche en otoño y en invierno, tiempo en que los estorninos salen en bandada camino de los pueblos serranos en busca de los olivos.

Generalmente, los Viveros reciben la mañana envueltos en una capa de neblina que difumina las flores de las chorysias y se enreda en el follaje de los laureles y las jacarandas. Es un toque mágico que se desvanece con las corridas de los madrugadores chicos y chicas practicantes del footing, que atraviesan las largas avenidas de las Palmeras y de Machado. El olor a tierra y a naranja amarga –la caída y pisada– es el olor de diciembre; luego, perfumarán las mimosas y las rosas, y en las noches de verano se abrirán las magnolias.

Entrando por la puerta Principal, a mano derecha, se alza la llamada montañita de Elío, diminuta colina actualmente escalonada que cubrió los restos del Palacio Real, por mandato del capitán general de Valencia, Francisco Javier Elío, en 1814; palacio derribado por razones estratégicas ante la invasión de los franceses en 1810. Los jardines pertenecieron a tan noble edificio, remontándose a una finca de recreo árabe.

El historiador Chabás –que bucea en los textos de Escolano– afirma que *«los moros a los lugares de una sola casa llaman Raal o Rafal»*, términos que en el latín medieval se transformarían en *«Reallum»*; y posteriormente en *«Regalum»*, para terminar en el *«Real»*.

Consta que Pedro III el Grande (hijo de Jaime I) amplió el palacio existente, encomendando las obras al judío valenciano Aben-Vives. Y cuantos reyes fueron sucediendo en el tiempo dedicaron una especial atención al enriquecimiento arquitectónico y a los jardines. Curiosamente, gustaron de tener animales, una selección zoológica a la que alude Carlos Sarthou en su obra «Jardines de España»: *«Hubo hasta ocho leones y otros felinos, ciervos, osos, camellos, jabalíes, peces variados y muchas aves, incluso pavos reales que Juan II tenía en el castillo de Játiva y que Fernando II trasladó a Valencia.»*

El cuidador de los animales recibía el apelativo de Custodio de los Leones; y al Custodio Jaime Rialbes y al Baile Joan Mercader encargó Alfonso V –en la Real Provisión expedida en Valencia el 23 de abril de 1426–, que *«dejasen la costumbre que había de dar dos libras de carne de oveja cada día, a cada león, y en su lugar le diesen tres libras».*

En el reinado de Alfonso V, su esposa, la reina Doña María, dedicó especial atención a la capilla del Palacio. Las tallas, la orfebrería y las reliquias obsesionaban a la devota dama, que se rodeó de una corte pía para que le acompañase al cercano Monasterio de la Trinidad –fundado por ella para las religiosas de Santa Clara, de la Real Observancia–. También la reina Doña María quiso que su médico Jaume Roig, el misógino poeta, lo fuera de la corte y la comunidad. Es fácil suponer que el autor de «L'Espill de les dones», que en versos cortos lanzó furibunda diatriba contra las señoras

casquivanas e infieles, prescribiría a las enfermas palaciegas vomitivos, ungüentos, sangrías y lavativas, remedios al uso de la época.

Pero al palacio y a los jardines llegaron también historias de amor y una corte que fomentó el lujo y las fiestas. Fernando el Católico quiso vivir aquí compartiendo la vida con Germana de Foix, la segunda esposa, reverso de la sobria Isabel de Castilla. Y la fastuosidad se acentuó cuando Germana de Foix volvió a casarse –ya por tercera vez– con el Duque de Calabria, apasionado e imaginativo italiano. Fue el tiempo de los torneos y de los juegos caballerescos en torno a una fuente de plata coronada por Cupido. Década de 1526 a 1536 en que la brillantez alcanzó por igual a la vida literaria y artística.

A medida que la mañana avanza, los Viveros se van poblando de jubilados, de solitarios, de chicas «canguro» que cuidan bebés, porque las madres son funcionarias, abogadas, médicas, profesionales en suma. También aparecen los grupos de estudiantes de Bellas Artes, aparejadores, arquitectura o diseño; alumnos que han de dibujar la perspectiva del hemiciclo de las veinte columnas que rodea la fontana presidida por la escultura marmórea de Julio Benlloch, «Despertar»; o han de trasladar el bloc ante las figuras mitológicas –también de mármol–: Venus, Apolo, Cronos y Diana, que el genovés Ponzanelli realizó para el canónigo Pontons, aquel príncipe de la Iglesia dueño de un huerto de príncipe cortesano.

Bajo un dosel de palmeras, junto a la montañita de Elío, se halla la réplica de la Dama de Elche en un pedestal por el que discu-

Escultura de Andreu Alfaro.

rre el agua desde una concha marina; y en otros monolitos, el busto de Constantí Llombart que realizó Andrés Cabrelles; y el del canónigo Chabás, obra de José Arnal, el mismo escultor que firma el monumento de Querol, al otro lado del andén; en el ámbito de plazoletas con albercas y umbría de álamos, lugar apropiado para el homenaje a Wenceslao Querol, aunque más que el busto en bronce sobresale el conjunto del basamento con figuras de notoria influencia art-déco.

Parterres y umbráculos de glicinias nos marcarán una ruta de fuente en fuente, hasta llegar a las Mozas del Cántaro de Octavio Vicent, catedrático de Bellas Artes en Valencia y en Madrid, que se sintió renacentista.

Los gigantescos ficus ocultan las verjas, mitigan el ruido del tránsito y prestan recogimiento a la zona donde abundan los naranjos, limoneros, cipreses y olivos; y el mirto limita espacios donde es fácil descubrir columnas y escudos que fuerzan la evocación palaciega con fondo de vihuela y laúd.

Sobre el terreno circular de cantos rodados se instaló la hermosa fuente que procede del Monasterio de la Valldigna; su taza es de piedra barroqueña gris y mármol rosa; y en la columna los mascarones son el motivo surtidor, igual que los cuatro delfines que la rematan.

Los cantos rodados marcan la fecha del año 1952 en este singular núcleo, donde se levanta la antigua fachada de la colegiata de San Bartolomé (1687); parroquia que estuvo emplazada frente a la Bailía y cuya referencia consta en el Llibre del Repartiment, ya que fue primitiva mezquita. También se admira en esta parte de los jardines la portada plateresca del palacio de los Duques de Mandas, trasladada desde la primitiva ubicación de la calle de las Avellanas: columnas estriadas, medallones, escudo heráldico y los tenantes con mazas, que el bienhumorado pueblo bautizó como «els Porrots».

Más columnas y capiteles, piedras talladas con emblemas, con letras, con símbolos, con fechas desdibujadas por el viento, por el nido de palomas, por las lluvias y el olvido; todas entre arrayán y cipreses como ofrenda pagana a la vida vegetal que hunde con fuerza las raíces en la tierra, donde duermen las larvas de las luciérnagas esperando el soplo cálido para despertar.

Bullicio en el cañamazo de risas y voces infantiles alrededor de la balsa de los patos y cisnes, alimentada por la cascada que cae sobre peñas y por el surtidor de la cigüeña, el ave zancuda que vinculamos a campanarios de la España del cereal y el cierzo. Sigue la gran explanada de las palomas, a la que recae la fachada del restaurante que en la posguerra española construyó el arquitecto Luis Gay, en el que se advierte la influencia de Mies van der Rohe; edificio en el que se instalará el Museo de Ciencias Naturales.

No lejos de la plaza, que en verano es marco para conciertos y espectáculos escénicos, se hallan dos interesantes obras de José Ca-

"Despertar", de Julio Benlloch.

puz: Ídolo y Desnudo de Mujer, en los lindes del paseo de Antonio Machado, que en primavera acoge a la Feria del Libro, presidida por la estela en la que se esculpieron las palabras del poeta: «*Esto es hermoso, muy hermoso; es como un pequeño paraíso. Sobre la huerta flamean todos los verdes, todos los amarillos, todos los rojos. El agua roja de esas venas surca graciosamente y alimenta el cuerpo de esta tierra. ¡Cuánto ha debido trabajar el hombre para conseguir esto! Los valencianos están orgullosos de sus tierras, que no tienen que desgarrar, sino acariciar con el mimo con que se besa a una muchacha. Esto que yo amo y admiro como una bendición.*»

Buscando la orilla de los jardines a los que se asoma la parte posterior del Museo de Bellas Artes (torretas, huecos perimetrales y gran cúpula azul), se descubren los viveros de plantas de floración como los pensamientos, las caléndulas, las gauchas, los ciclámenes y las petunias; y aquí, ante la exuberancia de pétalos encendidos es obligado recordar que de los Jardines del Real –siempre llamados Viveros– solicitó Felipe II que se le enviaran naranjos, limoneros y más de 4.000 plantas florales para embleecer los jardines palaciegos de Aranjuez. Con anterioridad, Jerónimo Sampere, que había acompañado a Carlos V en su visita a Valencia, escribió en su «Carolea» refiriéndose al cuidado parque:

«*De pinos y cipreses se decora;*
Naranjos y arrayanes la hazen bella;
Las aguas, plantas, flores le dan lustre,
Y así, por las Hiberias es ilustre.»

Zonas de arbolado y umbría alternan con espacios de parterres y rosaledas, como la de la fuente musical; proyectada por Emilio Rieta y con juegos acuáticos de Buigues pertenece a las fontanas que cumplen la pura misión del deleite. Los desniveles del terreno favorecen la contemplación de las variedades de rosas –una floración sucede a otra–; y de los cambiantes surtidores surgen fugaces arcos-iris.

Ficus, araucarias, pinsapos, chopos, acacias, melias y una impresionante avenida de cipreses con la escultura de Andreu Alfaro, personalísima por su estructura de acero, homenaje a Ausias March.

La vida bulle en los días festivos, cuando el césped es alfombra para lectores de periódicos, parejas que se abrazan y grupos de familia que comen bocadillos; vocean los vendedores de globos, de palomitas de maíz y de nubes de azúcar.

Los Viveros, jardines por antonomasia de la ciudad, son cita de una particular clase media que mantiene el rito aprendido y heredado.

Al atardecer regresan los estorninos, se encienden las farolas, enmudecen las fuentes y el guarda comienza la ronda para cerrar las puertas. No se escucha el cuclillo; aún no estamos en primavera.

JARDÍN DE MONFORTE

La vida refinada, aristócrata, se intuye nada más entrar en el pabellón de recreo, el pequeño palacete de cuyo zaguán arranca la escalinata decorada con figuras femeninas pintadas al temple y amorcillos centrados en medallones. Conduce la escalera a la estancia porticada en estilo neopalladiano, cubierta con bóveda octogonal, sobre pechinas, y también ornamentada con alegorías de felicidad y primavera; lugar designado acertadamente para la celebración de bodas civiles.

Desde los balcones y la terraza del caprichoso edificio, se contempla el más bello jardín de Valencia y uno de los escasos jardines históricos de España *«que ayuda a conocer* –escribió Winthuysen– *la historia del arte de la jardinería desde los moriscos de la Edad Media hasta la actualidad».*

Los arcos y columnas de ciprés recortado, las fuentes, las esculturas de mármol de Carrara que sobresalen en la arquitectura vegetal, la frondosidad de los árboles en determinadas zonas, los senderos que se dibujan como en cabalístico laberinto; todo es fascinante y no exento de la sensualidad desprendida del olor a tierra húmeda, a flores; del rumor del agua, de la intimidad adivinada en el umbráculo de rosales trepadores.

Se ignora quién fue el autor de los planos, aunque sí consta que el notable jardinero Salvador Garañena se responsabilizó de su cuidado durante largo tiempo, por encargo de don Juan Bautista Romero, marqués de San Juan, su propietario.

Con fortuna ganada en múltiples empresas y título nobiliario concedido por su labor benéfico-social, el marqués de San Juan compró el huerto del barón de Llaurí el 3 de agosto de 1849. Enamorado del arte y la naturaleza, su jardín ideal se llevó a feliz término porque no regateó ni en el apoyo de imaginativos artistas, ni en el coste de las obras.

De Italia llegaron las figuras de Hermes y Dyonisos, Cloe, Dafnis, Ceres, Sófocles, Flora, Poseidón abrazado a un gran delfín y grupos de amorcillos que cabalgan sobre cisnes y tocan caracolas o juegan con peces. Fragmentos mitológicos de dioses-hombres y cupidos-niños sorprenden en plazoletas, coronan pedestales o están rodeados de surtidores presidiendo una alberca.

El marqués de San Juan adquirió también los leones de mármol del escultor valenciano José Bellver, a quien le fueron encargados para la escalinata del Congreso de los Diputados de Madrid, pero donde no llegaron a colocarse por considerarlos pequeños. Hoy, como antaño, los sonrientes leones de cabellera ondulada presiden la plazoleta semicircular cerrada por barandal de hierro y adornada con bustos de filósofos, en uno de los ámbitos más característicos del jardín.

Cuatro años sobrevivió al marqués de San Juan su esposa, doña Mariana Conchés Benet; quien legó el Jardín Romero a su sobrina, doña Josefina Sancho Conchés, viuda de don Joaquín Monforte Parrés, quien cambió el nombre del querido jardín pasándose a llamar de Monforte. Fue apreciada herencia en sucesi-

vos descendientes de la familia, pero su destino quedó marcado por el Decreto de 30 de mayo de 1941, al ser declarado Jardín Artístico, denominación y categoría excepcionalmente otorgada, pero difícil de quedar a expensas del municipio en aquella etapa de posguerra, cartillas de racionamiento y viviendas con realquilados.

La familia Monforte continuó cuidando al Jardín considerado en el informe oficial *«como perteneciente al gusto neoclásico, de acuerdo con el cual se crearon bastantes desde la época carolina hasta el primer tercio del siglo XIX, en que el carácter arquitectónico de la jardinería sucede al paisajista»*; sin embargo, carente de toda subvención y cerrado al público, durante décadas el Jardín de Monforte permaneció ignorado por la mayoría de los valencinos. Por fin, fue expropiado por el Ayuntamiento en 1968 y la restauración se encargó a Javier Winthuysen, llevándola a cabo Ramón Peris, el jardinero mayor municipal.

Jardín para el paseo amoroso al atardecer, posee un montículo artificial rodeado de añosos pinos, exótico gingobiloba, mimosas y laureles; y no lejos, el estanque de más de veinte metros de diámetro, cuyo brocal forma ocho gallones con surtidores que armonizan con los centrales. En la gran balsa, de agua limpísima, se abren nenúfares blancos, rosas, amarillos y rojos. Un entorno idílico, como el de la fuente bebedero, en hierro forjado –columna con pechina sostenida por delfín, adornada con el escudo de la ciudad y rematada por un culebrón–, en el espacio de los hibiscus y el olivo centenario.

Actualmente es el jardín preferido para filmar vídeos con niños comulgantes y parejas de recién casados. En primavera y otoño hay un revuelo de mujeres jóvenes vestidas de blanco, que gustan de posar teniendo como fondo la fuente de una pareja helenística y amorosa, que se cubre bajo el mismo manto y, aceptando costumbres que el cine impuso, echan monedas de veinte duros, que son confeti dorado en el estanque, utópico sueño de felicidad.

ALAMEDA

Además de los espléndidos ficus, comparables a los de la Glorieta y el Parterre, la Alameda posee mimosas tardías y eucaliptus con los troncos donde se superponen todos los colores del gris al rosa. Con el sello de la aristocracia decadente obligada a la concesión popular para sobrevivir, la Alameda conserva edificaciones insólitas como las torres, a la entrada del jardín, que se construyeron por orden del intendente Rodrigo Caballero, quien las dedicó a San Felipe y a San Jaime. Son de planta rectangular y constan de dos cuerpos con balcones; el chapitel es de tejería vidriada azul, con mansardas en sus cuatro caras; ostentan blasones en la fachada principal y la inscripción conmemorativa que dice: «*Reinando en las Españas Felipe V el Animoso mandó hacer estas torres, estos jardines y restablecer la pública recreación de este paseo D. Rodrigo Caballero y Llanos; Caballero del Hábito de Santiago, del Consejo de S.M. y Superintendente General de Justicia, Política, Policia, Guerra y Hacienda en este Reino de Valencia. Año 1714.*»

Cuando se alzaron las torres, el jardín ya contaba más de medio siglo. En 1642 el duque de Arcos, virrey y capitán general de Valencia, mandó que se urbanizara la gran extensión de huertos, acequias y arbolado conocido por el Prado; obras que duraron tres años, enriqueciéndose con la plantación de dos filas paralelas de álamos a lo largo del pretil del río; árboles que dieron nombre al parque. Después del asedio francés en 1810, el marsical Suchet impulsó la recuperación del jardín en el que eran numerosos los laureles, plátanos, cipreses, naranjos y limoneros. Pronto fue el paseo preferido por las clases sociales más elevadas, las que disponían de vehículo –desde el landó a la tartana–, para recorrer la larga avenida; no extraña que Maximiliano de Austria que visitó la ciudad en 1858, al describirla, comparase la Alameda con el Prater de Viena, «*donde se encuentra toda la sociedad elegante que pasea en carruajes*». La costumbre permaneció hasta principios del XX; es más, durante los Carnavales desfilaban las máscaras en carrozas antes de acudir a las fiestas que se daban en los palacios; y en landó se lucían las damas cubiertas con mantón de Manila, a la salida de las corridas de toros durante la Feria de Julio, cuando el trotecillo de los caballos, las serpentinas y los confetis echados con prodigalidad acentuaban el ambiente colorista del atardecer. Desde 1871, en que comenzó a celebrarse la Feria de Julio, las corridas de San Jaime se incluyeron en su programa y la Alameda quedó vinculada a ese desfile posterior que tenía como límites de trayecto las fuentes procedentes de París. De finales del XIX datan las fontanas más hermosas de la ciudad. La llamada de Las Cuatro Estaciones –próxima a los Viveros– se colocó por iniciativa del alcalde don Francisco Brotons en 1861, quien pidió que fuera una réplica de la existente en la plaza de Terraux, frente al Hôtel-de-Ville. La taza de mármol de Villamarchante y el conjunto de hierro fundido superan los ocho metros de altura, alcanzando los doce metros de diámetro la base circular. Pintada de blanco marfileño y con surtidores que manan continuamente, las alegóricas figuras, los amorcillos con atributos del campo y el niño que sostiene el castillo de la cima, parecen de mármol. Fluyen multitud de cintas de agua que centellean bajo el sol y no hay turista que deje de foto-

grafiarla. La fuente cercana al puente de Aragón, fundida también en París –pintada igualmente en tono blanquecino– se realizó según proyecto y planos presentados por la Real Academia de Bellas Artes de San Carlos. Se inauguró en 1852, en la plaza del Mercado Central; y veintiséis años más tarde fue trasladada al paseo de la Alameda coincidiendo con la Feria de Julio.

En el pasado pujante de la Alameda quedan las resonancias del rigodón –y más tarde del vals–, como epílogo de los Juegos Florales de «Lo Rat Penat», ya que desde 1879, después de la celebración del certamen en el Teatro Principal, la Reina «dels Jocs Florals», corte, poetas e invitados, se dirigían al pabellón de la Agricultura para iniciar el baile de gala; y la noche tenía frufrú de sedas, escotes generosos, mezcla de perfumes y eco de versos. Fuera del pabellón quedaba la gente modesta con niños dormidos en el brazo, puestos de horchata, vendedores de sandías –que las abrían y cortaban como dos estrellas– y vendedoras de mazorcas ante un fogón de brasas encendidas que avivaban constantemente con un aventador o soplillo. Los pabellones fueron recintos privilegiados instalados por Gobierno Civil, Ayuntamiento, Diputación, Sociedad Económica de Amigos del País, Casino de Agricultura y Círculo de Comercio, a cuya cita acudían autoridades, aristocracia y burguesía; y la vida social se intensificaba en las edificaciones desmontables pero de caprichosa estructura no exentas de ostentación y lujo. La posguerra, la evolución mercantil y social cambió la fisonomía, el espíritu de la Feria de Julio; y a los pabellones burgueses sucedieron los falleros, aunque últimamente y por respeto al jardín decimonónico, a su ambiente, también han dejado de instalarse; únicamente se celebra en la Alameda la Batalla de Flores –instaurada por el Barón de Cortes en 1881–; el desfile de las carrozas cuyas alegóricas figuras son cubiertas con hojas de guardalobos, pétalos de clavelones, siempreviva y manzanilla, adornadas con nardos, gladiolos y dalias; carrozas ocupadas por jóvenes que lucharán entre sí y con el público lanzándose miles de ramilletes de gauchas.

También acogió la Alameda, desde la década del cuarenta a la del noventa, la feria de Navidad: los carruseles, las casetas de tiro al blanco, las norias y los horóscopos que predecían el porvenir por cinco duros; la feria con rifas del «siempre toca», el túnel del infierno, el laberinto de los espejos y la rueda de los caballitos; un mundo para colegiales que se ha trasladado al cauce del río, al paseo de las Moreras.

A lo largo del kilómetro que mide el paseo, orlado por altas palmeras en la parte opuesta al río, quedan tres fuentes: la de Flora, escultura de mármol de Carrara realizada por José Piquer e instalada en 1864, que preside un estanque con peces rojos; la fuente-monumento al Doctor Moliner, conjunto escultórico de José Capuz, también en mármol de Carrara, firmado en 1919; y una fuente anónima, humilde, que abastecía a las mujeres de los feriantes, las que tendían ropa y cuidaban un geranio en la puerta de la caravana.

La Alameda tiene hoy mesas de cafés y quioscos, que gozan de una panorámica impresionante: campanarios, torrecillas y cúpulas, sobresaliendo el convento de Santo Domingo, el Miguelete y el Temple. Hasta en las tardes de invierno, el sol de poniente favorece al antañón jardín; dora con intensidad los racimos de dátiles, abrillanta la frondosidad de los ficus e invita a que la indolencia se adueñe de quienes se sienten admiradores del atardecer, en el jardín que Pinazo inmortalizó pintando la algaraza del Carnaval.

Monumento al Doctor Moliner.

ITINERARIO

13

ITINERARIO

- Puente del Real
- Plaza del Temple
- Plaza de Tetuán
- Calle del Mar
- Plaza de San Vicente Ferrer
- Trinquete de los Caballeros

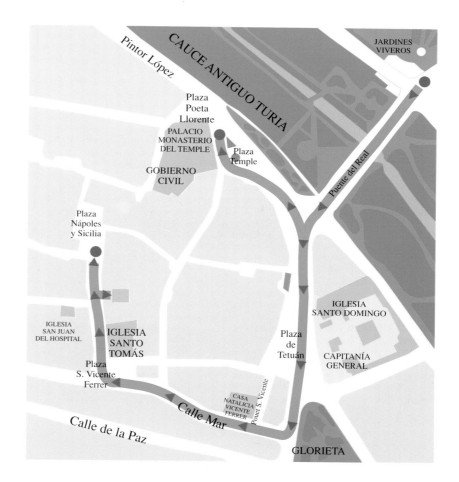

ANTIGUOS TEMPLOS

PUENTE DEL REAL

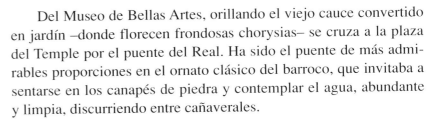

Del Museo de Bellas Artes, orillando el viejo cauce convertido en jardín –donde florecen frondosas chorysias– se cruza a la plaza del Temple por el puente del Real. Ha sido el puente de más admirables proporciones en el ornato clásico del barroco, que invitaba a sentarse en los canapés de piedra y contemplar el agua, abundante y limpia, discurriendo entre cañaverales.

Su historia ya queda documentada en el siglo XIII y fue escenario de espléndidos actos, como el paso del rey Pedro II de Valencia cuando después de llegar a la ciudad por el puente de Serranos, marchó a la Catedral y por el puente del Real se dirigió a palacio. La entrada triunfal acaecía en 1336, mucho antes de que las riadas lo destruyeran una y otra vez, especialmente la de 1517.

No faltó la página dramática en 1528. Con motivo de la visita de Carlos I, acudió tanto público para admirar el cortejo y su carroza, que se produjo un hundimiento con numerosas víctimas. De nuevo resurgió y también por cuestión de cermonial regio, las bodas de Felipe III con Margarita de Austria en 1589. En esta ocasión se mandó cerrar la puerta del Temple o Bab el Sadchar y construir otra a la entrada del puente, que sería derribada con las murallas. Copiando sus líneas y con relieves de Vicente Navarro, a mediados de la década de 1940 se levantó una réplica en la plaza Porta de la Mar.

Desde el puente del Real al de la Trinidad, cerrando el cauce para lograr un mayor nivel de las aguas, se celebraron naumaquias, el espectáculo de origen romano consistente en una batalla naval en la que participaban diversos navíos y comparsas. Ha perdurado en excelentes grabados la Naumaquia de 1762, motivada por la conmemoración del III Centenario de la Canonización de San Vicente Ferrer. Precisamente, su imagen y la de San Vicente Mártir (realizadas por Lleonart Esteve), instaladas en casilicios, han sido testigos de las más atrevidas máscaras cuando los Carnavales se celebraban en la Alameda. Gente del pueblo formando grupos, con charangas, y aristócratas en landós acudían a la cita de la alegre desinhibición que proporcionaba el atuendo o el simple antifaz.

Las figuras originales de los santos patronos fueron destruidas en 1936; la actual de San Vicente Ferrer es obra de Carmelo Vicent; y la de San Vicente Mártir, de José Esteve Bonet.

El Puente del Real se ensanchó en 1968 sacrificando su arquitectura a las exigencis del tráfico rodado; no obstante por sus casilicios y su situación, resulta muy bello sobre todo en el atardecer ; sus piedras se doran, como la fachada de San Pío V, para adquirir en pocos minutos el color siena, mientras el convento y la Iglesia del Temple, al que nos conduce, se cubren de sombras.

IGLESIA Y PALACIO DEL TEMPLE

La historia se impone. El rey Jaime I donó a la Orden del Temple, con fecha 16 de noviembre de 1240, la torre de Alí Bufat, situada en el ángulo nororiental de la Valencia árabe; una de las principales fortalezas de la ciudad por su estratégica situación defensiva en la parte del río. Torre en la que los musulmanes, en señal de rendición, enarbolaron un lienzo amarillo en el que pintaron las cuatro barras de Aragón.

Con la torre se entregó también a los templarios la puerta de Batbazachar o Bab-al-azachar, junto con la muralla y las casas que se extendían hasta la mezquita, que se levantaba en la actual iglesia del Salvador.

Agradecido tenía que sentirse Jaime I, no sólo por la ayuda de los militares monjes de la Orden del Temple, sino porque a ellos debía su formación humana. A los seis años quedó bajo su custodia; y a los once recibió de sus manos la espada, como relata en su Crónica Real: *«Molt bona e venturosa a aquells que la portaven, que havía nom Tisó»*. Fue la mítica Tizona que se incorporaría después a epopeyas hispanas.

La citada Orden del Temple, que se había extendido por toda Europa, gozó muy poco de las nuevas posesiones en Valencia; por presiones de la monarquía francesa acerca del Papa, en el Concilio de Viena se ordena su disolución. Ahora bien, como a los reyes les interesa la fidelidad de quienes esgrimen armas amparándose en la religión, Jaime II desea sustituir a los templarios y sus súplicas ante el pontífice son escuchadas, instituyéndose la Orden Militar de Nuestra Señora de Montesa, que nace como filial de la Orden de Calatrava.

Con el transcurso de los siglos y el aumento del poder eclesial, en 1748 llegaron al Temple de Valencia los caballeros monjes de la villa de Montesa, cuyo castillo fue afectado por los terremotos del 23 de marzo y del 2 de abril del citado año. Y la comunidad se replanteó la construcción de todo un nuevo complejo conventual que posea un claustro amplio y una iglesia señorial; deseo que atiende y complace el rey Carlos III a los siete meses de su entrada en Madrid, por Real Decreto de 4 de marzo de 1761.

La obra era tan ambiciosa que hasta se derribó para el solar una iglesia construida 35 años antes, constando en documentos que la residencia se concibió para treinta religiosos y catorce sirvientes.

Carlos III designó al arquitecto Miguel Fernández, destacado profesional que mantuvo intensa correspondencia con los montesianos, constructores, artistas, artesanos y especialmente con Diego Cubillas, maestro cantero. En sus cartas y planos perfiló hasta el mínimo detalle, pero nunca estuvo en Valencia.

Monumento al Pintor Ribera.

Iglesia del Temple.

El día 4 de noviembre de 1770 se inauguraba el conjunto arquitectónico *«por ser la festividad de San Carlos Borromeo, la onomástica del Rey Carlos III, Gran Maestre de la Orden de Montesa»*, aunque la capilla de la Comunión no se terminaría hasta el año 1785.

Con la Desamortización se clausuró el convento, pero la Junta de Gobierno de Valencia acordó que se exceptuasen las enajenaciones en la iglesia del Temple, la de la Congregación de San Felipe de Neri, la capilla de San Vicente Ferrer y la capilla de los Reyes de Santo Domingo. No obstante, en la sesión de mayo de 1837 se autoriza para que los claustros del edificio del Temple los pueda emplear el Subinspector de la Milicia Nacional, para la instrucción de las compañías de sus batallones.

El convento del Temple abierto al hermoso claustro comenzó a ser codiciado por diversas entidades, siendo el Liceo –Sociedad Cultural para el Fomento de las Artes, la Literatura y las Ciencias en Valencia– la primera que se instaló en 1839 permaneciendo hasta 1863, en que por imposición oficial fue obligada a desalojar el palacio. Al año siguiente se ubicaría en él la Diputación (organismo creado por las Cortes de Cádiz en 1812); y su larga estancia duró hasta 1952. También en 1864 se estableció en el palacio del Temple el Gobierno Civil y hoy continúa siendo la sede del Delegado del Gobierno.

El claustro quedó en este palacio; un auténtico lujo de planta cuadrangular; mide 37 metros de lado; y 27 por 27 metros el patio de la luz al aire libre, en el que crecen palmeras en torno a una sencilla fuente, con dos mascarones.

El cuerpo inferior del claustro cuenta con pilastras de orden dórico adosadas a los soportes y arcos de medio punto. Uniendo el friso liso que corre sobre éstos y el extradós de cada arco, se dispone una pieza de origen serliano en forma de pirámide truncada, invertida a manera de gran clave. Por encima del nivel de la cornisa se sitúan los pisos superiores, donde originariamente estuvieron las estancias de los frailes.

Al claustro se accede por la entrada al Gobierno Civil, destacando en ella el emblema cuartelado de la Orden de Montesa con las cruces de San Jorge, la campana y el castillo.

En cuanto a la iglesia, parecía olvidada a mediados del XIX; únicamente se abrían sus puertas, como excepción, para solemnidades de los Caballeros Montesianos o de las Ordenes Militares que radicaban en Valencia. A partir de 1917 son los Padres Redentoristas quienes la regentan y promueven actualmente una campaña para su rehabilitación.

El templo –visita obligada– obedece a un estricto clasicismo de vertiente romana. La única concesión a la tradición valenciana es el revestimiento de teja vidriada azul de la cúpula y los cupulines de las dos torres gemelas o campaniles. En la fachada (prolongación de la del convento), las cuatro grandes pilastras de capitel corintio, enlazadas entre sí por guirnaldas, exteriorizan las tres naves interiores. Sobre la gran cornisa destaca el tímpano que corona el tramo central y en cuyas vertientes aparecen las estatuas en piedra –obra de José Puchol– que simbolizan la Religión y la Devoción.

La bóveda del prebisterio se decora con frescos de José Vergara (pintados hacia 1770) que representan la Asunción de la Virgen, entre ángeles, apóstoles y santas mujeres. Sorprende la intervención del arquitecto boloñés Felipe Fontana quien decoró el ábside con columnas fingidas consiguiendo un gran efecto de profundidad.

En el centro del prebisterio se halla un hermoso baldaquín (ocho columnas de mármoles y jaspes de múltiples colores) y también el mármol y el jaspe enriquecen la capilla de la Comunión, con columnas de orden jónico y capiteles dorados.

Se venera, con gran devoción, la Virgen del Perpetuo Socorro (copia de la pintura icónica que se halla en la basílica romana de Santa María la Mayor) y son bellas la figura sedente del Niño Jesús y la orante de Llançol de Romaní, del siglo XVI, en mármol blanco, procedentes del Convento y del Castillo de Montesa.

Claustro del Palacio del Temple.

CONVENTO
DE SANTO DOMINGO

Esencial en el paisaje urbano de la plaza, se recorta el campanario construido en 1640; de planta cuadrada, ventanales, terraza con balaustrada ornada de dieciséis pináculos, cuerpo de las campanas con dobles columnas pareadas de orden toscano, edículos y cupulín, es una alegre torre que armoniza con la cúpula cubierta de teja valenciana manisera de reflejo metálico y la cúpula recubierta de teja vidriada azul y blanca. Como grandioso retablo y con recuerdo de arco triunfal –transición del XVI al XVII–, la fachada manierista del convento de Santo Domingo –cuyo autor se desconoce–, es pura exaltación a la orden mendicante. En las hornacinas inferiores aparecen Santo Tomás de Aquino y San Alberto Magno; en las hornaciones superiores, San Raimundo de Peñafort y San Antonio de Florencia; y en las del segundo cuerpo, Santo Domingo, entre los santos valencianos San Vicente Ferrer y San Luis Bertrán.

También se ignora el autor del adjunto patio claustral toscano (siglo XIV), aunque según refiere Cruilles fue construido por el lego y portero del convento fray Pedro Gómez, sobre terrenos del viejo cementerio.

Aquí, en esta zona, hoy con profusión de quencias y silenciosa a la media mañana, unos meses después de la conquista de Valencia, en 1239, el rey Don Jaime entregó unos terrenos al dominico fray Miguel Fabra, su confesor, para que fundara un convento en el que se predicara la teología y se convirtiera a los musulmanes. El primer edificio pronto resultó insuficiente y para estimular las donaciones, en 1250, Inocencio IV concedió especial bula. Por aquellas fechas, las indulgencias y perdón de los pecados a cambio de limosnas contaban con tanto predicamento que pronto se construyó una gran iglesia, cuya ampliación y construcción de capillas se mantuvo a lo largo de siglos. El convento de Santo Domingo también llegó a ser una de las instituciones más influyentes de la ciudad; en él residieron San Vicente Ferrer y San Luis Bertrán; eruditos de la talla de fray Marcelino Marona y fray José Teixidor, siendo numerosos los dominicos que desempeñaron cátedras en la Universidad de Valencia.

El claustro gótico es de una gran belleza; data del siglo XIV y fue restaurado meticulosamente a lo largo de tres décadas, a partir de 1953; empresa que inició el capitán geneal Gustavo Urrutia. Los cuatro lados están cubiertos de bóveda de crucería y los arcos calados ofrecen dibujos distintos con escudos en el centro: los de Castellví, Esplugues, Codinat y Generalitat del Reino, que se repiten en las claves y ménsulas de las capillas adyacentes. La impresionante Aula Capitular fue construida por encargo de Pedro de Boil, mayordomo de Jaime II, a cambio del derecho de sepultura para los miembros de su estirpe. Es conocida por la Sala de las Palmeras debido a la altura y esbeltez de sus columnas (se anticipó a la Lonja en más de un siglo). De planta cuadrada y doce metros de lado, la sala está recorrida por una bancada de piedra para asiento de los capitulares; y paralela a ésta, a unos tres metros, aparece la moldura sobre la que descansan las ménsulas.

Claustro gótico del Convento de Santo Domingo.

Como templo amado por la monarquía, Alfonso V el Magnánimo deseaba ser enterrado en él y dispuso la construcción de la suntuosa capilla de los Reyes. En las obras intervinieron los maestros Francisco Baldomar y Miguel Navarro y constituyen una muestra extraordinaria en el dominio de la estereotomía por parte de los canteros del siglo XV. Perteneciente al gótico tardío, muestra una bóveda complicada, resuelta sin nervios como caso excepcional. Los arcosolios sepulcrales destinados a Alfonso V y a su hermano y sucesor Juan II (en cuyo reinado continuaron los trabajos) permanecen vacíos, pero en el centro se alza el túmulo de los marqueses de Zenete, las estatuas yacentes de don Rodrigo de Mendoza y de Vivar y doña María Fonseca de Toledo, labradas en Génova, en 1563, por los escultores Giovanni Orsolino y Giovanni Carlone. siguiendo el diseño de Juan Bautista Castello, llamado el Bergamasco. Como corresponde al modelo de la época, el marqués lleva traje de caballero armado y la dama, con vestido de corte, sostiene un libro de oraciones. A sus pies, un yelmo y un perro, símbolo de fidelidad más allá de la muerte.

Si interesante es la capilla de los Reyes, deslumbra la de San Vicente (solicitadísima para bodas de ceremonia vespertina). Se califica como pequeña joya de estilo barroco (1772-1780), sobresaliendo la cúpula con tambor y linterna, sobre pechinas, con grandes efectos de color y luz. Fue concebida por el maestro de obras José Puchol y posee pinturas al fresco de José Vergara. En ella se emplearon mármoles de distintas canteras de Valencia y Alicante: Portaceli, Bucarró, Náquera, Llíria, Callosa d'Ensarrià, Torrente, etc.

La riqueza y la influencia del convento de Santo Domingo se quebraron en 1835 a causa de la Desamortización. El conjunto conventual fue sometido a múltiples reformas destinándose a Capitanía General y Parque de Artillería. En 1843 se consiguió la reapertura al culto público en las capillas de San Vicente y de los Reyes; y en 1878 se instaló la parroquialidad castrense. El convento de Santo Domingo, denso de historia, fue declarado Monumento Histórico-Artístico Nacional, en 3 de junio de 1931.

Claustro gótico del Convento de Santo Domingo.

EL POUET

Es lugar de la peregrinación devota cuando Valencia celebra la festividad de San Vicente Ferrer y prolonga la Pascua abrileña. La Casa Natalicia del santo dominico, en la calle del Mar, abre ese día las puertas de su capilla neogótica, con triforio y bóveda estrellada de nervaturas; y en el retablo del altar mayor, entre exultante ornamentación de flores y luces, sobresale la talla policromada de San Vicente esculpida por Vicente Rodilla. Sin embargo, la visita tradicional se cumple entrando por la puerta lateral del edificiol, al «Pouet» (que da su nombre a la calle). Se trata de un zaguán, cuyas paredes están cubiertas por una magnífica muestra de la azulejería de fines del XVIII.

Entre guirnaldas de estilo rococó se escenifican momentos de la vida del santo, como *«el Glorioso bautizo del Apóstol Valenciano San Vicente Ferrer celebrado en la Parroquial de el Proto Mártir Estevan de la ciudad de Valencia»*; y numerosos milagros: el del «rogle», el del muerto que resucita, el de los barcos cargados de trigo, el del pozo y el más popular de todos ellos, el del «mocadoret», que siguen los fieles obedeciendo al santo dominico: *«Vegeu el mocadoret que tinc a la meua mà, ara el soltaré i volarà per l'aire como un teuladi, seguiu-lo i éll us conduirà a la casa tan desgraciada que vos he dit»*. La casa donde una pobre mujer enferma se moría de hambre.

Representación de un milagro.

En la pared principal está la pila de mármol y cuatro grifos por los que mana el agua, considerada durante siglos como prodigiosa y más tarde como favorecedora para las súplicas que se formulaban mientras se daba de beber a los niños pequeños.

– Para que hables pronto, hijo.

– Para que nunca digas blasfemias.

– Para que tus palabras sean sinceras.

– Para que nunca olvides una oración.

En la hornacina que cobija los caños una placa conmemorativa recuerda: *«Para perpetua memoria de la piedad de Valencia durante la epidemia del cólera morbo en 1854, suministró este pozo 159.976 cántaros de agua; transportándose por el ferro-carril 4.590 quintales. Por gratitud coloca esta taza de mármol la piedad de los valencianos, año 1858.»*

El Pouet.

A la derecha de la pila una pequeña puerta conduce a la estancia subterránea donde se hallaba el manantial, pero está cerrada; años atrás se colocó un texto mecanografiado, al que nadie dedicó un minuto de atención. *«Este pozo –decía– dejó de manar en 1975, al ser cortada una vena de agua que lo nutría, cuando se construyó un edificio en la plaza de Tetuán.»*

Pero el «Pouet» sigue siendo el «Pouet». La letra pequeña nunca se lee.

IGLESIA DE SANTO TOMÁS Y SAN FELIPE NERI

El grandioso templo, construido entre 1725 y 1736, se alzó con motivo del establecimiento de la Congregación del Oratorio –fundada en Roma por San Felipe Neri en 1558–; y aunque tiene la advocación de los dos santos, en Valencia se le conoce sencillamente por la iglesia de la Congregación, nombre que también se da a la plaza.

La institución de una parroquia en este lugar se remonta al tiempo de la Reconquista siendo citada varias veces en el «Llibre del Repartiment», edificándose sobre una mezquita. Superposiciones de templos siguieron con los siglos, hasta el actual donde se aprecia la transición del estilo barroco a los cánones neoclásicos.

Imponente, majestuoso, en las vertientes del frontón quebrado destacan las figuras pétreas de la Religión y la Pureza, conjunto que sería imitado posteriormente en las fachadas de la iglesia del Temple y de la Aduana (actual palacio de Justicia). Pilastras, esculturas y hornacinas con numerosas figuras de santos enriquecen la portada, que cuenta con un estilizado campanario, con reloj de sol fechado en 1732, pilastras de orden toscano, balaustrada, pináculos y bolas; torre rematada por cupulín y veleta, que se recortan sobre el cielo.

La visita al interior es más que obligada, tanto por los lienzos de Vicente López (insertos en marcos rococó) y de José Vergara (referentes al encuentro de San Felipe de Neri con el Papa y a su muerte y recepción en la gloria) como por los retablos, tallas y el zócalo de azulejos de Alcora: lacerías y estilizadas hojas en azul que decoran 2.148 piezas. Iglesia que mereció ser declarada Monumento Histórico-Artístico Nacional el 15 de febrero de 1982.

FUENTE DE «LOS PATOS»

Decimonónica, la fuente ocupa el centro de la plaza, rodeada de zona ajardinada y barandilla de forja. Se construyó a expensas de la Real Sociedad de Amigos del País –1853– tan pronto como el agua potable tuvo canalización en la ciudad; un lujo para la zona que aglutinaba a aristócratas; tejido urbano de palacios, casonas y fincas academicistas y eclécticas.

La fontana es de mármol jaspe y sobre el obelisco destaca la matrona vestida con amplia túnica, de mármol blanco, que representa a la Real Sociedad de Amigos del País; su mano izquierda muestra el escudo o medalla al mérito con el símbolo de la entidad (colmena con abejas) y su mano derecha señala las palabras sobresalientes: Amistad y Patria.

En cada uno de los ángulos de la repisa aparecen relieves alegóricos al Comercio, la Navegación, las Ciencias y las Artes; y debajo de ellos, los mascarones de bronce manan el agua que repica en las pilas. Rodeando la base del pedestal, cuatro hermosos cisnes de bronce (por cuyos picos también sale agua) consiguieron que la gente la apodara «fuente de los patos».

En esta plaza radicó el mercado de la Congregación, que presumía de atender a las sirvientas del conde Bellver, conde de Rioflorido, barón de Campolivar, barones de Alacuás, marqueses de Tremolar, condes de Almansa y barón de Vallvert.

Testigo de transformaciones arquitectónicas, la fuente permanece protegida por árboles. De vez en cuando alguna pareja de recién casados, una pareja de las que se dedica a perderse por la ciudad que visitan, la descubre y deciden fotografiarse ante ella.

Los días plácidos y rutinarios transcurren en la plaza, que se engalana y tiene tracas y música para recibir a Sant Bult, la imagen del Cristo patrón del barrio de la Xerea. Durante esas fechas, preámbulo del verano, la murta cubre el asfalto y los cirios la tachonan con sus gotas. Toca el tamboril y la dulzaina al comienzo del desfile y una banda de música sigue al anda cuajada de gladiolos y lirios en torno al Cristo que, según la tradición, lo arrastraban las agua de una gran riada. Junto a la fuente, en las jornadas festivas, niños de primera comunión y clavariesas de mantilla y peina componen escenas que parecen de un ayer, a todo color.

IGLESIA DE SAN JUAN DEL HOSPITAL

En la calle de Trinquete de Caballeros –que comienza en la plaza de San Vicente Ferrer–, en la Valencia más recordada con nostalgia por Luis Vives, existió el complejo hospitalario levantado por el Gran Maestre de la Orden de San Juan de Jerusalén, Hugo de Forcalquier, en el lugar que le concedió Jaime I. La entrada para contemplar las arcadas sepulcrales del primitivo cementerio, la iglesia y la sala-capilla del antiguo hospital –declarada Monumento Histórico-Artístico– resulta completamente anodina, al tener que atravesar la planta baja de una edificación adosada; sin embargo, el conjunto es muy interesante y bello.

La sala-capilla se edificó siguiendo los cánones de la arquitectura cisterciense; consta de nave de planta rectangular cubierta de bóveda de crucería sobre haces de columnas; y el ábside de planta exagonal se cubre por bóveda de nervios que se apoyan en finas columnillas. Una gran sobriedad –hasta los capiteles carecen de ornamentación– presta al recinto recogimiento.

De posterior construcción, de finales del siglo XVII, es la Capilla de la Comunión, también digna de contemplarse detenidamente. Cartelas, trabajos esgrafiados y florones en relieve armonizan el conjunto, con retablo barroco y en hornacinas los arcángeles Miguel, Gabriel, Rafael y el Ángel Custodio del Reino.

Gárgola.

Fachada.

ANTIGUO HOSPITAL DE SACERDOTES ENFERMOS

La calle, señorial, silenciosa, depara la sorpresa de una talla muy hermosa de la Virgen del Milagro, sobre la puerta de su capilla –siempre cerrada–; capilla a la que se puede entrar por el Antiguo Hospital de Sacerdotes Enfermos, en el atzucat (callejón sin salida). En este edificio se encuentra la muestra de azulejería más interesante del siglo XVII. En el claustro seiscentista, de galerías porticadas, sorprenden los grandes paneles como el dedicado al «Árbol de los Cofrades» de 187 azulejos; y el que enfrenta, de igual tamaño, representando una sesión de la Junta del Hospital; obra que el crítico Cirici Pellicer asocia a los retratos colectivos flamencos de la época y con las composiciones monásticas pintadas por Philippe de Champaigne. Sobre tan espléndida azulejería han investigado numerosos especialistas, ya en 1894 Rafael Valls David afirmó: *«Parece un pequeño museo donde puede apreciarse la marcha de la fabricación de esta industria casi exclusivamente valenciana.»*

En el piso, reclama el interés la celda de San Luis Bertrán –donde estuvo enfermo y murió–, convertida en capilla. Los paneles de azulejos están fechados en 1780, pero las escenas narrativas son únicas.

Panel de azulejos.

VALENCIA, GOZO DE LOS SENTIDOS

ORILLA HUERTANA
193

ITINERARIO

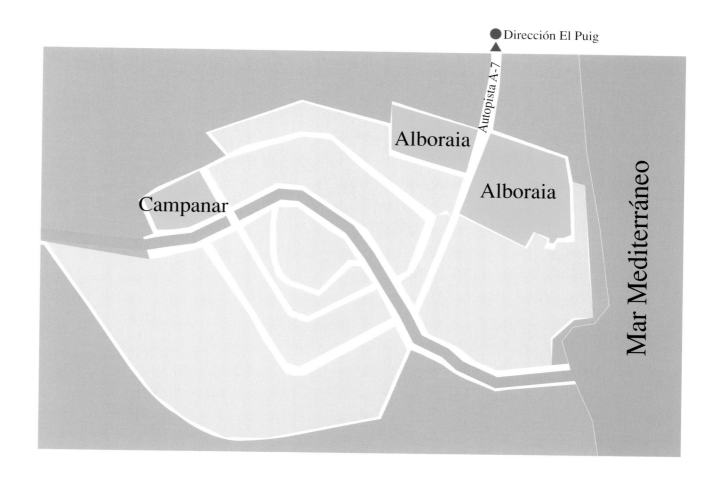

Dirección El Puig

Campanar

Alboraia

Alboraia

Autopista A-7

Mar Mediterráneo

ORILLA HUERTANA

ALBORAIA

Dista tan poco de Valencia, que solamente unos campos de chufa indican que se llegó al municipio que, según Sanchis Sivera en su Nomenclátor, se trataba de una alquería mora, Alborayada. *«Una mansión señorial* –especifica– *rodeada de casas y barracas, con su horno, molino y otros anexos.»* Como confirmación etimológica, susbsisten bastantes alquerías entre palmeras y cipreses sobresaliendo la del Magistre, la de Estrems y la del Retoret.

Pocos turistas y ningún valenciano dejan de ir a Alboraia para saborear la horchata, la bebida refrescante por excelencia de nuestra tierra. A principios de marzo abren las horchaterías –polo de atracción nocturna y dominical– para cerrarse en noviembre; y horchatería hay que en un día festivo de verano llega a despachar de 3.000 a 3.500 litros.

Se supone que la chufa la introdujeron los árabes en el siglo VIII; y de las zonas de Almería y Málaga se extendió a las valencianas. Las primeras noticias datan de los siglos XII y XIII al mencionar «la llet de xufes» que se elabora en la región valenciana. Con ciclos de mayor y menor consumo, hoy por hoy, la horchata es solicitadísima en estos lugares que tienen generalmente una gran terraza asomada a la huerta y están decorados con azulejería popular.

Durante el verano permanecen hasta el alba, cuando llegan los noctámbulos de las discotecas o grupos familiares de urbanizaciones próximas. La horchata y los «fartonets» (dulce alargado) son muy apreciados por nuestra gente que siempre gustó de exquisiteces para el paladar, sin que importara la hora.

Desde Valencia, Alboraia es la puerta de l'Horta Nord, una cuña de campos hendida en el cemento ciudadano que se extiende hasta la costa en una amalgama de tomateras, melonares, palmeras, casas de labranza y alguna barraca mantenida por romántico agricultor, aunque la utilice como almacén.

Los pueblos, tan iguales, tan llanos, tan claros, mantienen viejas tradiciones aún; son los pueblos de los casinos donde se juega al tute y a la manilla; de los clubs de colombaires, de las fiestas con «toro embolao», tracas, barrocas procesiones y «calderas», arroz con habichuelas, cerdo y morcillas, que se guisa en la plaza y se reparte entre los vecinos recordando aquel tiempo en que se daba a los pobres que pedían *«una limosna por el amor de Dios».*

Anochecer en la huerta.

Alquerías.

Campos de chufas.

MONASTERIO DE SANTA MARÍA DEL PUIG

En la perspectiva reverberante de l'Horta Nord destaca el monasterio de Santa María del Puig, cuya fundación se remonta a la conquista de Valencia por Jaime I (1238). Según la leyenda, la imagen de la Virgen fue hallada porque los centinelas de Guillem de Entenza buscaron en el lugar señalado por una lluvia de luces o de estrellas, aunque los historiadores afirman que la imagen fue obra del florentino Juan Pisano. La escultura de medio relieve representa a María sentada, sosteniendo a Jesús Niño, de pie, sobre sus rodillas. Está realizada en piedra de mármol o granito de oriente; y su altura es de 98 centímetros.

La iglesia santuario se edificó en el siglo XIII y quedó confiada a la orden de la Merced, a instancias de Pedro Nolasco; el monasterio se construyó en el XIV, ampliándose en el XVI y XVII. Su decadencia sobrevino con la desamortización y abandono de la comunidad.

Tras un «aplec» de Lo Rat Penat en 1915 comenzó la rehabilitación, que culminaría en la década de los 60. En la actualidad, de nuevo en manos de la orden de la Merced es un espléndido Monumento Histórico-Artístico Nacional. De planta rectangular, está flanqueado en sus ángulos por cuatro torreones rematados por pináculos y bolas herrerianas. El templo, los claustros, la galería de pinturas y la capilla de los monjes conservan tallas, lienzos, cerámicas, vidrieras y objetos litúrgicos de gran valor, procedentes en su mayoría de donaciones de nobles y monarcas, ya que la Virgen del Puig fue tenida por patrona del Reino de Valencia.

CAMPANARIOS

Cuando se camina por la huerta, sin atender a los límites que separan los hermanados pueblos, donde sólo una senda o una acequia significan demarcación geográfica, se llegan a confundir la mayoría de los campanarios, como se confunde el paisaje de verdes contrastado por el blanco de los caseríos. Son torres con idéntico remate, de simple trazado, pero esbeltas y alegres, como dispuestas al repique de una boda, un bautizo o la fiesta mayor.

Ejemplar por la perfecta restauración del campanario y parte de la fachada parroquial, sobresale el de Bonrepós i Mirambell; obras que se llevaron a cabo según proyecto del arquitecto Antonio Gil Estellés y la campaña desplegada por el párroco, Vicente Estrems, hacia 1984, que potenció la conciencia del pueblo asumiendo la responsabilidad de devolver la prestancia al templo y al campanario, como símbolo de la historia y la cultura.

La gente de forma anónima, en sobres que no llevaban referencia alguna, depositaba lo que buenamente quería y podía; y con tan admirable actitud llegaron a superar los cinco millones de pesetas; cantidad a la que la Diputación añadió tres millones más.

Tanto la maqueta, como los planos e historia del campanario se expusieron en la sede parroquial, y todos los vecinos conocieron su pasado, su origen.

La construcción de la iglesia y su torre comenzaron en el año 1775, cuando el mundo oficial y cortesano se interesaba por las nuevas tendencias neoclásicas y el mundo rural seguía fiel a su construcción barroca. En Bonrepós se aprecia el barroco ibérico, cuya decoración y ornamentación se inspiran en el mudéjar que renace en Andalucía y Aragón.

En los campanarios valencianos se obserba la influencia herreriana –imitan a San Miguel de los Reyes– en el basamento y cuerpo de campanas; los remates con piramides y bolas obedecen a la tradición renacentista; y la ascendencia genovesa se manifiesta en la sustitución de las placas de mármol, por pinturas conseguidas con tierras naturales: ocre, rojo, blanco y negro, mezcladas con agua.

La aportación genuina a nuestros campanarios del siglo XVIII se debe al gran maestro de la época, Joan Baptista Mingues, autor de los de las parroquias de San Valero y San Lorenzo, en Valencia; Campanar, Foios y Chelva; campanarios que se reproducen en todas las comarcas, especialmente en la Huerta. Añadamos que el de Bonrepós i Mirambell, dentro del estilo unitario descrito, destaca por su profusa ornamentación, cuyas formas geométricas de pintura recuerdan al mudéjar, decoración que se enriquece al ganar en altura.

Torres con campanas, que llevan nombres de santos y que se ofrecieron como voto para que alejasen tormentas, jamás anunciaran fuegos y siempre pregonaran buenas nuevas, son agujas tornasoladas en el horizonte llano de naranjales, campos de alcachofas y de cebollas; agujas que desde hace pocos años se iluminan en la

Campanario de Bonrepós i Mirambell.

noche con acertados focos y se siluetean con guirnaldas de bombillas en los días de los santos patronos.

Los campanarios huertanos se alzaron a mediados y finales del
setecientos, cuando Valencia vivió una etapa histórica de desarrollo en todos los aspectos y al auge de la agricultura se unió la del
área dedicada al cultivo de la morera, que incidía en la producción
de la seda. Tan importante fue ésta que Carlos III ordenó en 2 de
julio de 1775 que fueran excluidos para el sorteo del servicio militar los torceadores y tintoreros de seda.

Huella de un ayer próspero, donde la rivalidad entre localidades vecinas pugnó por enriquecer altares con nubes y angelotes y
elevar las cupulinas que rematan las torres, también los bronces de
las campanas, desde la *xicoteta del toc dels albaets*, a la
«grossa» cuyo volteo sigue al repique de las otras, se integraron al
acervo patrimonial de los pueblos. Pueblos nuestros con calles que
ondulan abrazándose a la iglesia y a la torre de las campanas.

Campanar.

CINTURÓN VERDE DE LA HUERTA CAMPANAR

Sobre la huerta de Valencia se han celebrado jornadas y seminarios de carácter internacional y las conclusiones a las que llegaron los expertos (ingenieros agrónomos, botánicos, urbanistas, catedráticos de geografía y economistas) coincidían en que había que salvar la huerta, evitar la desaparición de un fenómneo de agricultura periurbana singular y beneficioso. Pero todo es una hermosa utopía. La huerta fértil y productiva en el perímetro de Valencia, considerada como un sistema especial que combinó sociedad y territorio determinando un agrosistema, un paisaje que forma parte de nuestro patrimonio a la vez que testimonia una actividad humana, está siendo arrollada por las construcciones, por el asfalto; y parece un sueño imposible el intento de su protección a cambio de que sea un espacio recreativo para el ciudadano.

Existe aún una franja agrícola integrada en un área metropolitana que vale la pena descubrir, y Campanar está enclavado en ella. A pesar de convertirse en un gran barrio urbano en los años setenta, cuando se abrió la Avenida de Pío XII, que prolonga hasta Burjasot la Gran Vía de Fernando el Católico (eje cardinal del ensanche Oeste de la ciudad), sigue manteniendo caseríos y familias labradoras; de igual modo que perviven tradiciones arraigadas, especialmente en la partida del Pouet. Desde la pequeña ermita dedicada al Cristo, donde comienza el Camí de la Capelleta hasta la Baixá del Figuerol, los campos cultivados y las alquerías, con alguna higuera, hibiscus, jazmineros y emparrados, son muestra del paisaje rural huertano que describió Cavanilles hace dos siglos. Y en cualquiera de estas alquerías guardan celosamente la imagen del Cristo, engalanan hasta la exageración un patio para recibirlo, y lo mismo organizan rondalla y «albaes» que una noche de verbena.

En la Baixá del Figuerol corre la acequia Braç de Tornos, Dit del Dijous, que riega la citada partida del Pouet los jueves, sábados y domingos. En este lugar-límite existieron unos escalones que, entre cañaverales y un dominó de cultivos, conducían al río; actualmente es un ancho terraplén que desciende al enigmático espacio de las arcillas, las arenas y las matas de zarzales y adelfas. En frente, al otro lado de la cabecera del Turia, se alza el polideportivo de Mislata y en la horizontal panorámica se confunden edificios, naves industriales y altas chimeneas de «rajolars».

La huerta, con sus molinos, alquerías, modestos curtidores y hasta el cementerio propio, queda separada del núcleo urbano por la Avenida del General Avilés; cruzada ésta, penetrar por las estrechas calles hasta la plaza de la Iglesia sigue siendo el descubrimiento de un pueblo con calendario propio que, al llegar febrero, cierra los comercios, corre vaquillas y celebra las fiestas de la Virgen de Campanar con volteo de campanas, misa de «descoberta» y procesión. La imagen, tan venerada, se halló el 19 de febrero de 1596 y se salvó del saqueo de la guerra civil. Es una maternidad de expresión muy dulce, que mide poco más de 40 centímetros. Desde un principio despertó gran devoción en la comarca y en la propia ciudad de Valencia; y quienes cultivaban gusanos de seda mantenían la costumbre de llevarlos a «beneir» o a «batejar» a su altar con el fin de obtener «cucs filaners».

Huerta próxima.

Campanar –insistamos– es un peculiar barrio de Valencia, con escudo, con Virgen coronada, un lugar denso de historia que Jaime I, estando en el campamento de El Puig, donó al caballero En Pere de Lleida, el 8 de junio de 1237. Mas volvamos al hoy. La plaza tiene hermosas casas con patio ajardinado y entrada posterior –que comunicaba antiguamente con la cuadra–; se decoran con jambas de azulejos, cenefas con rosas Olbrich o motivos vegetales y geométricos que remiten al movimiento sezessionista; muestran también aldabas de bronce en puertas de mobila finamente talladas.

La plaza, con árboles frondosos y bancos, parece custodiada por el hermoso campanario del siglo XVIII, obra de José Mínguez. Tras numerosas intervenciones, la parroquia es de planta rectangular, aproximadamente de treinta metros de largo por doce de ancho, sin contar los claustros laterales de cuatro arcadas cada uno. La Virgen de la Misericordia preside el altar mayor; y la Virgen de Campanar dispone de una capilla con bóveda y una cúpula con ventanales a su alrededor.

Es interesante el transagrario por los frescos de Dionisio Vidal, discípulo de Palomino, seguidor de las directrices estéticas de su maestro, fieles a un barroquismo italianizante de complicados efectos de composición y perspectiva.

Estucos, dorados, luces y flores abundan en este templo, que mantiene el arraigo de devociones y del que nadie osó retirar imágenes después del Concilio Vaticano II.

En la plaza –verdadero atrio parroquial– estuvo ubicado el cementerio y en él crecían unos hermosísismos y centenarios cipreses, que fueron talados para vender su madera y cubrir un déficit municipal. El sentimiento del pueblo por su pérdida fue enorme; solamente se salvó uno de la gran tala y como homenaje henchido de nostalgia, el ciprés coronado se convirtió en escudo heráldico de la población; ciprés que igual se borda en el manto de la Virgen que en la bandera de la banda de música; es el ciprés coronado.

Campanar.

Alquerías de Campanar.

ITINERARIO

15

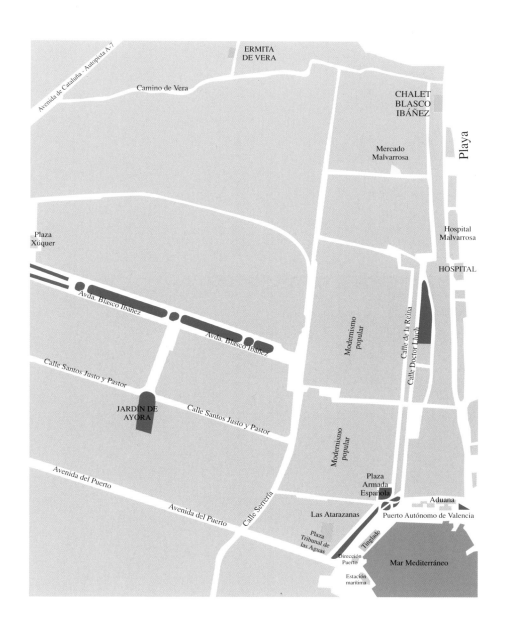

ERMITA DE VERA

Avenida de Cataluña - Autopista A-7

Camino de Vera

CHALET BLASCO IBÁÑEZ

Playa

Mercado Malvarrosa

Plaza Xúquer

Hospital Malvarrosa

HOSPITAL

Avda. Blasco Ibáñez

Avda. Blasco Ibáñez

Modernismo popular

Calle de la Reina

Calle Doctor Lluch

Calle Santos Justo y Pastor

JARDÍN DE AYORA

Calle Santos Justo y Pastor

Modernismo popular

Avenida del Puerto

Plaza Armada Española

Aduana

Calle Serrería

Avenida del Puerto

Las Atarazanas

Puerto Autónomo de Valencia

Plaza Tribunal de las Aguas

Tinglado

Dirección Puerto

Mar Mediterráneo

Estación marítima

HACIA EL PUERTO Y LA MALVARROSA

JARDÍN DE AYORA

El palacete de Ayora sobresale entre palmeras; brillan los azulejos de reflejo metálico en la cúpula ochavada de paños y en los detalles modernistas del edificio ecléctico que pregona la fecha de su construcción –1900– y el emblema de Mercurio.

El palacio, tras una acertada restauración emprendida por el Ayuntamiento, es centro pre-escolar con escalera, molduras y decoración en algunas estancias que evocan su pasado. Por fortuna, el jardín también se ha conservado manteniendo el diseño original: senderos y viejos árboles: pinos, palmeras, chorysias, laureles, jacarandas, mimosas, naranjos y limoneros; también eucaliptus y unos ficus centenarios de troncos bellísimos. En los parterres, los arbustos siguen proporcionando el ramaje no sometido a continua poda y es un gozo ver la floración de los hibiscus, la marialuisa y los jazmineros.

Perteneciente al grupo de «jardines singulares», brinda silencio y esa pátina romántica de las hojas caídas, el musgo en la umbría y el rumor de una de las fuentes con mayor encanto de Valencia. A tono con el parque, en una de las plazoletas se halla la figura femenina (característica del «art nouveau») en hierro colado, con túnica y brazos en alto sosteniendo un ánfora, de la que manan surtidores como una quimérica sombrilla; y el agua se remansa en la balsa circular con brocal de piedra.

Los clásicos bancos de tabloncillos son numerosos, aunque también los hay de cerámica próximos a la fuente bebedero: columna con capitel, Lo Rat Penat como ornamento y el cuerno de la abundancia en la base. Es la zona de la sombra, de las hortensias azules y malvas y de las galerías de unas casas modestas que se abren con privilegio al jardín.

Entre las sendas que atraviesan la frondosidad y el palacete se instalaron juegos infantiles, y fuera del parque se ambientó una explanada con semiarcos y rejilla metálica por donde trepa la buganvilla agrupando pistas de petanca para los mayores.

El jardín, enclavado en populosa barriada, entre las calles Santos Justo y Pastor, Industria y Guillén de Anglesola, es respetado al máximo y los jubilados lo tienen como algo propio. Lo frecuentan los viejos que hablan de recuerdos entre largos silencios; los de la cartera de piel con los bordes gastados que contienen muchas fotografías y un solo billete. «¿Para qué más si no hay necesidad?»

Un jardín del ayer.

Palacete de Ayora.

Ficus centenario.

Palacete de Ayora.

HACIA EL PUERTO

La Avenida del Puerto aún conserva, entre bloques de altas fincas, almacenes y antiguas fábricas de ladrillo visto y algún chalet modernista con palmeras. Es una vía de gran tránsito, auténtico eje que comunica el Puente de Aragón (terminado en 1933 y con cuatro importantes esculturas de Terencio Farré) con el muelle. En los últimos tramos de la Avenida, a mano izquierda, sobresalen la cúpula y la torre de la parroquia Santa María del Mar. Templo de origen gótico, nave única y capillas entre contrafuertes comunicadas por pequeños pasos.

En la iglesia se venera con gran devoción el Santo Cristo que, según la tradición, llegó sobre una escalera arrastrado por las aguas hasta el mismo muelle; de aquella cruz se conservan reliquias y una frase perpetúa el hecho y la súplica: «*Sembrant la pietat i pau a nostra platja arrivares. Als teus fills no desampares, Santisim Cristo del Grau.*»

En la fachada hay una fontana propia para postal. En hierro fundido, un niño/niña aparece en una concha marina sobre la cabeza de un delfín, por cuya boca mana el agua a otra pechina. El niño/niña tiene un laúd en la mano derecha, que no tañe; y también sostiene una guirnalda de cintas apropiada para saltar a la comba, pero tampoco juega. Parece impresionado por las redichas frases de la placa: «*Agua del Turia derrama esta fuente por los esfuerzos del Municipio de Valencia, la cooperación de esta villa y el legado de 80.000 reales de Don Dionisio Bello, 3 mayo de 1859.*» La figura, que parece escapada de un grupo de amorcillos y en su aventura perdió las alas, mantiene como los ángeles el misterio entre sus piernas.

Avenida del Puerto.

Fuente en la fachada de Sta. María del Mar.

LAS ATARAZANAS

Muy próximas a Santa María del Mar, en la parte posterior, se hallan las magníficas Atarazanas góticas; cinco grandes naves (de unos 10 metros por 48), formadas cada una por ocho crujías cubiertas por nueve arcos diafragmáticos de ladrillo; siendo las cubiertas de carpintería a dos aguas. En la actualidad, después de laboriosa restauración llevada a cabo por el arquitecto Manuel Portaceli, albergan el Museo Marítimo y son sede de exposiciones temporales organizadas por el Municipio.

La edificación de las Atarazanas fue acordada por el Concejo de la Ciudad en 27 de agosto de 1338, con el fin de almacenar aparejos navales y ser taller de astilleros.

Tras la guerra de Sucesión, agentes de Felipe V se incautaron del edificio. En 1802 fueron adjudicadas a la Real Hacienda como compensación de deudas de contribución y en 1849 el Estado vendió las naves a particulares. A partir de esta fecha comenzó un deterioro imparable al albergar múltiples talleres y un cine –el «Alhambra»–, que funcionó de 1915 a 1935. Abundaron las intervenciones para aprovechar el espacio y se ubicaron viviendas en su interior. Por fin, en 1949 fueron declaradas Monumento Histórico-Artístico, y tras décadas de fluctuantes proyectos se puso fin con la expropiación y la rehabilitación.

Las Atarazanas, con su bella arquitectura, dotada de contrafuertes y gárgolas, son elocuente testimonio de la actividad económico mercantil y marítima que poseyó la ciudad.

Interior de las Atarazanas.

LOS MUELLES

A nuestro puerto aún se le conoce por Grau; y el término –inmarchitable– se remonta al siglo XIII, al llamarse «gradus» al embarcadero, por ser un escalonado puente de madera el que se utilizaba como muelle para las embarcaciones.

En el siglo XVII, los jurados desearon fomentar el comercio marítimo y optaron por construir un embarcadero de piedra, encargando el trabajo a Tomás Güelda, quien publicó un interesante opúsculo con grabados (1688). Las ampliaciones, más o menos ambiciosas, ya no se interrumpirían, siendo decisiva la que emprendió José Campo al instalar una línea férrea que comunicara con las canteras de El Puig.

Para los valencianos, llegar al Grau es distinguir, sobre un fondo de azules, la torre del reloj (hoy restaurada y convertida en centro cultural para exposiciones pictóricas). Próximo a la torre, en zona ajardinada, se alza el monumento a José Aguirre Matiol, el exportador y consignatario de buques que inició el comercio de frutas y hortalizas con Inglaterra hacia 1870, siendo el innovador del embalaje en cajas y de la envoltura de papel de seda con estampación de marcas.

El puerto, con tinglados de arquitectura modernista, lonja de pescado que cobra inusitada actividad a las cinco de la tarde cuando regresa la flota y se subasta el pescado; dotado con restaurante y zona comercial en la estación marítima, es de los puertos de mayor competitividad en el Mediterráneo. Está considerado el primero de España en tráfico de contenedores y el sexto a nivel mundial.

Los domingos por la mañana posee el encanto de los paseos tranquilos, un tanto provincianos y entrañables; personas mayores, matrimonios con niños y grupos de jóvenes, frecuentan esa zona donde las gaviotas buscan pequeños peces y algún yate de bandera extranjera se balancea suavemente sobre el agua.

Amanecer en el muelle.

SOROLLA FRENTE AL MAR

Más allá de las verjas que marcan el recinto portuario, en la encrucijada de las calles de la Reina y Doctor Lluch, de cara al horizonte de grúas, buques y mar, el alto monolito de Esteve Edo simboliza la libertad. El utópico concepto se representa con una mano que sostiene a la paloma en el instante en que emprende el vuelo.

Con los escudos de Castellón, Alicante y Valencia, el monolito se sustenta sobre una base con relieves referentes a la guerra, a la destrucción, a la paz y a la añorada libertad. Una gran alberca lo rodea y los juegos de agua trenzan arcos y anillas.

A muy pocos metros, en los jardines de la plaza de La Armada Española se encuentra el monumento a Sorolla. Sobre macizo pedestal se colocó el busto en fundición del pintor, cuyo original en mármol había realizado Mariano Benlliure. La obra se inauguró el 27 de febrero de 1963, cuando se cumplía el centenario del nacimiento de Sorolla, aunque el monumento ganó belleza en 1974, al enmarcase con la portada del derribado edificio del Banco Hispano Americano, del arquitecto Francisco Mora, y añadirle amplia alberca donde la combinación de surtidores e iluminación realzan el conjunto.

La historia del monumento se remonta a 1932; fecha en que se colocó su primera piedra en la playa de la Malvarrosa, próxima a la «Casa dels Bous» (donde se recogían los bueyes que arrastraban las barcas). En aquella ocasión, el busto coronaba también un pilar y una columnata lo rodeaba formando un arco. Sin embargo, la romántica idea de que el homenaje se perpetuara en la orilla donde Sorolla pintó sus más famosos lienzos, como «¡Aún dicen que el pescado es caro!» (Primera Medalla Nacional, en Madrid, 1895) y «Pescadoras valencianas» (Gran Medalla de Oro, en Roma) no pudo prosperar. Las inclemencias del tiempo lo fueron desmoronando y terminó siendo arrasado con la riada de 1957.

Querido el pintor por la gente de la Valencia marinera, recordado anecdóticamente por los familiares descendientes de «la Palaya», la pescadera que le sirvió de modelo en buen número de cuadros y por los vecinos de la calle de la Reina, en una de cuyas casas veraneaba para estar cerca del mar, el busto de Sorolla se duplica ahora en el estanque flanqueado por palmeras y catalpas; un jardín pequeño pero umbroso y acogedor, donde se huele a brea y se escuchan las sirenas de los barcos.

Monumento a Sorolla.

MODERNISMO POPULAR

La oportunidad de conocer un modernismo popular y propio, por la utilización de materiales y temas decorativos, se nos ofrece en el paseo por las calles de la Reina, José Benlliure, Progreso, Escalante, la Barraca, Padre Luis Navarro, del Rosario y antigua Acequia de En Gasch. Un barrio en el que descubrir viviendas, generalmente unifamiliares, no exentas, sino alineadas en manzanas, de poca fachada, pero en las que el pueblo reinterpretó la corriente arquitectónica culta, valiéndose de la fragmentación de ladrillos esmaltados, bien provocada o utilizando restos de desecho, que rescataban de barrancos próximos a las fábricas.

En las primeras décadas del siglo, cuando se forman cooperativas que ayudan al trabajador; y pescadores y portuarios renuevan sus casas, contemplan las que construyó la burguesía valenciana que allí acudía a pasar los meses de julio y agosto, y no sólo adoptan las rosas sezessionistas y el repertorio geométrico, sino que enriquecen la ornamentación con figuras egipcias, jarrones, guirnaldas y flores minuciosas como conseguidas con punto de cruz; además de un gran repertorio de dameros.

No son proyecto de arquitecto, ni siquiera de un aparejador; quizás intervino un maestro de obras, pero con toda seguridad se construyeron con la colaborción de algún oficial de albañilería y una gran intuición, a la que añadían fantasía en la fachada; sólo así se explica trasladar al chapado cerámico «La pesca del bou», copiando el cuadro de Sorolla.

En buen número de estas viviendas, abundan los balcones de fundición, así como los cubrepersianas, verdaderos encajes que pintan de color plateado o negro.

Son calles que desembocan en plazas con iglesias de alegres campanarios; templos que guardan celosamente las imágenes procesionales de Semana Santa (la que se remonta al siglo XV), Cristos dolientes y Vírgenes jóvenes con el corazón atravesado por puñalitos de oro.

Calles también con bodegas que superaron el siglo como la de Montaña que se inauguró en 1836, y sigue con el mostrador de mármol, los espejos grabados con letras doradas y cerca de una treintena de toneles de roble americano, que conservan en su panza toda clase de vinos y licores.

Una Valencia marinera, con la historia agazapada en locales emblemáticos, como «El Casinet», fundado en 1908 por la Sociedad El Progreso de Pescadores, la cooperativa para suministrar a los que embarcaban carbón y alimentos, sin exigencia de pago inmediato, porque éste se efectuaba al regreso, con el beneficio de la pesca. Todo un ayer para recordar.

Reproducción de la pesca del "bou".

Recuerdo oriental.

PLAYA DEL CABAÑAL Y DE LA MALVARROSA

Los restaurantes –ahora en su mayoría hostales– comunican sus terrazas con el Paseo Marítimo. De planta y un piso, a lo sumo dos, ostentando nombres familiares de mujer, como las barcas de la flota pesquera, tuvieron su origen en barracas de principio de siglo, que alquilaban trajes de baño y preparaban «all i pebre» y abundantes ensaladas con tomate, lechuga, cebollas, aceitunas y algunas migas de atún. Las barracas, desmontables, dieron paso a la edificación de humildes merenderos que regentaban una familia completa; y con el trabajo que sabe de sacrificio compartido y el ambiente vecinal que empujaba a una digna competencia fueron transformándose en una peculiar hostelería que es marca y seña de la playa del Cabañal, la que marca la ruta de la orilla del norte, la del ancho arenal entre las aguas más perezosas de Valencia y el citado paseo orlado de palmeras y farolas.

En la parte posterior de los restaurantes, que permanecen abiertos hasta en invierno, se halla el Paseo Neptuno, con chalets de la década del veinte que hoy también se han convertido en lugares de copas o comedores especializados. Se aprecia enseguida la vitalidad de una zona de ocio, que apura el buen tiempo y, sobre todo, la noche y la madrugada. Hasta el decadente balneario de Las Arenas instaló entre tamarindos y magnolios, orquestas caribeñas y una carta con bebidas que evocan las Antillas.

Las adelfas se desbordan por las vallas blancas de madera que enmarcan «Las Arenas-Baños de Ola»; el balneario inaugurado en el verano de 1888, que la élite social de Valencia comparaba con el de Biarritz. Los pabellones de damas y de caballeros quedaban muy separados, y en ambos se disponía de cabinas, bañadores y sábanas inmensas con una orla azul, que lavaban constantemente pare tender al sol. Todo era plácido, todo era rosa para aquella clase social que comía en el restaurante langostas y langostinos; y a la hora de la merienda, cuando las bandas de música interpretaban su mejor repertorio, saboreaban una merengada salpicada con canela y adornada con un barquillo.

En las primeras décadas del novecientos, el balneario cambiaría totalmente de fisonomía con los edificios que recordaban al Partenón: uno dedicado a baños calientes y el otro, a restaurante (éste sería destruido durante la guerra en un bombardeo y nunca recobró su estructura primitiva). Y finalizada la guerra europea, como una avanzadilla de la actualidad, Las Arenas inauguró una sensacional piscina. La primera de Europa que disponía de agua de mar y agua dulce. No se escatimó en nada; hasta el cocinero del restaurante lo había sido del duque de Medinaceli, en Madrid. Sería la piscina que Josep Renau perpetuaría en su cartelística. En 1934, ganando espacio al mar, se construyó un pabellón de madera blanco y azul, levantado sobre columnas de piedra y hierro y rematado por un templete; auténtica estampa de la añorada «belle époque».

Tras el paréntesis de la guerra, Las Arenas fue el lugar elegido por la clase media, que llevaba la comida en fiambreras, mantenía las normas impuestas por la moral franquista (albornoz hasta el to-

Las Arenas, ayer y hoy.

billo) y después de bailar los boleros de la época, se deleitaba con
la película de un Gary Cooper seductor.

En las últimas décadas languideció el balneario, que ha vuelto
a resurgir uniéndose a los establecimientos que pugnan por adueñarse de la noche, como sucede en la calle que continúa paralela al
mar: Eugenia Viñes, con algunos chalets deliciosos de principios
de siglo rodeados de amplio jardín.

Junto a Las Arenas, en un singular barrio marinero, subsiste en
la calle del Doctor Lluch, la «Casa dels Bous», el edificio descrito
por Blasco Ibáñez en la novela «Flor de Mayo»; la casona con es-
tablos en donde encerraban a los bueyes utilizados para el arrastre
de las barcas hasta 1932. Como viejas reliquias quedan dos cabezas de bueyes que se atribuyen a Mariano Benlliure. La primitiva
«Casa dels Bous» radicó en la calle de San Telmo y en 1801 se solicitó permiso para edificarla más próxima a la playa, ofreciendo
sus instalaciones a las franciscanas de la Purísima. El edificio actual se construyó en 1882; es el más vetusto de aquella Valencia
marinera pintada magistralmente por Sorolla.

Entre el Paseo Marítimo, al que se asoman balcones de viviendas de planta y piso mostrando rectángulos hogareños y la calle de
Eugenia Viñes, es fácil descubrir en las mañanas de sol secadores
de «capellanets»; los bacaladitos que, bien limpios y después de
permanecer en tinas con agua y sal, se extienden sobre «teleres»;
los bastidores de nylon que parecen apuntalar la fachada. Como
cachirulos pequeños se balanceaban antes en los merenderos eco-

Secadero de "capellanets".

Paseo Marítimo.

nómicos; ahora se venden como salazón en pueblos valencianos y castellonenses.

Los secaderos de «capellanets» y algún viejo redero son puro contraste con las tiendas de lona blanca que, al anochecer, instalan matrimonios sudaneses y jóvenes artesanos, para ofrecer tallas de madera, confección india, cerámica marroquí y pendientes de latón trabajados con delicadeza.

En primavera y verano, unos minutos por el Paseo Marítimo de la Malvarrosa bastan para apreciar el amor a la vida que sienten los valencianos. Cuando el sol se pone, se llena de público y lo mismo caminan parejas enlazadas por la cintura y besándose, que grupos familiares (abuelos, hijos y algún nieto), que amigos en los que no importa la edad. Empiezan a llegar los coches que ocupan el extenso aparcamiento público; y poco a poco, junto a los bancos, en el arenal, lo más cerca de las olas –que sólo son rizos de espuma– colocan mesas plegables y sillas para cenar. Los restaurantes, con sus bien dotadas instalaciones y umbráculos quedan democráticamente rodeados por grupos bulliciosos, que aprendieron desde bien niños la lección sensorial; y saben saborear el bocadillo con tomate, pimiento y atún, sentir como acaricia la brisa marina y ver mágica la aparición de la luna.

En Eugenia Viñes, también se alzan las Termas de la Malvarrosa –hoy Casablanca–; un edificio con sueño de palacete construido a principios de siglo (1918) para instalar baños calientes de agua de mar. El restaurante fue arrendado al Hotel Reina Victoria y se dieron cenas de gala. En aquel tiempo del cutis blanco, del co-

llar de perlas y del corselete, el novenario de baños se seguía para prevenir cualquier enfermedad; y los cuerpos tan rubenianos y virginales se cubrían con toallas enormes que ofrecían doncellas uniformadas de negro y delantal almidonado. Después, cuando la mujer acortó la falda, se dejó flequillo y se pintó los labios en forma de corazón, las Termas cambiaron de clientes; y a las damiselas sucedieron familias de pueblos próximos (en Alcira, Carcagente, Alginet y Alberique perduró la costumbre); gente mayor que deseaba mitigar dolencias reumáticas gracias a los baños que tomaban a una temperatura de 36 ó 37 grados durante quince minutos. Las doncellas ya no vestían uniforme; las bañeras –orondas– perdieron brillo y en lugar del espejo con marco dorado, se colocó un Ave María de escayola policromada, con farolito encendido constantemente. Se redujo el número de empleadas; se inutilizaron las cabinas del lado izquierdo y se pintaron de azul y amarillo las banquetas de las habitaciones buscando una nota alegre, pero la realidad se impuso. Había pasado su tiempo. En la década del 60-70 las Termas se alquilaban a fallas que organizaban bailes dominicales. Por fin, una afortunada restauración y cambio de empresa las recuperaron y en 1978, con un aire retro: sillones de mimbre con almohadones, profusión de quencias y orquesta, Casablanca, se impuso en la noche.

Enfrente, en la orilla, descansan las pocas barcas del trasmallo, las más humanizadas; las que reciben el cuidado directo de la mano del hombre; permanecen junto a ellas mientras remiendan las redes y luego las cubren con lonetas y arpilleras; y aún hay algún viejo que ya no sale a la mar, pero va echarles cubos de agua –como si fueran una planta– para que no se sequen.

Playa de la Malvarrosa.

CHALET
DE BLASCO IBÁÑEZ

Chalet de Blasco Ibáñez.

En la extensa orilla de una playa virgen, el perfumista Robillart cultivaba plantas olorosas, entre ellas la malvarrosa que, con el tiempo, daría nombre al arenal de suaves dunas. Y en ese lugar de un paraíso perdido o soñado, quiso Vicente Blasco Ibáñez edificar un chalet donde refugiarse y escribir.

La casa, inaugurada en 1902, con cariátides y terraza, ha sido reproducida en todas las biografías del novelista; y sobre su permanencia y trabajo en tan privilegiado lugar se han publicado infinidad de artículos en todos los idiomas. Fue la famosa novela «Cañas y barro», la primera que escribió en el chalet; y a ella seguirían, entre otras, «La Catedral» y «El Intruso». Querido por la gente llana del pueblo, que veía en él a un defensor ante la desigualdad social, comenzaron a buscarle con tanta frecuencia, en las temporadas vividas en la Malvarrosa, que en el periódico «El Pueblo» se insertó la siguiente nota: *«Todos aquellos que fueran a visitar a Don Vicente Blasco Ibáñez, que se atengan a un horario a partir de las 5 de la tarde.»*

Madrugaba, daba largos paseos por la orilla; a veces, cabalgaba hasta la próxima Alboraia o permanecía unos momentos junto a su amigo Joaquín Sorolla, quien había instalado su caballete también en la misma playa, avaricioso de luz y de salobre. Blasco Ibáñez, tras ese contacto con la naturaleza y la afectividad, se recluía en el despacho; cogía cuartillas y comenzaba a narrar con una gran facilidad, como si contara verbalmente las historias. Su letra era legible, espaciosa, con rasgos delatores de sensualidad e imaginación.

El chalet, tan vinculado a una etapa de su vida, punto de referencia romántico para admiradores de cualquier continente, se reconstruyó de nueva planta.

Un edificio réplica levantado por el Ayuntamiento ofrece el atractivo de la casa-museo, al contar con importante legado de los familiares. Ex libris, dibujos del autor, manuscritos originales, cartas autógrafas, contratos establecidos con editoriales, condecoraciones y joyas regaladas por repúblicas latinoamericanas. Libros, muebles y objetos de su entorno cotidiano, y una gran exposición fotográfica que recrea la vida del escritor. Biblioteca completa con volúmenes publicados en numerosas lenguas; ensayos y tesis sobre la obra de Vicente Blasco Ibáñez, como novelista, como político, como hombre capaz de dictar su vehemente testamento: *«Quiero descansar en el más modesto cementerio valenciano, junto al "Mare Nostrum" que llenó de ideales mi espíritu, y quiero que mi cuerpo se confunda con esta tierra valenciana que es el amor de mi alma.»*

Su recuerdo se tiñó de eternidad en la Malvarrosa.

ERMITA DE VERA Y MOLÍ LA GAMBA

Ermita de Vera.

Al final de la Malvarrosa, adentrándose en la huerta, se halla la partida de Vera, que da nombre al molino y a la ermita, un conjunto de arquitectura popular (distintos volúmenes y tejados), que cautiva por su sencillez. La pequeña iglesia tiene un porche con tejaroz bajo, sostenido por dos gruesas columnas; y a la entrada, un pozo con retablo religioso de azulejos.

Por pertenecer estos campos a la orden de los dominicos, la ermita en sus orígenes estuvo dedicada a la Virgen del Rosario. Con la Desamortización cambió de propietarios, de patronazgo y desde 1854, año de la declaración dogmática de la Inmaculada, es la Purísima la imagen venerada.

Humilde, pero con culto, aún celebra con pólvora y música la festividad de la Purísima, el 8 de diciembre; y es muy popular la bendición de animales que con motivo de San Antón (17 de enero) tiene lugar al domingo siguiente. Acuden labradores conduciendo carros enjaezados, ganaderos y jóvenes jinetes de la Hípica de Valencia. Los participantes desfilan ante la tarima donde el sacerdote bendice y luego se subasta el típico cerdo (animal que acompaña al santo eremita), alguna oveja y gallinas.

El ambiente, en plena huerta donde se plantaron patatas y cebollas, evoca algunas páginas de los escritores costumbristas. Precisamente, en Casa del Famós, hoy restaurante y a finales del XIX bodega, donde igual se vendían vino y sardinas saladas que alpargatas y cuerdas, almorzó con frecuencia Vicente Blasco Ibáñez; y también Sorolla, en alguno de sus descansos, acudía a la hora del bocadillo con embutido, ensalada y barral con tinto.

Con emparrado frondoso y umbráculo de cañizo en la terraza apenas llega el verano, la antigua taberna ha conservado platos propios de una cocina valenciana, fuerte y sabrosa, llamada a desaparecer como «el empedrat» –arroz al horno con caldo de cocido y sofrito de carnes y embutidos– y la «paella de bou», a base de hígado, corazón y pulmones de toro, sofritos con ajo y pimentón; ingredientes a los que se añade escarola.

Continuando el camino, a cien metros de la ermita de Vera, se alza el Molí de la Gamba; apelativo que recibió dada la transparencia del agua de la acequia, que permitía a los labradores de la contornada ir a buscar gamba para la pesca.

Por la sexta generación andan los molineros que adquirieron la propiedad a los condes de Olocau, aunque con anterioridad fue patrimonio del Condado de Orgaz.

En el interior del molino, un hermoso retablo de azulejería –fechado en 1782– representa a la Virgen de los Desamparados, a San Vicente Ferrer, a San Cristóbal y a San Cotufato (el fraile a quien se invoca cuando se pierde algo). Todo un resumen de devoción popular.

Sendas entre huertas y algunas alquerías –actualmente muy buscadas por pintores y ceramistas–, conducen a la orilla del mar, que en el otoño, queda abandonada. Es de las gaviotas y los solitarios.

ITINERARIO

VALENCIA, GOZO DE LOS SENTIDOS

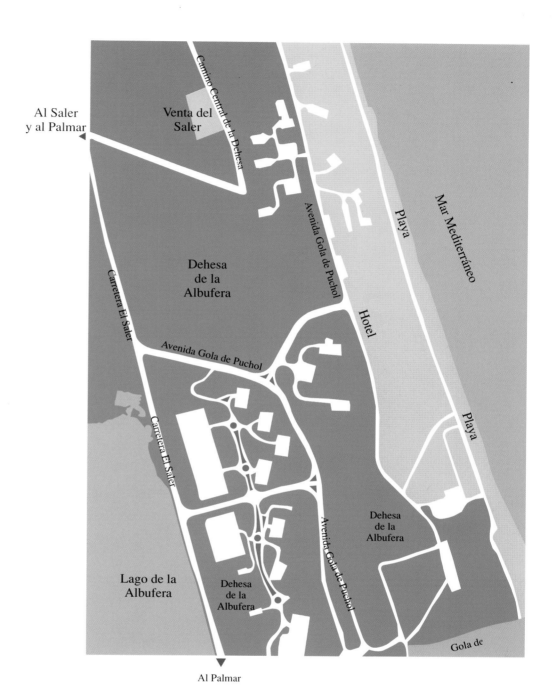

Al Saler
y al Palmar

Camino Central de la Dehesa

Venta del
Saler

Avenida Gola de Puchol

Playa

Mar Mediterráneo

Dehesa
de la
Albufera

Carretera El Saler

Avenida Gola de Puchol

Hotel

Playa

Carretera El Saler

Dehesa
de la
Albufera

Lago de la
Albufera

Dehesa
de la
Albufera

Avenida Gola de Puchol

Gola de

Al Palmar

PLAYAS Y LAGO

ORILLA MARINERA DEL SUR PINEDO

Por el antiguo camino de las Moreras, o siguiendo la carretera de Nazaret-Oliva, se llega a la pedanía de Pinedo, limitado entre el marjal –arrozales que se inundan con la «omplida» de noviembre, cita de garzas y gaviotas– y la orilla marinera.

Enclavado en el Parque Natural de la Albufera, con una población de 2.600 habitantes y de ellos un 30% trabajando como agricultores, Pinedo más que un barrio dormitorio, posee entidad de pueblo que conserva vivas sus tradiciones.

Frente al mar, después de años de ausencia y restauración llevada a cabo por el escultor Jesús Castelló, se alza la Cruz de la Conca, el monumento emblemático cuyo origen se remonta a las crónicas que hablan de la conquista de Valencia por el rey Don Jaime. Se cita que, en recuerdo de la retaguardia de las tropas que asediaban la ciudad en 1238 *«se puso una Cruz en aquel recolco o conca, que forma el lago de la Albufera al unirse con el mar...»* Escalones, base, columna y capitel que muestra a cuatro ángeles orantes, arrodillados entre hojas de cardo (no de acanto), el monumento culmina con las figuras de la Virgen del Rosario y el Niño mirando a la playa; mientras que la imagen de Cristo crucificado queda de cara al pueblo.

El nuevo paseo marítimo, con restaurantes de planta y piso, farolas y bancos, que invitarán a prolongar la madrugada estival, puso fin a los merenderos populares que hace pocos años se defendían del sol con techumbres de cañizo e instalaban mesas de madera y sillas de enea sobre las piedras de rodeno que defendían del oleaje.

De aquel Pinedo, tan entrañable, con campos de lechugas, tomateras y melones, separados también con cañas y arbustos de adelfas hasta la misma orilla, solamente permanece la zona que comienza en la discoteca The Face y se prolonga más allá de la Casa Negra –un restaurante avanzadilla en modos y modas durante la decada del cincuenta– hasta los pinares del Saler. Sin embargo, en tan singular playa se están recuperando las dunas, las que permiten la vegetación de la «floreta de Pascua», «la zanahoria bastarda», «el lliri del mar» y «el clavel valenciano». La Oficina Técnica Devesa-Albufera, dependiente del Ayuntamiento, está realizando una intervención con resultados alentadores, logrando la fijación de las dunas con «el borró», la *Ammophila arenaria*, la planta que sobrevive en las partes más deprimidas, como le sucede «als ditets»; la planta oriunda de Madagascar y Sudáfrica que se considera autóctona por la gran facilidad de su arraigo, tanto que ha mermado el «lliri del mar». Las flores amarillas y de brillante color ciclamen «dels ditets» se abren prodigiosamente en la parcela marina.

En esta orilla primitiva de Pinedo, en algunos atardeceres de julio y agosto, tienen lugar «les corregudees de Joies»; en esa hora imprecisa, cuando las sombras se agigantan sobre la arena, comienzan a llegar los músicos del «tabalet i la dolçaina» tocando sin cesar; son el reclamo de los chicos que montarán a pelo hernosos caballos tan pronto como se disparen las carcasas de rigor.

Reproducción del Apolo hallado en la playa de Pinedo.

Paralelos al mar galoparán dos jinetes que azuzan a las caballerías con fino latiguillo, ofreciendo una estampa plástica, llena de fuerza y bravura. En la meta les esperan otros compañeros de competición que ayudan a detener a los animales y a abrigarles. Una y otra vez, distintos corceles y distintos jinetes corren el trayecto marcado, entre aplausos y vítores. Curiosamente los premios son simbólicos, pañuelos de colores que el vencedor tiene la oportunidad de elegir; generalmente el rojo; un pañuelo para él y otro para el caballo.

A finales del siglo pasado eran popularísimas «les corregudes» en toda la Huerta; lo esencial se mantiene, pero el premio, «la joia» era un ramo de murta y flores que el jinete regalaba a la novia o a la chica que le gustaba; el ramo se adornaba con cintas de color y era el distintivo que él se quedaba.

En Pinedo la murta se prodiga cuando van a celebrarse las procesiones; también el «tabalet i la dolçaina» acompañan a los jóvenes que esparcen el oloroso arrayán, como una alfombra, para ese traslado de andas cuajadas de gladiolos, en las que se balancean San Rafael, la Inmaculada y el Cristo de la Paz.

Con fincas de bajo y una o dos plantas, algunas viviendas de finales del XIX y principios del XX y una calle de modernos adosados, la gente de Pinedo gusta de las casas que tienen un patio con árboles y arriates para el jazminero y el galán de noche; han soñado siempre con la «casa de camp», la que está rodeada de tierra fértil y heredada de generación en generación, como la de don Carlos, Camalets, El Rajolar, Corbelles, la Gangosa y Mundos; caseríos blancos, asimétricos, entre palmeras y acacias, próximas al arrozal o en vericuetos de caminos estrechos entre los que sobresalen motores como pequeñas capillas ofrendadas a San Juan Bautista o a San Antonio; «casas de camp» para descubrir en la zona cruzada por finas acequias y senderos de arena que conducen a la playa de las dunas.

La querencia por las barracas del ayer se manifiesta en las múltiples fotografías que decoran los restaurantes; y como un homenaje, como una reliquia, se alza «La Genuina», en el «carrer del Riú», dedicada a comedor especializado en cocina del pueblo: paella y sobre todo, «arròs en fesols i naps», donde nunca falta la carne de pato. Es el arroz que exige el caldo espeso y la larga cocción, el del vaho que empaña la alacena.

Campos que llegan hasta el mar.

Cruz de la Conca.

LA ALBUFERA Y EL PALMAR

Por la carretera de Nazaret-Oliva se atraviesa la Gola de Pujol, donde cada ocaso es un espectáculo irrepetible. Atrás queda el bosque de la Devesa y el mirador asomado al lago, que espeja con azules y oro. El camino se desvía hacia El Palmar y comienzan las empalizadas cubiertas de adelfas rojas y blancas que limitan pequeños campos, cuidados como un jardín donde no hay malas hierbas, ni hojas secas. Los tomates alternan con berenjenas, melones y pimientos y, a veces, con un naranjo joven. Siempre se distingue a un hombre, con sombrero de paja, pantalón corto y alpargatas, inclinado sobre la tierra, que dejó la motocicleta en el sendero y se afana recogiendo hortalizas o preparando la siembra para nueva cosecha.

A medida que se cruzan los estrechos puentes se fortalece la impresión de cómo la antigua isla se convirtió en istmo, tan próximas se ven las orillas de este brazo de tierra, donde no faltan modernas barracas que, junto a las palmeras, acentúan el encanto del paisaje.

Aparecen los invernaderos, los carteles que anuncian restaurantes y las indicaciones para llegar –a través de senderos orlados de hinojo– al puesto de un barquero.

El poblado es anodino, pero limpísimo y grato; sobre el solar de las barracas de culata se levantaron sencillas fincas de planta y piso. Hay tres o cuatro patios con gigantescos jazmineros que trepan hasta el balcón; y si las calles carecen de arbolado, bordeando los canales los sauces arquean sus ramas hasta el agua.

El lago encendido en el ocaso.

El lago está comprendido en el término municipal de Valencia y limita al Sur con Sueca y Sollana; al oeste con los términos de Sollana y Silla; y al norte con los de Silla, Albal, Catarroja, Massanassa y Alfafar. Al este queda cerrado por la Devesa, los pinares de la playa valenciana.

Es difícil ofrecer cifras exactas, pero según las descripciones de Estrabón y de Avieno, el lago debió tener una extensión aproximada a las 30.000 hectáreas, reducidas a 20.000 al finalizar la época musulmana, ateniéndose al plano de Sidi Abu Said. En los siglos siguientes, el aterramiento progresivo del lago por causas naturales, fue superado por un intenso proceso de desecación para convertirlo en terreno cultivable; por esta causa su superficie disminuyó a unas 14.000 hectárea en el siglo XVIII; a 8.000 en el XIX, y aproximadamente a unas 3.000 en la actualidad.

Sobresale en la antigua isla que sus gentes conservan una gran tradición de cultura popular; y el sentido de comunidad en su práctica pesquera continúa vigente; sus normas se votaron desde hace siglos y se cumplen sin apelación, reverenciando a la Albufera como principio de vida/sustento.

Los hombres de El Palmar refieren la historia de la isla vinculada a la Comunidad de Pescadores; y se remontan a Jaime I como si se tratara de un ayer no lejano. Realmente, la primera cita jurídica referente al lago se halla en el «Llibre de Repartiments» y así lo atestigua la placa de cerámica que recuerda la fundación por el citado monarca en 1238. Sin embargo, el pasado de la antigua isla –lo fue hasta la década del cuarenta como figura en el rótulo de algunas calles–, llega por tradición oral en distintas versiones.

Algunos viejos cuentan que el nombre de El Palmar obedece a los palmitos de la Devesa, que los escoberos de Torrente cortaban y extendían en la isla desierta para que el sol los secara. Estos mismos hombres dejaron el oficio atraídos por la pesca y –dicen– construyeron las primeras barracas para refugiarse alguna noche.

Otra explicación refiere que eran los vecinos de Russafa quienes se desplazaban a pescar y levantaron las barracas. En ellas vivían toda la semana y regresaban con la pesca, para que sus mujeres la vendiesen en el mercado del barrio. Una popular copla refleja la vivencia: *«La vida del pescador també te la se cantar, / el disabte cap a casa / i el dilluns, cap al Palmar.»* Tampoco faltan los que afirman que la familia radicaba en la isla y la mujer se desplazaba al mercado. Lo importante es que los pescadores siguen porporcionando a la Comunidad una cohesión de grupo y la aceptan como organización colectiva.

En el segundo domingo de julio se celebra con toda solemnidad el sorteo «dels redolins» –o calada fija para pescar–. Lo preside el alcalde de Valencia o en quien delegue junto al párroco de El Palmar. De un bombo accionado por manubrio se extraen las bolas de madera, que contienen en el interior un papel con el nombre de los pescadores y al ser denominados exclaman: «¡Ave María Purísima!»

Para gozar de tal derecho se tiene que haber nacido en el Palmar y ser hijo de varón pescador, privilegio que se empieza a disfrutar si se casa o tiene 22 años.

A la Comunidad de Pescadores pertenecen actualmente 436 vecinos, siendo solamente 115 los que se dedican exclusivamente a la pesca.

La base de la subsistencia familiar halló solución con la apertura de los restaurantes ofreciendo «all i pebre» (guiso de anguila con acertado sofrito de ajos y pimentón), la paella y la «espardenyà» (plato de pollo frito con «all i pebre», patatas y huevos), dando un gran dinamismo a tan propia hostelería. Los restaurantes, de carácter familiar, movilizan durante el buen tiempo y los fines de semana a lo largo de todo el año, alrededor de cuatrocientas cincuenta personas; las mujeres mayores suelen colaborar troceando aves y verdura; los hombres guisan las paellas en los fogones de leña y la gente joven atiende las mesas. Los veraneantes de El Saler, de los Marenys de Sueca y, sobre todo, los turistas que visitan Valencia cumplen con el ritual de comer o cenar en esos comedores alargados que tienen ventanales, cuando no terraza, recayente a los canales. Y es frecuentísimo que después vayan a los hornos a comprar dulces típicos: pasteles de boniato, rollos de anís, «rosegons», polvorones, «madalenes» y «coca en panses», que trae a la memoria la copla de vieja danza:

«I a ballar les dances
al carrer Major,
i una coca en panses,
p'al senyor Retor.»

El atardecer en la Albufera es de una belleza impresionante; llega la brisa del mar con ligero olor a salobre, pero a medida que el sol enciende los perfiles de las nubes con naranjas y malvas, cuando la luz va perdiendo intensidad, del lago emerge el olor del limo, de los campos encharcados, de la madera húmeda de sus barcas y adquiere la grandeza de una misteriosa resurrección; el mar está ya gris, pero el lago se cuaja de brillos, mientras se mecen los juncos y los lirios azules, cruzan bandadas de aves retornando a sus nidos y al graznar cortan al silencio que también reverencia el momento.

Cada 4 de agosto, en esa hora mágica, se desarrolla la procesión del Cristo de la Salud en la Albufera. Las barcas, a motor y a vela, con clavariesas, párroco y monaguillos, falleras, banda de música y espectadores atraídos por la insólita romería sobre las aguas viven la fiesta. En pleno lago, más allá de los islotes donde se ocultan los patos, la comitiva se detiene y la barca-altar que transporta la imagen del Cristo doliente, con el faldoncillo morado y la cintura adornada por gladiolos blancos, es rodeada por todas las embarcaciones. Al Cristo de la Salud se le cantan los gozos con gran devoción:

«Por vuestro influjo sin par,
esta isla toda entera,
pesca abundante ella espera,
que afiance su pasar.»

Se lanzan carcasas, se aplaude, se vitorea, para regresar de nuevo por el canal de Malta, donde algunas «llises» saltan como piezas de alpaca brillante.

La tradición oral mantiene que la imagen terminó con la epidemia del cólera, hace más de un siglo, cuando lo sacaron procesionalmente para pedirle que no hubiera más muertes. También se refiere que los pescadores, queriendo invocarle de una manera especial, sortearon nombres: Cristo de los Afligidos, Cristo de la Misericordia, Cristo del Amor... Y salió una bola con la advocación que no habían escrito: Cristo de la Salud.

En el embarcadero, al llegar la imagen, se dispara un gran castillo de fuegos, repica la campana en la espadaña, los músicos interpretan alegres marchas y la plaza entera es un comedor corrido; la invadieron las mesas de los restaurantes, a la vez que los vecinos también sacan mesas y sillas a la calle. La alegría domina en el ambiente, que huele a frituras, a sangría, a galán de noche, a arrozal inmenso, a lago íntimo y humanizado.

Crepúsculo.

FIESTAS

"Cremà" de la falla.

Si el calendario festivo es índice del carácter de un pueblo, el nuestro es amante de aquellas celebraciones que admiten representación, música y brillante parafernalia. Al valenciano le atrae el disfraz, el parlamento y la pantomima; y resolvió –desde la antigüedad– cómo encarnar al Espíritu Santo, manipular artilugios –la «carxofa»– que cobijan en su interior un ángel, o construir satíricos catafalcos con muñecos, para después prenderles fuego.

Entusiasta del estruendo, con pólvora se rubrican la mayoría de sus fiestas; se cubren con murta calles y plazas y voltean siempre las campanas. A lo largo del año, cada mes posee efemérides para conmemorar acontecimientos, tanto la victoria de cristianos sobre los árabes, como el solsticio de verano con fogatas en la playa y el imposible hallazgo de la mágica falaguera, o las meriendas tradicionales de Pascua en el campo o en la orilla marinera.

Reseñar las fiestas, que abarcan desde las hogueras de San Antón en enero a los belenes vivientes de diciembre, sería materia de un libro; basta con significar tres en las que concurren el humor desenfadado, la teatralización de lo imposible y un desfile de brillante lucimiento que tuvo como origen el más místico de los sentimientos.

LAS FALLAS

Coincidiendo con el despertar de la naturaleza, en las vísperas de la primavera que tanta celebración pagana contiene, Valencia se anticipa con un derroche de imaginación plasmado en secuencias de la vida, que caricaturiza sin piedad a través de las figuras –«ninots»– destinados al fuego.

Toda la ciudad vibra con millares de guirnaldas luminosas, con bandas de música, con pólvora que hasta al mediodía, con cohetes, morteros y carcasas, tiñe de rosas y amarillos el cielo en la ya famosa «mascletà»; pólvora que en los castillos nocturnos competirá en inverosímiles palmeras, flores y galaxias que abarcan el horizonte, desde el que llueven lentejuelas de plata y oro.

Se ha de aceptar el calificativo de locura, que con tanta frecuencia afirman quienes después del asombro, reflexionan. Locura es plantar cerca de cuatrocientas fallas, en cruces de calles y plazas, más otras tantas infantiles; locura es que los principales catafalcos, calificados como monumentos satíricos de arte efímero, alcancen los veinte metros de altitud, posean más de un centenar de «ninots» y estén presupuestados hasta con quince millones de pesetas. Locura es que a media mañana desfilen comisiones y falleras con sus respectivas bandas para ir a recoger los estandartes de los premios; y que estos pasacalles con lozana juventud ataviada con los más bellos brocados y espolines, interrumpa el tráfico de una ciudad que en esos días supera con creces el millón de habitantes. Locura, que uno se sienta inmerso en el goce de vivir, apurando la sensualidad que deparan millares de ramilletes de jacintos, nadaletas, claveles y rosas ofrendados a la Virgen de los Desamparados,

Tributo al fuego.

que convierten su plaza en un jardín; que se aspire con delectación el olor acre del humo de una traca recién disparada o que tiente a la madrugada la taza de chocolate con buñuelos dorados y crujientes recién fritos, y se ande a la búsqueda de las antiguas chocolaterías, la de los espejos picados y el velador de mármol. Locura es acostarse cuando el cielo comienza a clarear por oriente y las orquestas aún siguen con sus boleros, tangos o rock; o a la inversa, levantarse al amanecer para visitar las fallas cuando más solitarias quedan, mientras los miembros de la comisión apuran un carajillo antes de salir a protagonizar la «despertà», a anunciar con cohetes, petardos y los pasodobles de la banda de música –cuando no, dulzaina y tamboril– que el día comienza y hay que apurarlo.

Las fallas, declaradas Fiestas de Interés Turístico Internacional, hoy motivo de grandes reportajes en prensa y cadenas de televisión de los principales países europeos, nacieron en los barrios más populares y artesanos de la ciudad; allí donde los carpinteros (según cuenta la tradición) se alumbraban en las tardes invernales con candiles suspendidos en el «stai», «parot» o «pelmodo», artefacto semejante a alto candelabro, que al llegar el buen tiempo, el de las tardes perezosas, convertían en fogata. Es fácil suponer que le colgasen prendas viejas a modo de espantapájaros y también que le añadieran algún cartel con frases pícaras aludiendo a determinado personaje del vecindario.

Sobre su origen formal no se halla documentación alguna; es más, el término falla se aplicaba a la hoguera. Al historiador Carreres Zacarés se debe el hallazgo de la cita fechada en 1596, en la que se certifica que fueron pagados a Pedro Torralba 74 libras, un sueldo y seis dineros por las parrillas donde se quemaban *les falles que fan en la festa del gloriós Sant Vicent Ferrer*. En cuanto a la documentación en hemerotecas, las fallas son menospreciadas por la burguesía y los clérigos, prueba evidente de que debieron recibir críticas mordaces en las primeras fallas integradas por pocos «ninots», pero que ya componían una escena. Aunque se escriben breves líneas sobre la fiesta vinculada a San José, patrón de los carpinteros; existe referencia a ellas en los años 1751, 1783, 1789, 1792, 1796 y 1820. A partir de mediados del XIX se acentúa su continuidad y proliferación; también su humor proclive al erotismo, tanto que el alcalde de Valencia Barón de Santa Bárbara las prohibía en 1851, pero desafiando a la autoridad municipal, se plantaron. Décadas después, el Ayuntamiento estableció un impuesto de 30 pesetas por falla y solamente se plantaron cuatro. Apoyándose en la restrictiva medida, el impuesto se incrementó en 1885 a 60 pesetas y únicamente se instaló una; al año siguiente, la ciudad no tuvo fallas, pero fue tan grande la protesta por parte de los valencianos, que el municipio se vio obligado a reducir el impuesto a 10 pesetas y una treintena de fallas, alegres y desvergonzadas, confirmaron su victoria.

El lenguaje fallero, simbología iniciática del pueblo, basándose en hortalizas, crustáceos y pájaros, ha sido utilizado –igual que las palabras con doble sentido– para criticar a políticos y figuras destacadas de la vida social; sabido es que el ingenio de los artistas falleros supo burlar a la censura en los tiempos del franquismo.

Las fallas arremeten contra todo y contra todos y hasta el más gris de los humanos se encuentra reflejado en cualquiera de los «ninots» que delatan el quiero y no puedo, la rutina matrimonial o la frustración de sus sueños. En Valencia uno se ríe del mundo entero, después de reírse de sí mismo. Sin embargo, por sus múltiples interpretaciones y porque rimar siempre resultó facilísimo a nuestra gente, comenzaron a editarse unas revistas alusivas a las fallas, escritas en verso, conocidas por «llibrets» (libritos), que dieron cuerpo a un especial género satírico que se revaloriza por los certámenes anuales. Fue en 1751 cuando Carles Ros, notario, poeta y editor, firmó su primer «llibret»; pero sería en 1885 el año en que Bernat i Baldoví, conocido autor de sainetes costumbristas, estableciese un modelo antológico, en el que no regateó atrevidas alusiones al sexo, manifiestas en la falla del Almudín.

Ahondar en el espíritu de la comisión, el grupo de vecinos que se responsabiliza de una falla y del amplio programa de actos relacionados con ella, es descubrir unas ilusiones por las que trabajan todo el año, que imbrican una relación social y una acatada jerarquía. El presupuesto de la falla, más el de la música, pólvora, flores, ornamentación luminotécnica y un largo etcétera se consigue mediante cuotas, rifas y venta de lotería por correo en media España, lo que supone un trabajo administrativo de equipo diario y no remunerado. Asombra la actividad de un casal (sede con varias depedencias de una falla; a veces con salón de actos y cafetería incluidos); dinamismo que se amplía a los ensayos del cuadro escénico, grupo de danza y rondalla en algunas ocasiones. La comisión es la que contrata al artista y elige fallera y corte; las jóvenes que pugnarán a su vez por pertenecer a la corte oficial y ser proclamada Fallera Mayor de Valencia, tras una reñida selección donde cuentan belleza, simpatía, cultura y ese don del saber estar y cautivar.

El embrión de toda falla es el boceto, la idea desarrollada mediante dibujo minucioso; generalmente una gran figura o dos son indicativo del tema, que mediante secuencias irá interpretándose gracias a los «ninots» que ocupan la tarima redonda u ovalada. Aunque se han intentado estilizaciones y diseños más próximos al cómic, en Valencia se apuesta por la monumentalidad, el barroquismo y la sátira. El boceto se convertirá en maqueta, para despiezarse según los grupos; y uno a uno se lograrán los «ninots». La técnica tradicional era conseguir el molde en alabastro, lograr el vaciado de cartón mediante el relleno de papel mojado y con pasadas de engrudo (mezcla de harina, agua y sulfato de cobre o piedra Lipi) pegar cuatro cinco capas y pintarlo. Actualmente, el cartón se está sustituyendo por el poliuretano expandido y la fibra de vidrio, de manera que el artista en vez de modelar, talla empleando herramientas equivalentes al escoplo y a la gubia.

Resulta interesante conocer los talleres, esas grandes naves que constituyen un gran núcleo en la Ciudad Fallera, en una orilla del barrio de Benicalap que linda con naranjales y huertas. El Gremio de Artistas Falleros lo integran más de trescientos profesionales, que han conquistado mercados alternativos en la escenografía, decoración de stands para las Ferias, construcción de parques infantiles en ciuadades japoneses, alemanas y norteamericanas, carrozas (son valencianas la mayoría del Carnaval de Nueva Orleans) y ornamentación de fachadas, como los casinos de esta ciudad.

El Museo Fallero, instalado cerca de los talleres, muestra toda una iconografía histórica de los «ninots», desde los que se hicieron con paja y cera, a los que eran un trípode de madera con cabeza de cartón, pero acertadamente vestidos. Y junto a ellos, la colección de «ninots indultats», los que por su perfección y humor se salvan anualmente del fuego; estandartes, «llibrets», maquetas, fotografías de fallas que fueron hito en su historia, carteles y una bellísima exposición de indumentaria valenciana característica de los siglos XVIII y XIX dotan al museo de alicientes.

Los cuatro días de fallas –del 16 al 19 de marzo– obligan a olvidar las manecillas del reloj y a dejarse llevar por ese torrente de alegría que son las verbenas en los barrios, la invitación en los casales, las paellas guisadas en la madrugada y en plena calle; la alegría de sentirse vivo ante la emoción de un desfile en el que niños, jóvenes y viejos, vestidos a la usanza tradicional, sonríen a quienes les aplauden desde la acera, mientras el sol relumbra en los topacios de los aderezos y en las lentejuelas de las manteletas.

Las fallas serán holocausto a la media noche del día de San José. Con la Nit del Foc, tocando «Valencia» de Padilla ante cada falla, se consumirán entre llamas, carcasas y candelas. Toda la ciudad queda envuelta en una sorprendente atmósfera de dorados, naranjas y una especialísima lluvia de partículas de papel encendido. El alarde pirotécnico aún se multiplicará con la «cremà» de la falla del primer premio y la de la plaza del Ayuntamiento, con ese disparo de fuegos anhelado por millares y millares de ciudadanos que desean presenciar el último momento grandioso, la dantesca hoguera a la vez que suena el Himno Regional y estallan los aplausos.

Una misteriosa quietud, un silencio extraño se adueñan de Valencia al día siguiente, pero pronto cobrará el dinamismo; hay que pensar en las fallas del año siguiente; y la primavera llenó de capullos los árboles del amor que orlan muchas calles, y las acacias estrenan un verde tierno.

Antes de dos semanas, la dulzaina y el tamboril pregonarán la «apuntà», la primera reunión de los falleros. La fiesta comienza a fraguarse.

Ninot.

Escena de una falla.

Pasacalles.

Mascletà.

ELS MILACRES
DE SAN VICENT

En abril, cuando la ciudad huele a azahar, año tras año, durante la octava del lunes de Pascua, se levantan altares en calles y plazas conmemorando la festividad de San Vicente; y grupos de niños representan, siempre en valenciano, hechos prodigiosos atribuidos al santo dominico.

La pujanza de los certámenes para premiar la escenificación «dels milacres», una renovada devoción al taumaturgo Patrón de la ciudad, así como la instalación de nuevos altares de los que se han responsabilizado comisiones falleras, han influido notablemente en la fiesta que se remonta al siglo XV.

Se tiene como iniciador a Juan Garrigues, vecino de la calle del Mar, quien en 1461 consiguió permiso eclesiástico para agradecer, a través de un altar desmontable, que San Vicente, siendo un niño de cinco años, curase los abcesos malignos que padecía su padre. San Vicente había muerto en 1419 y fue canonizado en 1455, lo que explica que aún perdurase en la memoria del pueblo su fama de predicador y el don para realizar milagros.

El primer altar fue sencillo, ofrendado a una imagen del santo en hornacina, junto a una inscripción que relataba lo acaecido y la gratitud. Pero pronto, recordando diversas intervenciones de San Vicente Ferrer, comenzaron a colocarse altares en la vía pública, adornados con sedas, floreros y velones. En 1598 eran numerosos y se convocaban concursos para conceder premios tanto a la belleza como a la iluminación, fundamental en aquellas circunstancias.

Décadas más tarde se sustituyeron los textos por figuras, a las que se llamaron popularmente «bultos»; rudimentarios personajes que representaban a familiares de San Vicente en momentos de su vida. Todavía hoy, en la iglesia de San Esteban se colocan «los bultos», atribuidos éstos a José Esteve –aunque con intervenciones posteriores–. Con un anacronismo total, el grupo queda integrado por la comadrona que lleva en sus brazos al santo; Perot de Pertusa, el sacerdote; los padrinos, Ramón Oblite (jurat en cap), Guillem de Espigol y Domingo Aragonés (jurats ciutadans); la madrina, doña Ramona de Encarroz i Vilaragut; el macip o racional; el sacristán; el padre de San Vicente, el Virrey, la Virreina con sus pajes, dos damas y dos vergueros.

Muy dados al parlamento y al teatro, los valencianos que ya tenían un buen repertorio de «misteris», piezas breves de temática religiosa que representaban adolescentes y niños en carrozas, a la vez que proliferaban «els coloquis i rahonaments», alusivos a costumbres, en clave de humor, no tuvieron dificultad en perfilar nuevos entremeses rememorando «milacres», aunque se supone que en un principio fueron de improvisación verbal.

Estudiosos de tan especial teatro afirman que el texto impreso más antiguo es el «Coloqui entre el Retor de un Poble, Cento y Quelo sos Parroquians» (Imprenta Joseph de Orga, Valencia, 1801). También se conoce el «milacre» titulado «El fill del especier», del Padre Luis Navarro, representado en 1817; y «La Font de Lliria» publicado en 1822 (Imprenta Benito Monfort).

Curiosamente, aunque se partía de una situación dramática, puesto que eran tullidos, ciegos o pobres a quienes socorría el santo, «els milacres» recordaban por desarrollo y lenguaje a los tipos populares de los sainetes; costumbristas y saturados de humor. En el siglo XIX proliferaron y se solicitaban a autores que trabajaban para la escena profesional, como Bernat i Baldoví y Eduardo Escalante, quien estrenaría en 1855 «La vanitat castigada» y «Milacre de la muda» en el altar del Mercado.

Fuente de inspiración para «els miracles» fueron las obras del dominico P. Francisco Vidal Micó «Historia de la portentosa vida y milagros del valenciano Apóstol de Europa, San Vicente Ferrer» (Valencia 1735) y la del P. Henri Fages «Historia de San Vicente Ferrer», así como los textos de sus famosos sermones.

En la posguerra, con el recuperado fervor religioso, las escenificaciones infantiles gozaron de gran auge y destacó un prolífico autor, Sánchez Navarrete, que introdujo innovaciones en el género

y suprimió al «Hermano Motilón», acompañante del santo que se caracterizaba por su glotonería y lenguaje pícaro.

Las fiestas vicentinas se inician el sábado a medianoche con la «subida», acto en que la imagen se lleva procesionalmente desde una iglesia al altar para colocarlo en el centro del retablo, entre música, y disparo de fuegos artificiales; durante el domingo tienen lugar las representaciones; y el lunes –día de la festividad según bula expedida por Clemente VIII el 28 de septiembre de 1594– se celebra la misa de Pontifical con asistencia de las diversas asociaciones, clavarios y clavariesas; se hace la ofrenda floral en la casa naticilia y por la tarde, última procesión y «bajada» de la imagen. De nuevo pólvora, himnos y vítores a ese buen dominico, que hacía brotar manantiales en piedras o junto a olivos, que resucitó a un niño descuartizado en Morella o dejaba que su pañuelo volase como un pájaro para que la gente supiera dónde unos pobres se morían de hambre. «El mocadoret» que todos los años se representa.

Representación "dels milacres".

VÍSPERA
Y DÍA DE CORPUS

Baile "dels nanos".

En 1355, atendiendo la iniciativa del obispo Hugo de Feno-llet, los Jurados de la ciudad invitaron al pueblo a engalanar las calles y tomar parte en la procesión que, a *«honra i reverencia de Nostre Senyor Dèu Jesucrist»*, partiría de la Seo. Las crónicas dejan constancia de una respuesta favorable y festiva sobre el religioso desfile, que quedaría interrumpido por la muerte del obispo al año siguiente. Fueron las parroquias, mediante turno rotativo, las que se encargaron a partir de esa fecha, hasta que siendo jerarca de la diócesis el cardenal don Jaime de Aragón, en 1372, volvió a instar a las autoridades civiles para que la procesión se organizase en la catedral y adquiriera la mayor brillantez, anunciándola la víspera mediante «crida».

Los gremios con sus banderas y santos patronos, las órdenes religiosas, las cofradías, grupos de danzantes y músicos se unieron a la comitiva formada para rendir pleitesía a Jesús Sacramentado. Las calles se alfombraron con mirto y hierbas olorosas, los balcones lucieron terciopelos, sedas y colchas y pronto se fueron agregando personajes y artilugios, que representaban páginas de la Historia Sagrada y de míticas leyendas; figurantes a los que el Municipio en el año 1400 tomó la decisión de obsequiarles con una comida. Muchos de ellos han desaparecido, como el dragón de San Jorge, el arca de Noé, la escalera de Jacob, la nave de San Nicolás, Santa Margarita, Santa María Egipciaca.

La fantasía comenzó a adueñarse del rito y la procesión se convirtió en un espectáculo tan brillante, que se convocaba cuando los reyes visitaban Valencia. Fue solicitada por doña Blanca de Navarra en 1401; Alfonso el Magnánimo la presenció en agosto de 1427; para complacer a doña Juana de Nápoles se organizó el domingo siguiente a la festividad de San Juan en 1501. Ante Carlos V se procesionó en 1528; Felipe II la admiró en 1585 y Felipe III, en 1612.

Con el tiempo, en esta ciudad, donde teatralizar es innato, comenzaron a escenificarse breves piezas de Joan Sist, que tenían el acompañamiento musical de Joan Pastrana y la decoración de Juan Oliver. Fueron los entremeses que se conocieron como «misteris» por su carácter religioso; y para proporcionarles un escenario móvil, los Jurados auspiciaron la construcción de carrozas con una base donde poder desarrollar la acción, que la gente llamó «las Rocas».

Hasta once «misteris» participaron en la procesión de 1517, pero sólo se conservan tres: «Adam i Eva», «Sant Cristófol» y «El Rei Herodes», llamado también «Misteri del Portalet» o «La Degolla», por requerir la intervención de un grupo que, recordando a la soldadesca de Herodes, corría tras los niños con porras de pergamino. Después de décadas sin representación continuada, hoy «els Misteris» vuelven a interpretarse la víspera de Corpus al atardecer, con toda la ingenuidad, la gracia y el sabor del teatro eminentemente popular, como expresa la loa del Rey Herodes, cuyo fragmento transcribimos textualmente:

«Auditors, sabis, prudents,
de molta magnificencia,
apres de darnos llicencia,
preguels que estiguen atents;
perque asi els porte al present
un acte no traduit,
misteri vulgarment dit
dels tres Reys del Orient:
feunos, senyors la contenta
de callar, perque el autor
ferseliha molt gran favor
mentres que aso es representa.»

(Edición de 1866. Imprenta y Librería de Juan Martí. Bolsería, 24).

También en la víspera tiene lugar la colocación de los gigantes, como centinelas, junto a la puerta de la catedral: una pareja de raza blanca, una de turcos, una de gitanos y una de negros, simbolizando el culto del mundo entero a la Eucaristía. Igualmente se trasladan las Rocas acompañadas por la música incesante de tamboril y dulzaina. Salen de la casona donde se guardan celosamente; una nave altísima del siglo XVII que termina en un hastial con cubierta de madera a dos vertientes, sustentada por pilares de ladrillo, muy próxima a las Torres de Serrano.

Aunque llegaron a ser doce las Rocas que se reseñan en 1512, aún subsisten algunas antiquísimas, como la de San Miguel, de 1535, que evoca la rendición de la ciudad árabe ante Jaime I; la Roca de la Purísima, de 1542 y la de la Fe, construida en 1535. Mención aparte merece la Roca Diablera, que se supone data de 1511, aunque sufrió una importante intervención en 1702; la preside el dios Plutón (una vez más la mitología se funde con nuestro santoral), y en su plataforma tenía lugar la danza de la Moma. En 1655 se construyó la Roca de San Vicente Ferrer –semejante al Ángel del Apocalipsis–; curiosamente, en 1855, con motivo de la canonización del santo dominico, se realizó la Roca Valencia; la Fama fue un carro triunfal en la Batalla de Flores de 1899, que se añadió a los de Corpus. Por último, de una etapa muy reciente, tenemos la Roca de San Juan de Ribera, de 1961 –motivada por la canonización del Patriarca– y la Roca de la Virgen de los Desamparados, como recuerdo del V Centenario de su advocación.

Con la plaza entoldada, adornos de guirnaldas, templete de flores y derroche de murta, la mañana del día de Corpus es bulliciosa y muy alegre. Además de la comparsa de «La Degolla» que se une a la famosa «crida», intervienen en el desfile una serie de personajes que la tradición verbal y plástica han perpetuado: «la Verge de la burreta», «el Capellà de les Roques»... así como danzas procesionales entre las que destaca la Moma, símbolo de la Gracia, que vence a los momos o pecados capitales. Castañuelas, «tabalets i dolçaines» suenan sin cesar, mezclándose con el estruendo de las tracas.

Por la tarde, después de la competición de algunas Rocas tiradas por caballos percherones, que pugnan por superar en el mínimo tiempo posible «la subida» de la calle del Palau, voltean las campanas del Miguelete anunciando la solemne procesión. Y se inicia el desfile espectáculo, puro folclore avivado por la Asociación Amigos del Corpus, que encarnan a más de doscientas figuras del Antiguo y el Nuevo Testamento, desde Noé –apodado por los valencianos «el abuelo Colomet»– a los doce apóstoles, la bella Judit y ángeles músicos.

Guardia municipal, estandartes, gigantes y cabezudos bailando, abren la singular procesión, tan imaginativa como inaudita con su riquísimo vestuario. Con intenso olor a rosas, timbales y clarines, nubes de incienso y campanas al vuelo –según las iglesias del recorrido– se anuncia la Custodia.

La Moma.

Las calles del trayecto quedarán cubiertas con pétalos de flor; en las cafeterías se servirán las copas de café y limón granizado; y las mujeres jóvenes, con prendas veraniegas, mostrarán la piel bronceada de un sol gozado en la playa.

Estarán iluminados el Ayuntamiento, el Miguelete, Santa Catalina, las Torres de Serranos y de Quart, la Lonja y numerosos palacios; la ciudad monumental que en los días grandes desvela a la noche sus piedras góticas y renacentistas. La ciudad que, con fiestas o sin ellas, posee el secreto de vivir apurando cada momento.

LA NUEVA
VALENCIA

MUSEO DE CIENCIAS NATURALES

quencias y hortensias al anochecer, es un centro cultural inaugurado el 18 de mayo de 1999 que acoge la colección más importante de Paleontología sudamericana en Europa, la donada por el valenciano José Rodrigo Botet, entre cuyas piezas el Megaterio era famoso y recordado por todos los colegiales que visitaban el Museo de Paleontología en el Almudín.

El innovador museo, que cuenta con instalaciones interactivas que tratan sobre la evolución de los paisajes de nuestras tierras, ha llevado a la realidad una histórica aspiración que se remonta al acuerdo tomado por la Corporación Municipal en 1902, cuando se propuso construir el Palacio Municipal de Ciencias Naturales en la Montañita de Elio. A lo largo de la historia, a veces, se dan felices coincidencias y casi un siglo después Valencia brinda la oferta, en los Jardines del Real, de un proyecto museístico concebido por Margarita Belinchón que marca cuatro áreas diferenciadas con un discurso expositivo común, evitando así la imposición de un itinerario obligado.

El impacto visual de amplios espacios y colores matizados por estudiada luminotecnia para dar importancia al lenguaje de los objetos, basando la exposición en la utilización de elementos que recrean ambientes por medio de dioramas, proporcionan una grata experiencia. La visita documenta ampliamente en cualquiera de las secciones: la contribución valenciana a las Ciencias Naturales; la Historia de la Vida (de más de 400 millones de años de cambio evolutivo, evidenciado por los fósiles); la Malacología (constituida por la colección conquiológica reunida a finales del siglo pasado por Eduardo Roselló Brú, propiedad del Ayuntamiento desde 1926); y Ecosistemas Valencianos (desde el antiguo río, al mar, a la huerta, Devesa y Albufera). En fin, se ha pretendido y se consigue que el ciudadano tome conciencia de su patrimonio, porque la exposición paleontológica que albergaba el Almudín se amplió notablemente con materiales de la Comunidad Valenciana.

De la gran acogida que ha tenido el Museo de Ciencias Naturales basta citar que en un año se superaron los 300.000 visitantes, destacando que si son numerosos los alumnos de colegios e institutos que acuden por citas concertadas, los domingos registran la mayor afluencia por tantos grupos de jóvenes, matrimonios con hijos y personas mayores, deseosos de descubrir y aprender; gente para quien se desmitifica el concepto antañón de museo (algo muerto), porque cuando se contempla, con el apoyo de paneles y proyecciones, convence de que todo son huellas de vida; de la vida que nos antecedió.

Durante la Feria del Libro, en el ágora del Museo se presentan volúmenes y se dan ruedas de prensa; en la sala de conferencias se celebran debates y en la sala de exposiciones, éstas se suceden; entre ellas, «Los olvidados de Noé», «Cuando la energía se convierte en materia», «La meteorología a través del tiempo» y «Pasión por el mundo».

Y en el lugar de honor, como antaño, como siempre, el Megaterio que sigue sorprendiendo a los niños, aunque lleven teléfono móvil y naveguen en Internet.

No se pudo hallar mejor ubicación para el Museo de Ciencias Naturales. Con gran acierto, el Ayuntamiento destinó para su sede el edificio del restaurante que en la posguerra española construyó el arquitecto Luis Gay; construcción en la que se advertía la influencia de Mies van del Rohe, cuya fachada principal se abre a la plaza central de los Viveros.

De la intervención arquitectónica para su instalación y ampliación, se responsabilizó el arquitecto José María Herrera; y hoy, lo que fuera lugar de elegantes reuniones sociales, con bailes entre

PALACIO DE CONGRESOS

Pasada la cruz de término de Nassio Bayarri, dejando atrás la torre de Campanar, en un cruce de la reciente avenida de las Cortes, orlada de palmeras, se halla el Palacio de Congresos del prestigioso Norman Foster, obra de bellísima simplicidad en la que logró integración con el entorno (zonas hasta hace poco huertanas) y alianza con nuestra luz, que le deslumbró a su llegada a Valencia y con la que consigue acertados efectos ópticos. Citemos que gracias a su elevado poder reflectante la gran cubierta metálica de 170 metros de longitud, que recuerda formas de nave, devuelve al espacio los rayos solares que no precisa. Del mismo modo, el gran vestíbulo de un centenar de metros de longitud está flanqueado por estanques exteriores donde los surtidores forman alta cortina de agua cuya sola visión ya refresca. Un emblemático edificio arquitectónico que pronto fue galardonado por el Royal Institute of British Architects, en 1999.

El Palacio de Congresos, actual foro de Valencia, marco para la actividad de encuentros y debates –referencia obligada en el sec-

tor de convenciones y reuniones de negocios–, fue inaugurado por los Reyes don Juan Carlos y doña Sofía el 2 de junio de 1998, en un acto multitudinario y brillante al que asistieron cerca de 1.500 invitados; la alcaldesa de la ciudad, Rita Barberá, y presidente de la Generalitat, Eduardo Zaplana.

Los auditorios que comprende están concebidos con un fin versátil y práctico; así, mientras el principal, por su acústica, distribución y capacidad de 1.486 personas, es el más apropiado para actos de apertura o clausura y conciertos; el segundo auditorio permite convertir una jornada de trabajo en un encuentro interactivo que facilite el intercambio de ideas en un ambiente grato, mientras que el tercer auditorio está concebido como una estancia multiusos. A la vez, sus salas auxiliares pueden transformarse en 52 ámbitos diferentes gracias a la distribución espacial y a la disposición de su mobiliario, contando también con salas de prensa, sala VIP, cabinas de traducción simultánea, cafetería, restaurante, zona de recreo y pequeños espacios donde encontrar silencio.

El primer encuentro internacional que marcó la actividad del Palacio de Congresos fue «La Arquitectura y las Ciudades en el si-glo XXI», que abarcaba dos áreas temáticas: «Arquitectura entre la vanguardia y patrimonio» y «Las ciudades del siglo XXI: hacia una armonía en el desarrollo»; debates que dado el interés despertado y a los que Valencia aporta su transformación, se transmitieron en directo a través de Internet.

Frente al edificio de Norman Foster, en esta nueva Valencia en la que se proyectan (y se están construyendo) fincas que sumarán 4.000 viviendas entre espacios abiertos y verdes, se admira ya el jardín diseñado por la famosa paisajista Carmen Añón; en él dominan los árboles frondosos y los de frecuente floración, como los del coral; arbustos, rosales y plantas trepadoras para cubrir umbráculos y proporcionar acogedora sombra; diversas sendas, pequeñas plazoletas y albercas integran el «Jardín de Polifilo» según la obra de Francesco Colona. Los hibiscus y los jazmineros en macizos y los naranjos y limoneros junto a los estanques son permanente recuerdo a nuestros huertos; aquellos que reverdecían en fincas de labranza a un lado y a otro de la pista de Ademuz, de la actual avenida de las Cortes Valencianas. Un tributo.

CÁRCEL DE SAN VICENTE MÁRTIR Y ALMOINA

Después de unos años de permanecer cerrada, por derribo del inmueble y excavaciones, se salvó la capilla de San Vicente Mártir que, restaurada, vuelve a tener sus puertas abiertas el día 22 de enero, con motivo de su festividad. Sin embargo, si a la capilla se accede desde la plaza de la Almoina, a la espléndida cripta y templo visigodo, que se descubrieron en el subsuelo de la llamada Cárcel de San Vicente, se desciende desde la plaza del Arzobispo. Sorprende el conjunto de restos arqueológicos que se han musealizado, pertenecientes a la sede episcopal valentina de la época visigoda (siglos VI-VII). La inauguración de tan importante centro, resultado de una gran labor emprendida por el Ayuntamiento, aconteció en 1998. El ámbito está integrado por un monumento funerario, parte de la cabecera de la catedral de la época y dos tumbas individuales, que flanquean el ábside del citado monumento. Éste tiene planta de cruz, adentrándose bajo la plaza de la Almoina, para comunicar con la catedral; sin duda, se erigió para albergar los restos de algún prelado fallecido a mediados del siglo VI, cuya sepultura de losas puede contemplarse en el crucero, enmarcada por cuatro canceles bellamente decorados.

Con la dominación musulmana de la ciudad (siglo VIII) el edificio funerario se aisló de la catedral y se adecuó para unos baños palatinos, que dejaron de funcionar a finales del siglo X. No obstante, el inmueble siguió en pie sufriendo múltiples transformaciones, de tal modo que cuando Valencia es conquistada por Jaime I en el año 1238 aún era visible el brazo norte del mismo, enclave que se conocía como «cases de Sant Vicent». Un siglo después se erigió la capilla en honor del mártir; capilla con numerosas intervenciones a lo largo del tiempo, que en el siglo XV la religiosidad popular comienza a identificar como una de las cárceles en que estuvo preso San Vicente.

En la cripta se exponen restos y piezas valiosas; destacan el zócalo de pintura mural con motivos vegetales, Mercurio y un bucráneo perteneciente a una estancia de mansión romano-imperial (siglos I-II), el altar litúrgico de los siglos V-VI y múltiples cerámicas y botellas aparecidas en los niveles de amortización de los baños islámicos (finales del siglo X e inicios del XI). Un pequeño pero espléndido museo que no hay que perder en esta ruta.

PALACIO DE CERVELLÓ

La señorial finca, de mampostería y enlucido, compuesta por planta baja sobre zócalo de piedra y dos pisos, destacó siempre por las dos torres que la flanqueaban y un gran patio con arcos que al ciudadano medio le hacía pensar en carruajes, caballerías y un mundo refinado al que no tuvo alcance.

Sin embargo, el palacio Cervelló –en esta afortunada época de las recuperaciones emprendidas por el Ayuntamiento– no sólo ha recobrado su prestancia arquitectónica y una ambientación interior que evoca el refinado mundo del siglo XIX, sino que se convierte en testimonio de un pasado con importantes hitos monárquicos y, a su vez, cobija, en nuevo edificio adosado a su parte trasera, el Archivo Histórico Municipal.

El recorrido por las distintas salas permite admirar numerosos lienzos, entre ellos, el titulado *Valencia declara la guerra a Napoleón*, de Vicente Castelló Amat (1787), perteneciente a la Real Academia de San Carlos; el retrato de Felipe Carlos Osorio y Castellví, Compte de Cervelló, excelente copia de Javier Castellano Piquer, del que firmara Vicente López; el retrato de Luis Alejandro Bassecourt, realizado por Miguel Parra Abril, cedido en depósito por la Real Academia de San Carlos; retratos de Alfonso XII, Alfonso XIII, y las reinas María de las Mercedes y María Cristina.

Sobre la importancia del Archivo Histórico Municipal de Valencia, significar que está considerado entre los más interesantes de Europa, basta mencionar que conserva sin interrupción los acuerdos adoptados por los jurados y regidores del Ayuntamiento a lo largo de siete siglos.

El origen se remonta a 1238, año en que Jaime I conquista Valencia, y desde un principio se crean instituciones como la Curia y Cort del Justicia, germen del gobierno ciudadano, que implica la necesidad de recoger los documentos de estos organismos en un lugar adecuado.

El valioso Archivo Histórico Municipal de Valencia, ahora en el palacio de Cervelló (en la construcción de nueva planta, que comunica con la calle Poeta Liern, obra del arquitecto José María Herrera), se ha instalado con todas las medidas de la más avanzada tecnología para la regulación de temperatura (máxima entre los 18 y 22 grados) y un sistema de detección de incendios, que en caso de necesidad cada carril de muebles se cerraría herméticamente y el fuego se extinguiría con elementos gaseosos.

El archivo se distribuye en cuatro plantas, equipadas con armarios compactos de mecanismo manual. También el acceso a la documentación será restringido y controlado de forma magnética.

SAN MIGUEL DE LOS REYES BIBLIOTECA VALENCIANA

Con la recuperación del antiguo Monasterio de San Miguel de los Reyes y su destino como sede de la Biblioteca Valenciana, nuestra ciudad zanjaba una gran deuda con el patrimonio artístico y monumental, borraba la humillación pregonada durante décadas por el impactante conjunto de torres y templo que se descubrían en la antigua carretera de Barcelona, prolongación de la calle de Sagunto, en el más completo abandono. El 30 de marzo del 2000 culminaba la ambiciosa obra proyectada por el arquitecto Julián Esteban Chapapría, en la que ha primado la conservación de las estructuras arquitectónicas del Monasterio convertido hoy en edificio inteligente; una espectacular transformación que ha sido posible por la colaboración de la Generalitat Valenciana, el Ayuntamiento de Valencia y la Diputación Provincial.

La referencia a la tecnología punta del proyecto la justifican los datos, puesto que tiene capacidad para albergar y clasificar dos millones y medio de ejemplares; cuenta con modernas instalaciones como el transporte automático de libros por medio de robots teledirigidos, sistemas de acreditación por tarjeta electrónica y una compleja red de integración de sistemas informáticos.

El edificio consta de dos patios; en el del sur o renacentista se hallan los servicios al público con dos salas de exposiciones; la capitular es la mayor y en ella se ubican exposiciones bibliográficas sobre arte, cultura y ciencia. La parte alta dispone de dos salas de lectura, la de información bibliográfica que lleva el nombre de Gregorio Mayans; y la sala Nicolau Primitiu destinada a la investigación en general. En la bajocubierta del patio se abren tres salas más; la del fondo gráfico, la hemeroteca o sala Teodoro Llorente y la sala de fondo antiguo que ostenta el nombre de Pérez Bayer. Siguiendo con la descripción, añadir que el patio norte es la zona técnica, con dos alas dedicadas a depósito de libros, con seis plantas en cada una y el ala NE se ha destinado al servicio de catalogación, restauración del libro y ordenación del servicio bibliotecario.

La Biblioteca Valenciana cuenta con unos fondos que alcanzan casi el medio millón de libros siendo 50.000 títulos anteriores al siglo XIX. Dispone de 9.000 publicaciones periódicas; 10.000 carteles; 146.000 fotografías y una importante colección de negativos de principios de siglo y 23.000 postales.

MUSEU D'HISTÒRIA DE LA CIUTAT

El impresionante edificio, que evoca con su palmeral de columnas de calicanto y bóvedas de ladrillo sobre pilastras a evanescente mezquita, es una de las más bellas expresiones de arquitectura industrial decimonónica. La Sala Hipóstila se inauguró oficialmente el 19 de noviembre de 1850, como depósito de agua que podía alojar hasta 9.500 metros cúbicos.

A finales de la década de los noventa se llevó a cabo una rehabilitación en la Sala Hipóstila, con fines museísticos no específicos, pero serían años después cuando el Ayuntamiento consulta al equipo de arqueólogos municipales qué clase de museo sería el más idóneo y, sin dudarlo, se opta por el soñado Museu d'Història de la Ciutat. Ante la decisión se convoca un concurso de ideas y lo obtiene la empresa General de Producciones y Diseño, S. A. (avalada por sus actuaciones en el MARQ de Alicante y el MUVIM de Valencia), por el proyecto que firma su director ejecutivo, Boris Micka, asumiendo la dirección técnica el arqueólogo municipal Javier Martí Oltra, a finales de 2001.

La tarea afirma que le ilusionó y que lo aceptó como un reto "dado el lugar de una belleza enorme, al que había que convertir en espacio museístico y con las instalaciones adecuadas; es decir, lograr un montaje que dialogase con la arquitectura." Un proyecto que se ha desarrollado con la colaboración de técnicos del Área de Cultura, contando también con los fondos arqueológicos y artísticos municipales pertenecientes a museos y colecciones valiosas, cuyos propietarios han participado con un espíritu admirable, como la larga lista de instituciones unidas por la vocación cívica; centro museístico en el que puso todo su empeño la concejal de Cultura, María José Alcón.

Nuestro pasado ha cobrado vida en el audaz centro, semejante a una grandiosa representación urdida con la más avanzada tecnología, donde la filmación de escenas responden a páginas de la historia que marcan una época, que nos hacen conscientes de la colectividad de la que formamos parte, fortaleciendo la memoria de la identidad.

Cincuenta y dos actores profesionales y noventa y cuatro figurantes, situados en ambientes de máxima fidelidad al atrezzo, desvelan cuanto sucedió con el lenguaje propio del tiempo de la ficción, atraen en cada secuencia cinematográfica.

La lápida de la fundación de la Ciudad, en la plaza de la Virgen, es piedra fría ante esa Valencia romana visualizada, donde desde la compra encargada al criado, al placer de cuantos asisten al ágape en una estancia decorada con primor, que dialogarán por último sobre la religión ofrendada a Isis o el cristianismo que arraiga, es un compendio didáctico para el visitante.

Y como la escena romana, la visigótica, la árabe; la existencia que se transforma con la Reconquista, los mil avatares de la política, el dorado siglo XV, la pérdida de los Fueros y la brillante Ilustración; el pueblo artesano y la burguesía; los obreros en la taberna, los clérigos censurando en púlpitos y la república como sueño de libertad.

El expresado propósito de Martí Oltra. "deseaba una propuesta expositiva de gran originalidad, donde se combinaran recursos tradicionales con soluciones tecnológicas de última generación, para construir un discurso único, apto para todo tipo de público", se ha conseguido. Basta ver a los adolescentes y a los mayores navegar por La Máquina del Tiempo y asombrarse en tan fantástico paseo con los datos históricos ofrecidos y el minucioso proyecto de reconstrucción urbanística, apoyado en la planimetría, la arqueología y la arquitectura.

Los 2.500 metros cuadrados de espacio expositivo brindan poder contemplar 540 piezas expuestas, que abarcan desde los hallazgos arqueológicos, manifestaciones artesanas de cerámica árabe y de posteriores siglos; delicado tríptico de marfil del siglo XV, relieves de mármol del XVI; icono del siglo XIV; tablas góticas; el famoso lienzo de Espinosa, *Coronación de la Virgen*; *la Sagrada Familia* y *San Juanito*, de Joan de Joanes... a las pesas y medidas medievales, grabados, planos y carteles de la guerra civil que delatan el gran estilo de los ilustradores valencianos como Renau.

El objeto más simple cobra en el Museu d'Història de València toda la dimensión de lo vivido, de la pequeña historia cotidiana recobrada para la Historia con mayúscula.

LA CIUDAD DE LAS ARTES Y DE LAS CIENCIAS

El arquitecto valenciano Santiago Calatrava es el artífice de la fisonomía de la nueva Valencia, de la ciudad de vanguardia llamada a ser símbolo, que ha surgido en el lecho del antiguo cauce del río y lo que fueran pequeñas casas de labranza y huerta de Monteolivete, donde se cultivaban hortalizas junto a flores, que se vendían en el mercado de Colón.

La transformación urbana alzada con tanta osadía como belleza arquitectónica mereció reportajes a nivel europeo, de tal modo que el prestigioso diario inglés «The Times» dedicó el 19 de julio de 2000 una amplia crónica a la ambiciosa obra de Calatrava, situando a la Ciudad de las Artes y las Ciencias por delante de proyectos como el Dome en Greenwich y el Getty de Los Ángeles, afirmando que el nuevo conjunto arquitectónico de nuestra ciudad es el más importante por sus características y presupuesto de la Europa del nuevo milenio. Apreciación que también se ratificó en Florencia, al presentarse en octubre de 2000 la exposición «Calatrava escultor, arquitecto, ingeniero» en el Palazzo Strozzi, una amplia retrospectiva de su obra, entre cuyas maquetas, murales y vídeos sobresalían las que potenciarán a Valencia entre las ciudades europeas más modernas.

Una de las claves de la Ciudad de las Artes y las Ciencias que más han cautivado al valenciano es recuperar la imagen perdida e idealizada del agua del Turia, el río que los jóvenes sólo conocen por lecturas, grabados, fotografías y nostálgicos recuerdos escuchados en el ambiente familiar. Calatrava, considerado como un artista de raigambre renacentista, utiliza el agua como elemento omnipresente, como un gran espejo para que la arquitectura se duplique, igual que las luces de los ocasos encendidos o las nubes blancas, caprichosas, que alguna vez se dibujan.

Integrado el monumental y grandioso complejo por cuatro construcciones: L'Hemisfèric (cine con tecnología IMAX), el Museo de las Ciencias Príncipe Felipe, el Palacio de las Artes (futura Ópera) y L'Oceanogràfic, fue L'Hemisfèric, en funcionamiento desde abril de 1998, como un gran ojo de sabiduría (su estructura está inspirada en el globo ocular), el primero en impulsar una notable afluencia turístico cultural. Resaltemos que es la única construcción en España en la que se pueden ver, en un mismo espacio sobre una pantalla cóncava gigante de 900 metros cuadrados, tres grandes espectáculos audiovisuales, emitidos en cuatro idiomas y a través de seis canales estereofónicos. La más sofisticada tecnología se utiliza con el fin de proporcionar un grado de conocimiento adecuado sobre los fenómenos del cosmos junto con conceptos divulgativos de astronomía. Programas, en fin, que interesen al espectador sobre materias que hasta el momento se consideraban solamente propias de los científicos.

En el interior de su esfera, bajo el gigantesco cascarón de vidrio y fibra replegable que lo cubre, el público experimenta sensaciones inauditas gracias al sistema de proyección astronómica más moderno controlado por ordenador, para la representación completa del cielo y de los cuerpos celestes. Y si el planetario emociona, las proyecciones del cine IMAX Dome, por su nitidez, luminosidad, gran tamaño de la pantalla y calidad de sonido, contribuyen a crear un realismo excepcional que integra al espectador en el mundo visual que contempla.

En noviembre de 2000, cumpliendo metas, se inauguraba el Museo de las Ciencias Príncipe Felipe (40 metros de altura en el pabellón norte), una construcción majestuosa construida a base de gigantescos y no apuntados arcos de hormigón blanco, como referencia a elevada nave de catedral gótica, encristalada en los 180 metros de longitud. En el lado sur, una sala más alta se abre a la terraza que se alarga como brazos extendidos; pero si la arquitectura resulta impactante, el contenido expositivo fue estudiado rigurosamente ciñéndose al objetivo fundamental: fomentar la enseñanza de los conocimientos científicos y metodológicos relacionados con la genética y las ciencias.

En la planta baja, además del Auditorio, los Talleres Experimentales y la calle Mayor –vía muy atractiva por tiendas y restaurantes– utiliza una superficie expositiva del orden de los 5.000 metros cuadrados. La primera planta está dedicada a la Innovación Tecnológica; la segunda, a la Actualidad Científica (donde se encuentra instalado el péndulo de Foucault) y una escultura dedicada

al ADN y exposiciones sobre Severo Ochoa, Ramón y Cajal y Jean Dausset, mientras que en la tercera planta sugestiona el Museo de la Vida, la magna exposición sobre el genoma humano, en cuyo comité científico han intervenido siete premios Nobel.

Resaltando el concepto humanista que Calatrava imprime a la obra, la impresionante Ciudad de las Artes y las Ciencias se concibió de forma que el ciudadano puede pasear, sin pagar, a través de cornisas elevadas y jardines diseñados para proporcinar sombra. El primer jardín que proyectó está situado enfrente del Museo de las Ciencias, en el Umbráculo, que se asemeja a una celosía con sucesión de 55 arcos fijos de hormigón blanco y 54 flotantes y metálicos en una actuación de la tipología novecentista de Winter Garden. Tiene una longitud de 320 metros en dirección este-oeste y una anchura máxima de 32 metros en su eje norte-sur. Los arcos que llegan a los 18 metros de altura están destinados al manto vegetal de las buganvillas y madreselvas colgantes, cuya sombra se une a la de las palmeras. Además, el jardín alberga esculturas, según el proyecto realizado por la Dirección General de Patrimonio Artístico, convirtiendo la zona en una auténtica galería de arte al

aire libre, que se irá enriqueciendo en un futuro; en la inauguración se alzaban ya las obras «Paisatge», de Francés Abad; «Motoret», de Miquel Navarro; «Sin título», de Joan Cardells; «Cristalización de la sequía», de Nacho Criado; «Acceso», de Ramón de Soto y «Exit», de Yoko Ono (viuda de John Lenon).

Las obras continúan a un ritmo firme y las cubiertas del Parque Oceanográfico diseñadas por Félix Candela –obra póstuma de este gran arquitecto maestro de Calatrava–, como gigantesca esfera destaca en el horizonte más próximo al mar. No cabe duda de que el Oceanográfico aumentará la atracción del visitante, puesto que se trata del mayor parque acuático europeo. La capacidad de sus tanques alcanza los 41 millones de litros de agua, la misma cantidad que el Sea World de Florida, situándose en el mismo nivel que los grandes parques de Estados Unidos, Australia y Japón.

Se podrá conocer la fauna y flora marina más representativa del mundo. Las grandes lagunas y lagos independientes, con agua de distinta calidad (salinidad, temperatura, profundidad), con reproducción de múltiples formas geológicas y vegetales, nos aproximarán al Caribe, al Pacífico, al Mar Rojo, al Mediterráneo, al

Amazonas, al Atlántico Norte y a la Antártida, incluyendo en cada zona la fauna acuática correspondiente sin que falten las especies en peligro de extinción. En resumen, se vivirá en la ciudad submarina una experiencia apasionante, sólo soñada hasta hoy. Se calcula que 10.000 ejemplares de 500 especies marinas diferentes poblarán estos acuarios. Orcas, ballenas y delfines en un ideal ambiente para deleitarse.

Por último, el Palacio de las Artes completará el complejo enriquecedor para quien mantenga viva el ansia de descubrir y la sensibilidad para el goce. Concebido como un gran foro está destinado a la creación, promoción y difusión de todas las artes: óperas,

conciertos, espectáculos de danza, zarzuelas y recitales líricos. La altura del Palacio de las Artes alcanza los 75 metros (recordemos que el querido Miguelete mide 50.85 metros); y albergará tres salas, la principal de ellas con capacidad para 1.800 personas.

Desde esta ciudad intrépida, vanguardista, insólita, se admiran como reliquia del pasado las chimeneas que respetaron –afortunadamente– las urbanizaciones que avanzan hacia el mar. Han quedado como torres-homenaje a un modesto trabajo artesanal vinculado a este pueblo, que se familiarizó siempre con el barro y el fuego, que utilizó el ladrillo para sus casas y sus campanarios. Un ayer conservado en el avance hacia el futuro.

L'OCEANOGRÀFIC

El sueño de acariciar algún delfín se hizo posible en esta ciudad donde la fantasía se desborda. Los carteles que anunciaron la inauguración de L'Oceanogràfic tuvieron el acierto de afirmar que ya era posible; se creyó y se pudo comprobar.

La construcción del parque marino, que engloba los principales mares y océanos del planeta, no se demoró y el tercer elemento de la Ciudad de las Artes y las Ciencias invitó al fascinante mundo submarino en la primavera de 2003.

Con recuerdo de la mandíbula de un tiburón o un nenúfar abierto, las dos estructuras del Parque Oceanográfico diseñadas por Félix Candela –obra póstuma del gran arquitecto maestro de Calatrava– impactan hasta en la lejanía, como la esfera de infinidad de aros, de 26 metros de altura, que alberga el manglar (zona tropical de aguas poco profundas) y el marjal mediterráneo (orilla de la Albufera, con martinetes, garcetas; anguilas, barbos y carpas).

De nuestro mar, admiraremos las praderas de Posidonia, con flores, frutos y raíces. Posidonia en la que buscan protección invertebrados como pepinos de mar, erizos y estrellas. Curiosamente, en el espacio mediterráneo se pueden rozar o tocar –bajo la mirada del personal especializado– la raya ondulada, la estrella capitán, la caracola o el erizo violáceo.

Concebido no sólo como proyecto de ocio, sino también con fines educativos y de investigación, el Oceanográfico facilita conocer 45.000 ejemplares de 500 especies diferentes; y adentrarse en el mundo del fondo del mar gracias a dos zonas submarinas conectadas mediante un túnel acrílico de 35 metros de longitud.

Se imponen las cifras, el acuario Océanos está considerado como uno de los mayores del mundo, con un volumen de 7 millones de litros. Representa una ruta a través del Océano Atlántico desde la costa Oeste (Islas Bermudas) hasta la costa Este (Islas Canarias) y en tan idealizado trayecto se tiene ocasión de ver el tiburón toro bacota, los tiburones grises y especies espectaculares como el pez guitarra, la raya violácea, el águila de mar, el pez luna y la barracuda.

Uno se ha de olvidar del reloj para disfrutar en todas las instalaciones, porque si en la dedicada a mares templados y tropicales, las tortugas marinas y la exhibición de focas, gusta; la colonia de pingüinos de Magallanes, en lograda exhibición que tiene como puesta en escena un acantilado rocoso, asombra; y otro tanto ocurre con las morsas y las belugas (mamífero marino de cuya biología se conoce todavía poco) en el edificio de la cúpula a modo de iglú, que recrea la zona del Ártico, para continuar seguidamente con la observación de los leones marinos de la Patagonia.

Los espectáculos se suceden en los ecosistemas más representativos, destacando el auditorio submarino del Mar Rojo; sala con capacidad para 440 espectadores y en cuya exhibición se incluye una demostración protagonizada por los buzos encargados de alimentar a especies como el pez cirujano sohal, pez mariposa semienmascarado y el pez Napoleón.

Y, naturalmente, el delfinario de L'Oceanogràfic, es la estrella de las atracciones. Con un total de cinco piscinas es el más importante de Europa, estando destinado a la exhibición, mantenimiento y reproducción de una escuela de delfines mulares, que demuestran una inteligencia asombrosa ante el graderío para el público, con aforo de 2.210 espectadores.

Pequeños restaurantes, pizzerías, cafeterías y tiendas para adquirir recuerdos de la jornada o visita al Oceanográfico, se agradecen para la pausa o descanso. Mas hay que seguir en ese recorrido de edificios, lagunas e islas, donde nidifican aves, como la colonia de los flamencos, muy próxima al restaurante submarino, que merece comentario especial tanto por su delicadísima decoración (se miró al Oriente nipón), como por su exquisita carta y ese placer visual que proporciona contemplar bancos de peces pelágicos, plateados, en el agua de un azul intenso, alrededor de la gran sala.

De ayer a hoy. ¿Y los peces rojos en las fuentes redondas del Parterre?... Creo que sólo quedan peces rojos en la fontana del claustro de San Pío V. Habrá que echarles migas de pan.

COPA DE AMÉRICA

El año 2003 aún nos deparaba otra buena nueva, Valencia conseguía la ansiada Copa América 2007, en competición con Lisboa, Marsella y Nápoles. Si las autoridades vibraron con gritos de júbilo cuando desde Ginebra se anunciaba la designación, momento televisado con gran tono emotivo, los jóvenes pronto salieron a las calles para formar cabalgatas vistiendo chubasqueros azules y los pirotécnicos llenaron el cielo con nubes de pólvora multicolor en esa mañana del 26 de noviembre, que será ya una fecha en la historia náutica.

Dos mil globos, también azules, se lanzaron con cierto júbilo infantil desde la plaza del Ayuntamiento que permaneció toda la jornada con actuaciones artísticas y un fluir incesante de público. Valencia se prepara para celebrar la competición de vela más importante del mundo. Tuvieron que transcurrir 152 años para que la Copa América vuelva a Europa y es consciente nuestra ciudad de la responsabilidad que supone convertirse en una urbe con proyección mundial, puesto que serán 1.500 periodistas acreditados, de más de 40 países, quienes cubran el evento. Y barajando cifras que pronto se divulgaron, acentuar la alegría ante la creación de 10.000 puestos de trabajo y el optimismo por los 1.500 millones de euros, cantidad que se baraja respecto a los ingresos directos que recibirá la ciudad, ya que se calcula una afluencia de 600.000 visitantes.

Volver los ojos atrás y recordar que el Club Náutico (hoy referencia en España) nació hace cien años, por el impulso de un grupo de amantes del deporte de vela, que tuvieron como primera sede una gabarra, obliga a valorar el tesón de nuestra gente y la confianza total en que todos los proyectos que actualmente se plantean, ambicioso impulso urbanístico y transformación del puerto, sean realidad.

La superficie que ocupa actualmente el Club Náutico está en torno a los 400.000 metros cuadrados –abarcando la zona de mar–; y el número de socios, incluyendo los deportivos, infantiles y familiares, gira alrededor de los 5.000, siendo la plantilla del club de 60 personas.

Sin eufemismo, las instalaciones han llegado a ser las mayores y más completas de España; en el año 2000 le fue concedido al Club la Real Orden del Mérito Deportivo; año en que celebró el Campeonato del Mundo de Regatas, en el que participaron el Rey Don Juan Carlos y la Infanta Cristina; y el Trofeo de la Reina (que tiene lugar el 7 de julio), con la participación de la familia real, considerado el segundo de importancia en España.

El futuro no puede ser más esperanzador; la renovación de la concesión por parte de la Autoridad Portuaria de Valencia ha propiciado una inversión de 16 millones de euros, que el Club Náutico destina a un macroproyecto que finalizará en 2004. Destaca la mejora de infraestructuras y ampliación de pantanales para ser subsede olímpica de vela de Madrid en 2012. La primera de las grandes obras es un moderno inmueble entre la zona de aparcamiento y el área del varadero que albergará una treintena de tiendas náuticas; también se habilitarán 200 nuevos trasteros (para los utensilios de los socios), que se sumarán a los 200 ya construidos; y contigua a la sede central se dispondrá de un área administrativa, con despachos y salones.

En breve se contará con una Escuela de Vela de mayores dimensiones, con capacidad para noventa alumnos y la correspondiente adecuación de instalaciones: rampas, hangares para vela ligera, etc., en una superficie aproximada de 8.000 metros cuadrados; recordemos que en el Club Náutico de Valencia se imparten numerosos cursos de vela ligera y de vela de cruceros para alumnos a partir de los ocho años; no obstante, la nueva Escuela nace como parte del plan para convertir a nuestra ciudad en base de vela olímpica si Madrid, que ya presentó su candidatura, es nominada finalmente como ciudad olímpica para el citado año 2012.

Los valencianos, como nunca, se sienten atraídos por la navegación, tanto en el aspecto del deporte, como por el puro placer de disfrutar al saberse inmersos en el infinito de azules, agua y brisa. Y

en este punto cabe resaltar el creciente número de socios de Madrid, desde la puesta en marcha de la autovía que nos une a la capital, que se desplazan los fines de semana dada la bonanza del clima.

En invierno, cualquier domingo, resulta delicioso ver deslizarse los barcos de vela cuando llegan las calmas de enero. Y al viento del Garbí, viento del sureste que comienza a soplar a principios de marzo cuando ya se huele a azahar y a pólvora, se le debe el impulso para navegar desde las 12 del mediodía hasta las 8 de la tarde; un bendito viento que favorece nuestra orilla hasta el mes de septiembre, cuando cede el honor al poniente suave, el que deja el mar como un cristal hasta la primavera.

Las palmeras, buganvillas, hibiscus, adelfas y jazmineros reciben en esos caminos que conducen al mar, a cualquier hora, porque durante el día y la noche, sin que las manecillas del reloj impongan horario, el Real Club Náutico permanece con las puertas abiertas. Navegantes hay que aman la noche con luna. No olvidemos que la luna de Valencia es especial.

BIBLIOGRAFÍA

ARIÑO, Antoni. – «Festes, Ritual y Creences». Edicions Alfons el Magnànim, 1988.

BENITO GOERLICH, Daniel. – «Arquitectura Modernista Valenciana». Bancaixa-Obra Social, 1992.

BÉRCHEZ GÓMEZ, Joaquín. – «Valencia. Arquitectura Religiosa». Generalitat Valenciana. Conselleria de Cultura, Educación y Ciencia, 1995.

BOIX, Vicente. – «Guía de Valencia-Manual del Viagero». 1849. Reproducción facsímil. Librería París-Valencia, 1980.

CARBONERES, Manuel. – «La Mancebía de Valencia» (Picaronas y Alcahuetas), 1876. Editorial Bonaire, 1978.

CERVERA, Juan. – «Los "milacres" vicentinos en las calles de Valencia». Ed. del Cenia al Segura, 1983.

GARÍN ORTIZ DE TARANCO, Felipe M.ª; CATALÁ GORGUES, Miguel Ángel; ALEJOS, Asunción, y MONTOLIU, Violeta. – «Catálogo Monumental de la Ciudad de Valencia». Caja de Ahorros de Valencia, 1983.

SANCHIS GUARNER, Manuel. – «La Ciutat de València». Publicacions del Cercle de Bellas Artes de Valencia, 1972.

SANCHIS SIVERA, José. – «Vida íntima de los valencianos en la Época Foral». Ediciones Aitana, 1993.

SIMÓ, Trini. – «Valencia-Centro Histórico». Guía Urbana y de Arquitectura». Institución Alfonso el Magnánimo. Diputación de Valencia, 1983.

VIDAL CORELLA, Vicente. – «Valencia Antigua y Pintoresca».Círculo de Bellas Artes de Valencia, 1971.

. . . .

De:

ARAZO, M.ª Ángeles, y JARQUE, Francesc:
«Nuestras Fiestas». Vicent García Editores, 1979.
«Valencia Marinera». Ayuntamiento de Valencia, 1981.
«L'Albufera». Ayuntamiento de Valencia, 1987.
«Claustros de Valencia». Ayuntamiento de Valencia, 1990.
«Tiendas Valencianas». Generalitat Valenciana. Conselleria de Industria, Comercio y Turismo, 1991.
«Jardines de Valencia». Ayuntamiento de Valencia, 1993.
«Pinedo y su gente». Ayuntamiento de Valencia, 1996.
ARAZO, M.ª Ángeles, y SAPENA Pepe:
«Valencia Cultura Viva». Ayuntamiento de Valencia, 2003.

. . . .